STOCK TRADING & INVESTING
USING VOLUME PRICE
ANALYSIS

量价分析实操指南

| 创建属于自己的
高品质股票交易系统 |

OVER 200 WORKED EXAMPLES

[英]安娜·库林 Anna Coulling 著 王汀汀 译

中国青年出版社
CHINA YOUTH PRESS

图书在版编目（CIP）数据

量价分析实操指南：创建属于自己的高品质股票交易系统 /（英）安娜·库林著；王汀汀译. —北京：中国青年出版社，2020.5
书名原文：Stock Trading & Investing Using Volume Price Analysis: Over 200 worked examples
ISBN 978-7-5153-5903-8

Ⅰ.①量… Ⅱ.①安…②王… Ⅲ.①股票交易—基本知识 Ⅳ.①F830.91

中国版本图书馆CIP数据核字（2019）第282007号

Stock Trading & Investing Using Volume Price Analysis: Over 200 worked examples
© 2017 Anna Coulling
Simplified Chinese translation copyright © 2020 China Youth Press
All rights reserved.

量价分析实操指南：
创建属于自己的高品质股票交易系统

作　　者：	［英］安娜·库林
译　　者：	王汀汀
责任编辑：	肖　佳
文字编辑：	张祎琳
美术编辑：	杜雨萃
出　　版：	中国青年出版社
发　　行：	北京中青文文化传媒有限公司
电　　话：	010-65511272 / 65516873
公司网址：	www.cyb.com.cn
购书网址：	zqwts.tmall.com
印　　刷：	大厂回族自治县益利印刷有限公司
版　　次：	2020年5月第1版
印　　次：	2025年1月第10次印刷
开　　本：	787mm×1092mm　1/16
字　　数：	188千字
印　　张：	20
京权图字：	01-2018-6247
书　　号：	ISBN 978-7-5153-5903-8
定　　价：	69.00元

版权声明

未经出版人事先书面许可，对本出版物的任何部分不得以任何方式或途径复制或传播，包括但不限于复印、录制、录音，或通过任何数据库、在线信息、数字化产品或可检索的系统。

中青版图书，版权所有，盗版必究

目录 | CONTENTS

前　言 量价分析简介	**安娜·库林为本书撰写的前言** /005 **关于量价分析的简要概述，以及关于量价分析核心概念的介绍** /009
第一章	**股票市场走势实例分析** /017 本章我们首先从一些股票的周K线图开始讲起。我在2016年为一个由交易者和投资者组成的私人团体做演示时使用过这些例子。每一只股票的数据都更新至2017年年末，并基于月度图表。所有的股票都来自美国的主流市场。
第二章	**基于月K线图的股票交易实例分析** /119 本章我们基于月度的时间框架进行分析，同样也是基于美国市场，但会讨论更多的案例。
第三章	**期货市场走势实例分析** /177 本章我们考察其他的市场，这也是我在2016年为一个由交易者和投资者组成的私人团体所做演示的一

	部分。在本部分我们进一步考察商品期货、指数期货、债券期货和外汇期货的例子，分析中使用了周时间框架，并在月K线图将案例数据更新。
第四章	**基于日K线图的股票交易实例分析** /215 在本章，我们再次回到股票市场，但考虑的是每日的时间框架。
第五章	**基于日K线图的期货交易实例分析** /277 在本书最后一部分，我们基于日K线图考察商品期货、债券期货、指数期货和外汇期货市场的例子。
本人其他著作	**本部分读者可以看到我在亚马逊上架的其他几本书的资料** /315
致谢	感谢所有曾经提供帮助以及为本书提供图片的人们，他们的帮助使本书得以顺利出版 /317

FOREWORD
BY Anna Coulling

前 言
安娜·库林

你好,欢迎阅读这本面向投资者和交易者的量价分析专著。希望你能享受阅读时光并获得有用的信息,希望本书能够帮助你加强对已有量价分析知识的理解,或者让你了解一种新的概念和方法。

我尝试使用各种市场和各种时间框架的例子来说明尽可能多的量价分析概念,书中的例子包括较长期的周K线图到较短的日K线图。我决定从一开始就不在图表上添加任何指标,而只关注成交量与价格之间的关系。正如大家所知,量价分析还包括支撑位和阻力位,K线和K线模式。但是,在创作这本充满案例的书时,我想聚焦于量价关系自身的首要原则,并简单明了地解释每个例子。

此外,我还想说明,无论你是长期波段或趋势交易者还是长期投资者,这种方法都同样适用。事实上,本书中第一个系列的例子都来自标准普尔500指数成分股票的周K线图。书中每一页都有一张图,并在图后对关键点进行了分析。我们把案例按照市场和时间框架分组,但是我相信你一定会赞同这样的说法——量价分析的概念适用于任何市场和任何时间框架。因此,虽然在周K线图上可能显示测试或吸筹和派筹的例子,但相同的原则同样适用于其他市场中的五分钟或者一小时的K线图。

我希望你喜欢研究这些例子，但如果对你而言这是一种全新的交易和投资方法，那你可能会发现我的第一本书《量价分析》有助于理解这些概念和想法的基本原则，有助于你更细致地了解本书中所列出的例子。

请注意我在整本书中会比较随意地使用"做市商""局内人""主力"这些术语。在我使用"局内人"的时候，它可能仅仅指的是做市商或者市场主力，换句话说，他们是能够从内部影响和操纵市场的群体。

在本书中，我列举了美国主要指数的例子，此外，你可以在我的个人网站http://www.annacoulling.com上找到更多示例，因为这些关于投资工具的内容，我会在个人博客上定期更新。此外，股票市场自2009年以来一直处于巨大的牛市中，2009年标准普尔500指数触及666的低位，道琼斯工业平均指数测试7000点的低点，纳斯达克100指数低点在1100点。这些指数以及其他指数如富时100指数的图表，是在实际操作中量价分析的典型例子，也验证了沃伦·巴菲特的名言——当他人谨慎之时要贪婪。2007—2008年的大金融危机让交易者和投资者感到害怕，但截至2009年3月，图表上显示出经典的量价分析信号，新的牛市诞生了。在巨大的悲观和绝望笼罩市场的时候牛市到来了，与此同时，量价分析的信号就在那里，在所有人都可以看到的图表上。

自2009年以来，许多分析师和评论员将我所提及的信号称为"大空头"，换句话说，他们认为指数已经大幅上升，顶部就要到来。我总是委婉地表示不同意见，你可以阅读我的想法和我在博客上的分析，所有人都可以看到，确实是在那时所写。我不同意的原因是量价分析没有发出"大空头"的信号。如果未来会发生大跌，那么量价分析将会提前发出预警，正如它发出了金融危机后市场复苏的信号。

还请记住本书中的所有示例都基于单个图表，但我建议你采用基于多个时间维度的方法，以对完整时间范围内的价格行为和成交量进行分析。

此外，对于许多市场，特别是股票市场，主要指数和板块也会影响市场的长期方向，还有许多基本面指标也有类似的作用。但再一次，对于更快和更慢的时间框架[①]，量价分析始终会指出主导趋势的关键之处。相关市场分析也有一定的帮助，对相关市场的量价分析能够为我们提供三维的视角。

要想熟练使用量价分析方法，需要练习、花费时间和精力，这一点强调得再多都不过分。我总是建议在各种市场中使用短期K线图表进行练习，例如5分钟或15分钟K线图，因为这将使你能够实时学习和理解。量价分析这一方法对于所有市场都是通用的，本书覆盖了多个市场，就是为了说明这一点。如果你已经阅读了亚马逊上关于本书的公开评论，那么你将能够亲眼看到量价分析方法如何改变了许多正在苦苦挣扎或止步不前的交易者和投资者的生活，他们的交易和投资策略已经通过阅读我的第一本书而彻底改变。或许更重要的是，许多交易者和投资者只是将这种方法添加到他们现有的方法中，就能有助于他们从局内人的角度清楚地看待市场，从而增加他们的自信和K线图阅读能力。我希望你能加入这些交易者和投资者的队伍中，不管你是投资和交易的新手，或者是一位经验丰富的专业人士，量价分析都会对你有所帮助。

因此，我借此机会祝你在自己的交易和投资旅程中取得圆满成功，我希望在你阅读本书时，量价分析将成为你进入市场之路的基石。

再次感谢和衷心祝福大家。

安娜·库林

---

① 更慢的时间框架指的是一周、一月等，更快的时间框架就是一天、五分钟等。——译者注

Introduction
to volume price analysis

量价分析简介

对于许多交易者和投资者而言，价格和价格图表是技术分析的开始和结束，这或许最能描述那些将自己归类为价格行为交易者的人，因为他们所考虑的只有价格，而没有别的。然而，对于我自己和其他许多人来说，这种方法完全忽略了价格与成交量之间的逻辑联系，价格与成交量共同揭示了价格数据背后的真相。

通常的解释是，技术分析的基本理念是所有市场情绪都包含在简单的价格走势中。价格图表包含了每个市场参与者在特定时刻的观点，而且，技术分析只是价格分析，交易者可以通过分析和研究过去的价格来预测未来的价格走向。

这无疑是正确的，但它未能解释所有市场和所有时间框架内的市场操纵行为。为了更深入地了解市场本身，以及局内人和做市商在做什么，我们有一种工具可以立即显示他们的活动，这种工具就是成交量。成交量与价格相结合发生神奇的反应，从而产生了市场分析的基础——量价分析。

但如果你认为这是一种新方法，不妨再想一想。

这种方法最早由技术分析创始人查尔斯·道（Charles Dow）在一个多世纪以前开发，然后由有史以来最伟大的交易者之一理查德·威科夫（Richard

Wyckoff）进一步发展。像杰西·利弗莫尔（Jesse Livermore）和理查德·奈伊（Richard Ney）这样具有代表性的交易者采用了与此相同的方法。所有人都有一个共同点，所有人都利用行情报价系统，阅读价格和相关的成交量，通过成交量和价格分析工具来解释和预测市场未来的方向。

事实上，正如理查德·威科夫在20世纪30年代在他自己的课程介绍中所写的那样，你从行情表或图表中提取出你出于自己目的所需要的相对较少的事实。这些事实是……价格变动、交易强度、价格变动与成交量之间的关系，以及所有价格运动所需的时间。

这种交易技术方法的概念非常简单。它基于每个市场都被操纵的想法，并且在接受这一事实后，我们可以得出结论，做市商、局内人和主力知道他们下一步将市场推向何处。如果是这样，想要成为成功的交易者和投资者，只要跟随他们就好了。换句话说，在他们购买时购买，在他们出售时出售，在他们不操纵市场时也置身市场之外。这些是这种技术分析方法的简单基本概念，局内人是否参与其中，都可以通过价格和成交量的视角，也就是我们所说的量价分析（简称VPA）方法来揭示。

现在，如果你已经熟悉了我在《量价分析》一书中完整解释的这些概念和想法，那么这里的实际案例将提供进一步的分析和解释，并扩展这些基本概念。但是，如果这些对你来说是全新的概念，并且你可能已经是一个长期投资者，但之前没有应用过这些想法，那么让我试着简要概述一下支撑这种方法的一些术语和概念。

关于量价分析的第一个观点很简单，我们也接受这样一种观点，即每个主要市场都由局内人控制着。对于股票市场，这里的局内人是做市商，他们的任务是在股票市场上"维持交易"，因此他们可以看到市场上的买方和卖方，以及供需力量之间的平衡。我经常使用的类比是将他们视为拥有大量库存的批发商，他们不断地补货、出货并再次补货。做市商的唯一目的是为自己赚钱，并且由于他们处于能够观察到买卖双方的特殊地位，因此实现起来相对简单。

毕竟，当他们看到买卖双方的力量对比时，如果他们自己所持股票较少并且希望补充股票仓库，那么所需要的就是在市场中制造恐慌情绪，将投资者振出市场，然后再从容地买入。他们利用的工具就是持续的新闻消息，在一天24小时内不断地推动市场情绪的变化，这种方法能够发挥巨大的作用。

虽然做市商可以隐藏在市场中心并且不引人注意，但有一项行为是他们无法隐藏的，那就是成交量。由于做市商的规模很大，他们的参与或减少参与是非常明显的，伴随着巨大成交量的价格大波动就是做市商参与其中的信号。相反，低成交量的大幅价格波动则意味着陷阱，做市商只是推动价格变化，但并没有参与市场。通过对一个指标（即成交量）的分析，可以清楚地表明做市商是否参与市场，这一指标加上对价格的理解，让我们能够准确地推断做市商正在做什么以及为什么这样做。在这样做的过程中，我们清楚地了解了市场接下来的发展方向。

理查德·威科夫的三个定律中就包含了这种方法。他的第三定律是投入产出定律，第二个定律是因果定律，第一个定律是供求定律。

第三个定律表明，投入和产出必须是一致的。作为投入的成交量必须与作为产出的价格变动一致。如果成交量很大，那么我们应该会看到有明显的价格变动与之相匹配。如果没有，那么这就是一个异常现象，并表明存在某种问题。从价格和成交量的这种异常中，我们可以推断做市商是否在此时买入或卖出。

威科夫的第二定律引入了因果法则中所重视的时间概念。该定律指出，如果原因很强，那么效果也应该很大，这样两者才算达成一致。换句话说，如果做市商为准备下一阶段行情所花费的时间很长，那么我们应该预期后续的价格运动将延续更长的时间。你可以将此视为发条玩具的弹簧效应。弹簧缠绕得越多，储存的能量就越大，一旦释放，汽车行进的距离就越大。这是因果关系的基本原则。

威科夫的第一定律：供求定律，该定律简单地指出，当供给超过需求时，价格将下降，当需求超过供给时，价格将上涨。

这三个定律结合在一起，可以解释和描述价格不断变化，从熊市走向牛市，又走向熊市的不断循环的旅程。这些价格运动本身都是相似的，并且遵循相同的模式，无论是在1分钟图表还是1个月图表上，而完整周期被定义为从抛售高峰到买入高峰并再次回到抛售高峰。我们总是从做市商的角度来看待成交量和价格，换句话说，是从局内人的角度看，当我们谈论抛售高峰时，这是做市商在上涨趋势的顶部卖出，同样买入高峰发生在下跌趋势的底部。这与交易者和投资者理解的情况正好相反，也是大多数人在买入高峰时抛售并在抛售高峰时买入的原因。

在抛售高峰到来时，市场或股票已经强势上涨了一段时间，那些焦虑的投资者和交易者再也不想保持观望。他们对错过机会的恐惧正在不断上升，最终他们被吸引到顶部买入，而正是在此时，做市商不断抛售，市场随之日益疲软。然后利用市场波动和新闻引导价格行为，这使得做市商能够卖出他们持有的股票，为下一阶段的活动做准备，当价格下降到较低水平时，他们就准备好了。这里用来触发弱手买入的是害怕错过的心理！这是一种强大的情绪，做市商和局内人利用这种情绪取得了很好的效果。

当做市商希望补充库存时，就会出现买入的高峰，这里的触发因素就是对亏损的担心。市场通常快速进入价格暴跌的阶段，通常是在某些信息发布之后，投资者出现恐慌性抛售，随后做市商纷纷介入，买入股票，而股票或市场不再继续下跌。同样，买入高峰的特点是价格波动剧烈，成交量激增。一旦买入高峰完成并且做市商的持仓达到较高水平，价格行动的下一阶段就开始了。

这也是市场下跌速度远远超过上涨速度的原因。做市商愿意花费更多时间在股票的上涨过程中，以最大化他们的利润。在下跌过程中，他们急于重新建仓并重复之前的过程。你可以将其想象成一种老式的游戏，在英国，人们称之为"蛇梯棋"，游戏中，沿着梯子缓慢上升，但遇到蛇则会快速下降。

在美国，我觉得这对应着"滑道和梯子"的游戏。

我在许多例子中都使用过"行动"这个词，因为这正是做市商所谋划的事情。就像一场每一步骤保持高准备性，不留任何余地的军事行动。毕竟，一旦行动开始，可能发生的最糟糕的事情就是做市商面临难以承受的买入或卖出压力，从而使新趋势的发展突然停止。而这正是测试变得非常重要的原因。

一旦较长的吸筹阶段在买入高峰中结束，在行动开始前，做市商和局内人将进行测试，以确定所有的卖出压力已经被吸收。这确保了上涨趋势可以缓慢而平稳地发展，而不会存在任何潜在的卖方力量驱动市场走低的可能性。这种测试通常表现为价格向下移动，K线收于开盘价附近，并且如果成交量较低则得到确认。我们称之为供给测试，如果基于较低成交量该测试成功了，那么就可以开始行动。

同样在派筹阶段（抛售高峰）结束时，在下跌趋势发展之前，做市商会进行需求测试。在这里，做市商将价格推高，如果需求很少或根本没有，那么价格在开盘价附近收盘，而成交量很低。这证实了测试已经成功，可以开始启动接下来的行动。

如果认可量价分析是一种有效方法的第一个原则是接受所有市场从内到外都被某些局内人所管理和操纵，那么接下来的第二个原则，是用于确定何时做市商正在买入或卖出，或者根本不参与任何行动。这其实很简单，只需要考虑价格行为和成交量，既要考虑单个的情况，也要考虑其随时间推移的演变，以及考虑两者是一致还是不一致。如果价格和成交量达成一致，那么很容易判断出做市商正在推动价格走势并参与其中。如果不是这样，两者产生分歧，我们就可以从中得出一些关于做市商是买入还是卖出的逻辑推断，并基于之前的价格行为，对做市商买入和卖出的程度做出判断。

价格走势图中最重要的一个区域是市场处于横盘震荡状态，因为市场有70%—80%的时间是位于这些区域，而且只有20%的时间表现为上涨或下跌的趋势。原因很简单。横盘震荡阶段孕育了未来的趋势，也是做市商和局内人为下一阶段行动做准备的地方。它们可能是主要的区域,例如抛售或买入高峰;也可能属于次要区域,比如市场主要趋势暂停,在回归到主要趋势之前形成的次要反转。

　　了解横盘震荡阶段以及支撑位和阻力位是量价分析的关键因素,也是许多交易者和投资者在不断寻找趋势时不理解或完全忽视的因素。实际上,如果在分析和投资中没有把成交量考虑在内,交易者和投资者基于突破进行交易往往是徒劳无益且风险很大的。当发生各种突破时,成交量将确认该突破的真假。它非常清晰,非常简单。传统的,基于价格的支撑位和阻力位是量价分析的组成部分,但在我自己的交易和投资中,我也以相同的方式结合了成交量、价格和时间,其中成交量控制点将成交量显示在"Y"轴或价格轴上,从而在各个价格区域内显示成交量的状态。这是基于市场轮廓的概念,即"公允价值"往往对应着图上成交量最集中的位置,并且还引入了成交量中的时间、价格、时间关系等概念,即股票或市场保持在一定价格水平的时间越长,那么这一价位上累积的成交量越大,而只有当市场看跌或者看涨情绪的平衡发生变化时,价格才会继续前进。

　　我将这个位置称为成交量的控制点,因为它是股票平衡的支点,换句话说,这里的看涨和看跌情绪是平衡的。在更高和更低的价格水平上,也会出现高成交量和低成交量的节点,这些点可以识别价格阻力和支撑。如果在某个时候价格接近低成交量节点,那么我们可以预期市场将相对快速地移动,因为之前累积的成交量很少,不会形成价格运动的阻力。此外,如果市场认为这个区域在过去并不重要,那么它现在或将来都不太可能具有重要意义。同样,如果我们有一个高成交量的节点,那么情况就会相反,价格运动可能暂停并进入震荡状态。在这个价格图表的Y轴上使用成交量,给出了两个关于支撑和阻力的视角,一个是基于价格的传统方法,另一个是基于运用控制指标数量节点的成交量。

　　最后,关于成交量我还想再多说几句。

对于股票和ETF，这是通过交易所报告的成交量。对于期货，它是期货成交量，对于即期外汇交易，它是交易活动的名义成交量。成交量系列的最新成员是加密货币，这类交易没有中央交易所，实际上是有很多分散的交易所。这里的成交量代表了市场中的买卖双方，并同样适用威科夫的供求定律。这在我最新的一本书《使用量价分析进行加密货币的投资和交易》中有详细的说明，你可以在亚马逊上找到我的所有其他专著。

上述这些市场和工具都各不相同，但都报告了价格行为和成交量，如果你有价格图表，那就可以将此方法应用于任何工具和任何时间框架。但是，不管针对某一个时间段还是一整年，成交量总是相对的。在某些季节性的时点，我们观察到成交量普遍下降——这是预料之中的，那些时段市场因假期休市，我们观察到的成交量肯定会比较低。

成交量揭示了价格行为背后的真相。它准确地揭示了做市商或局内人计划下一步做什么，或者他们对加密数字货币的买卖活动。作为交易者或投资者，我们真正想知道的只有一件事，那就是——市场下一步将去往何处？如果我们能够在某种程度上自信地回答这个问题，那么你将把自己的投资和交易提升到一个新的令人兴奋的水平。请记住，交易并没有什么新东西。这种方法已经存在了100多年。它经受住了时间的考验，并且过去曾被一些最伟大的交易者所采用。

我自己使用这种方法已有20多年了，对我而言，没有成交量的图表只讲述了一半的情况。更重要的是，如果你已经有正在使用的分析方法，无须更改。只需将量价分析这一方法添加到你的工具包中，我相信这将对你的投资和交易有极大的帮助。

Stock Trading
&
Investing Using
Volume Price Analysis

第一章
股票市场走势实例分析

在本书的第一章，我们从周K线图和月K线图开始分析，这些图主要来自美国股票市场，但也有一些来自其他市场。

我们采用两种不同时间框架图的理由非常简单。正如你将看到的，周K线图是2016年的，而月K线一般是从2015年年末到2017年，其原因如下。

所有的周K线图都是我2016年在伦敦为一个由交易者和投资者组成的私人团体所做演示的一部分，在为这本书选取实例时，我认为将它们包括在内会很有意义，通过加入月K线图来展示这些股票最新的情况，让读者了解在接下来的时间里这些股票发生了什么。

然而，本书不仅包括来自美国主要指数的成分股票，还包括一些商品期货和外汇期货，最后是指数期货和债券期货。在更慢的时间框架中使用成交量指标，可以体现投资中的各种经验教训，我希望通过这些例子从投资和长期投机的角度展示量价分析的应用。

通过这一章的内容我想要强调量价分析可以应用于任何市场和任何时间框架的观点，并且无论你身处四个主要资本市场中的任何一个市场，无论你是投资者还是投机者，量价分析方法都同样适用。不管面对何种市场和时间框架，原则都是一样的。

领先汽车配件公司（AAP）周K线：2016年1月至2016年8月

（编者注：在本书中，深色实体表示阴线，浅色实体表示阳线）

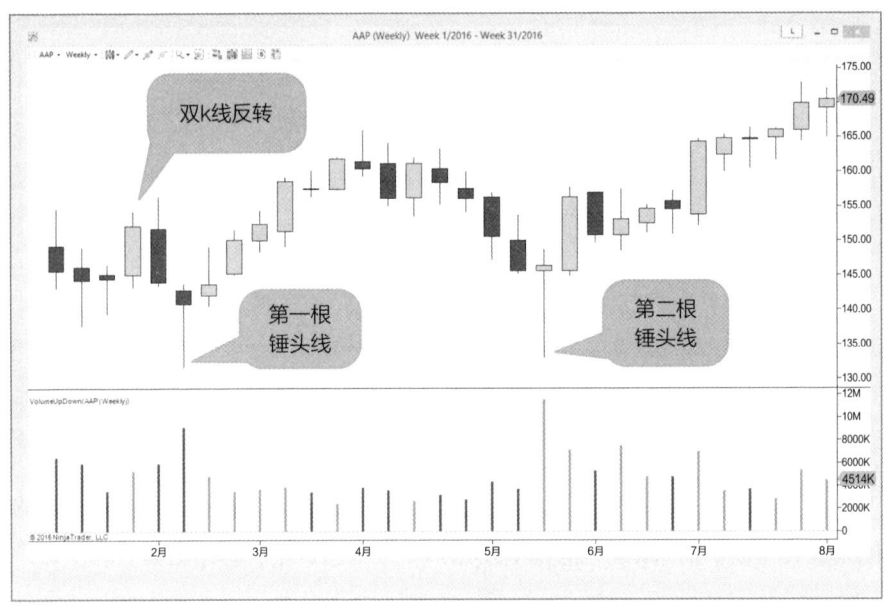

这是一个很好的例子，图中有两根高成交量的强势锤头线。1月份的价格变动以双K线反转结束，随后2月份第二周出现了高成交量的第一根锤头线，表明局内人进入市场。

然而，这一波价格涨势相对较弱，3月份第二周K线上涨的实体较大但成交量仅为平均水平，价格反弹的弱势在4月份得到确认。

然后第二根锤头线出现在5月中旬并且伴随着很高的成交量，并且7月初期的长实体K线突破了阻力位，股价上涨至较高位置。最后一周的价格走势表明看涨情绪仍然存在，同时K线较长的下影线也证明了这一点。

价格走势图上的技术形态也强化了这种看涨情绪，因为在下方的坚实的支撑位作用下，股价向上突破。

支撑和阻力当然是量价分析的另一个关键方面。

领先汽车配件公司（AAP）月K线图：
2015年11月至2017年11月

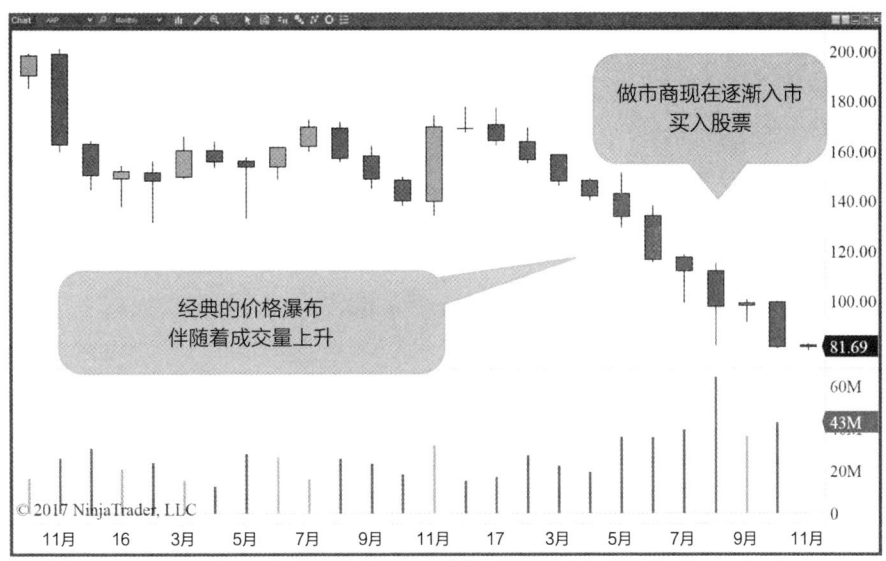

情况确实如此——股价一直持续上下波动到11月，随后2017年股价再次反弹至177.83美元的高点，在此水平上的横盘期后最终形成下跌趋势，在我写这本书的时候股价已经下跌至81.77美元。

价格瀑布推进的过程中，价格和成交量表现一致，这是一个完美的例子，成交量随着价格下跌而上升。市场下跌需要付出努力，就像一个市场上涨需要付出努力一样，在这里我们看到的例子是教科书般规范的。

现在有趣的是，我们开始看到这个月K线图上出现了第一个持续性的放量止跌（stopping volume）信号。首先是在7月份，然后在8月份信号更加猛烈，这个过程中做市商开始在市场疲软时买入股票。现在的预期是，随着"洗盘"操作的继续，做市商进一步买入，市场将进入一个较长的吸筹阶段并发展到买入高峰，在此之后，新的周期开始，市场进入牛市行情。

阿彻·丹尼尔斯·米德兰公司（ADM）周K线图：
2016年1月至2016年8月

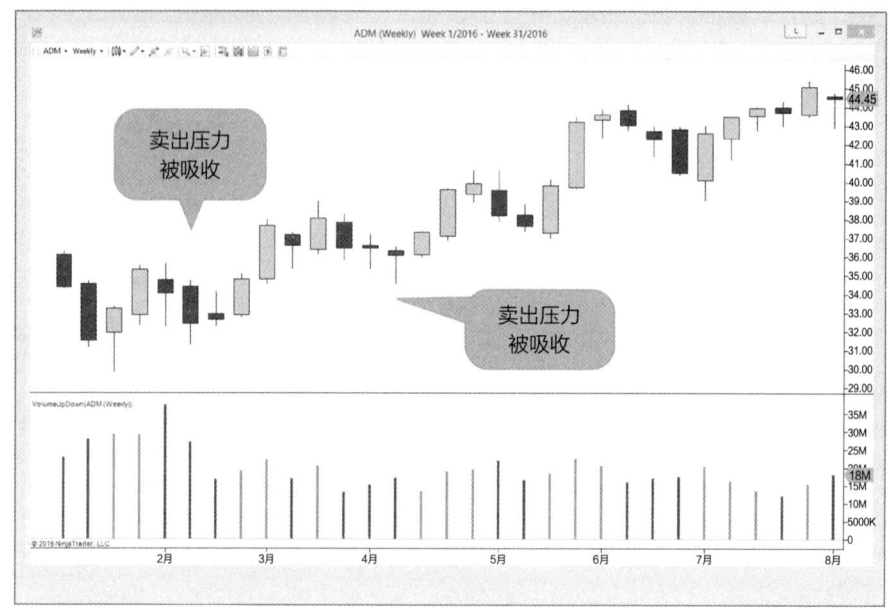

我选择这张图表来描述经典上升趋势中的价格行为以及其中的量价分析的线索和信号。1月下旬和2月初价格开始反弹，同时2月首周的抛售压力由做市商吸收并逐渐消失，并且在3月的第一周价格第一次脱离该区域。

成交量上升和价格上涨的行为已经确认并得到证实。之后4月初股价进入横盘期，但是卖出压力再次被吸收，此时K线开盘价与收盘价价差较小、下影线较长、成交量轻微上涨，这种价格行为重复出现，推动了一波高点不断走高、低点不断上移的上涨趋势。

阿彻·丹尼尔斯·米德兰公司（ADM）月K线：2015年11月至2017年11月

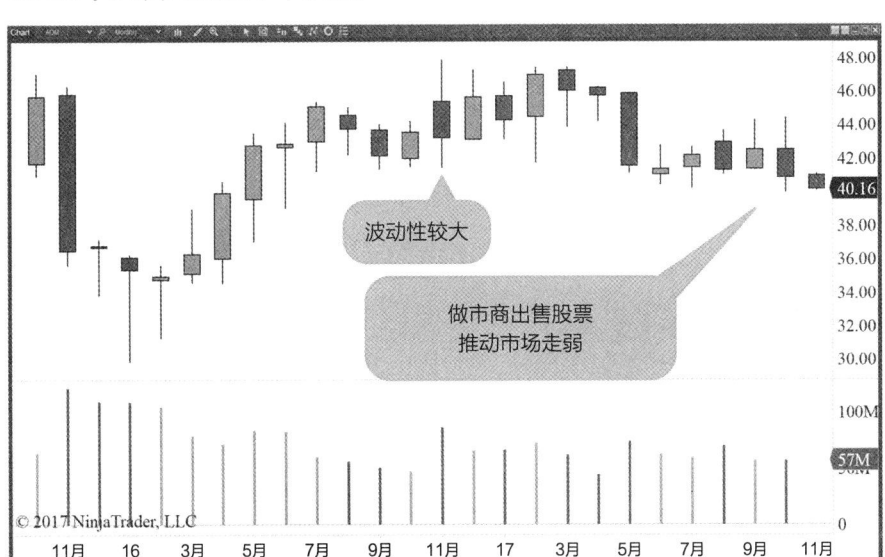

这里的关键点是没有任何关于局内人尝试派筹的迹象，而且每次下跌都是在相对较低成交量上的小幅反转。股票看起来将进一步延续这一趋势。

随着趋势走高，最终该股票在2016年每股48美元的水平上失去上涨的动力，这种趋势确实走得非常艰难。值得关注的是2016年11月的K线，价格波动大幅增加并发出明确的犹豫不决和可能上冲乏力的信号，随后的价格运行未能突破这个区间，并且每次反弹尝试都以失败告终，从而进一步强化了该股票的消极形象。

随后5月份的大量抛售证实了这一弱势状态，随着做市商在市场疲软时卖出股票，9月和10月都出现了进一步的走弱信号，此时两根K线的上影线较长，该股看上去将会跌破40美元并进一步走低，回到2016年的价格水平。

如果向下突破当前价格区间的底部或支撑位，可能意味着2018年该股票将延续看跌趋势。

奥多比公司（ADBE）周K线图：
2016年1月至2016年8月

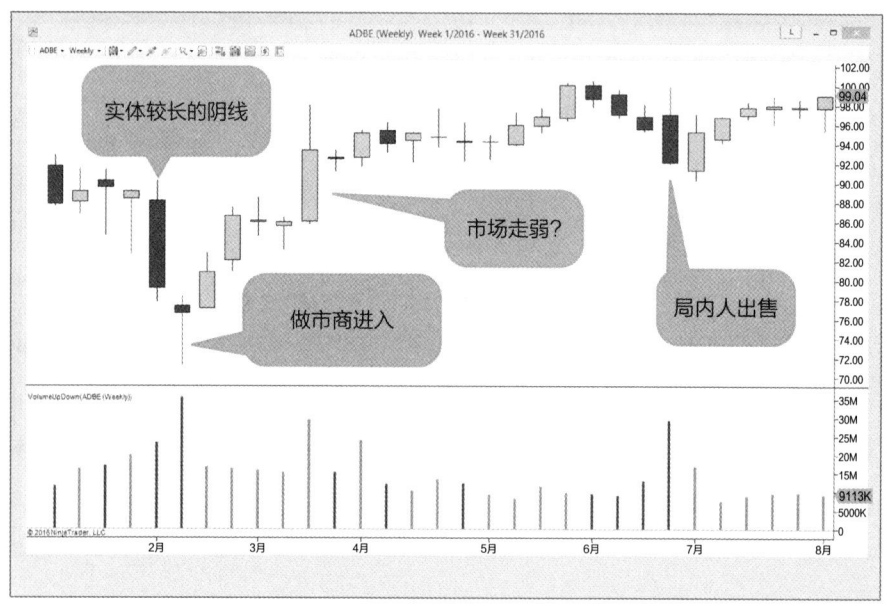

这是关于锤头线的作用的另一个例子。1月份ADBE的股价伴随着递增的成交量而继续下跌，并且2月初实体较长的下跌K线确认了看跌的预期。然后，做市商坚定地购买股票形成超高成交量，并迅速扭转这种情绪。

然而，3月下旬的价格走势很强劲，但成交量很高，K线上影线较长，这预示着未来市场可能疲软。正如4月份的第一根K线一样，价格未能在成交量较高时向上走高。

从那时起，股票价格已经进入了一个明显的横盘期，这意味着局内人可能会出货，6月末，下跌的K线对应着局内人的大量抛售，伴随着成交量的增加K线形成较长的上影线。7月份的价格走势一直疲弱，K线实体部分收窄，成交量较低，其中有一定的季节性因素，但如果102美元被突破的话则会继续看涨。

**奥多比公司（ADBE）月K线图：
2015年11月至2017年11月**

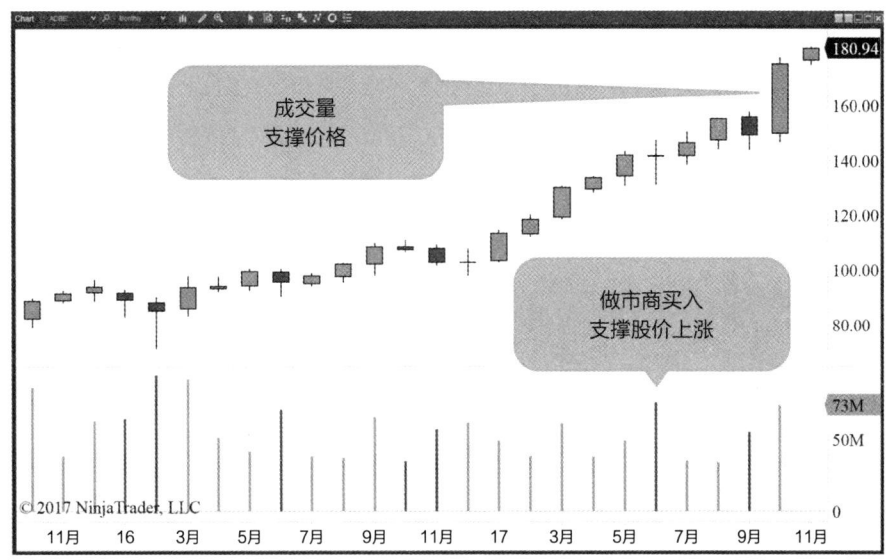

102美元的价格在9月中旬正式地被强劲突破，且成交量较高，同时经过该区域的反复测试，支撑平台很稳定，ADBE的价格保持坚挺，在撰写本书时交易价格达到了180.94美元。这也是一只在盈利表现不错的时期股价大涨的股票，这反映在不断走高的价格和成交量的关系上。随着2017年10月的巨大成交量和支撑性价格行为，2018年该股票还有更好的走势。

值得注意的是，在趋势走高的情况下，做市商在6月份支撑股价继续走高，因为市场在本月有所回撤，并收于接近开盘价位的地方，伴随着很大的成交量。这是做市商在本月市场疲软时买入并再次推高价格。他们的这一波操作远未结束，那些过早获利退出的卖家现在只能为他们的决定感到后悔。记住杰西·利弗莫尔的话，没有一种股票会因为价格太高而无法买到或因为价格太低而无法卖出。在这种行情趋势发展的过程中，人们担心失去已经获得的利润，这种担忧变得势不可当，投资者因此过早结清交易。这是量价分析最强大的应用之一，它可以帮助投资者或交易者坚持持有头寸并且只有在获得局内人发出的信号时才退出。

公寓投管公司（AIV）周K线图：
2016年1月至2016年8月

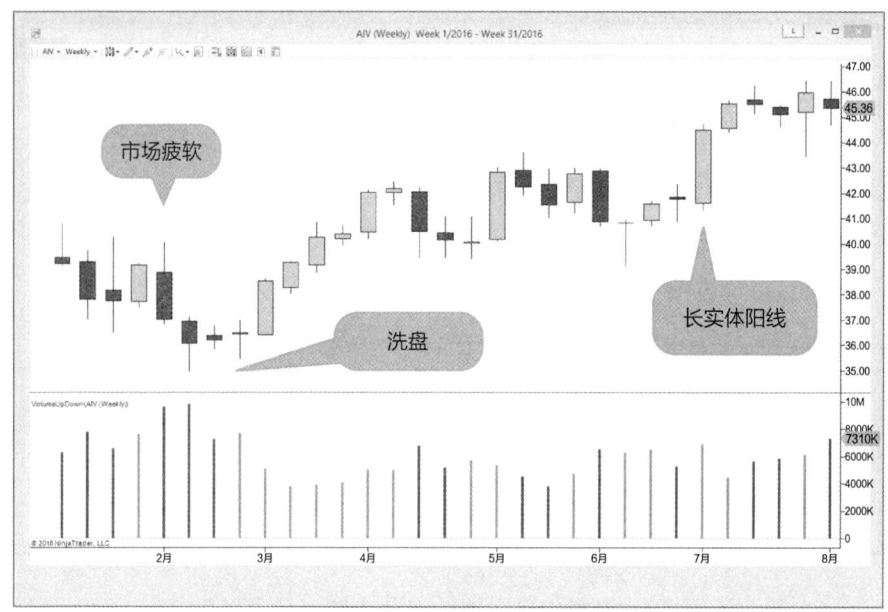

在这个例子里，我们可以看到做市商在1月底买入该股票。股票的走势显然很弱，因为图中显示很高的成交量和较长的上影线。然后在2月的第一周对此作了进一步确认，局内人在第二周进入市场，发出了明确的放量止跌信号，这一周的成交量为期间最高成交量。

接下来，局内人开始洗盘，并继续吸收筹码，随后成交量温和地上升，股价开始反弹。5月和6月的横盘阶段随着一根长实体阳线和高于平均水平的成交量而被突破，证实了看涨情绪，随后价格再次进入横盘整理的状态。

由于目前没有局内人出货的证据，考虑到价格向上突破并且在成交量上升时保持在当前区域之上，AIV看起来将进一步上涨。

公寓投管公司（AIV）月K线图：
2015年11月至2017年11月

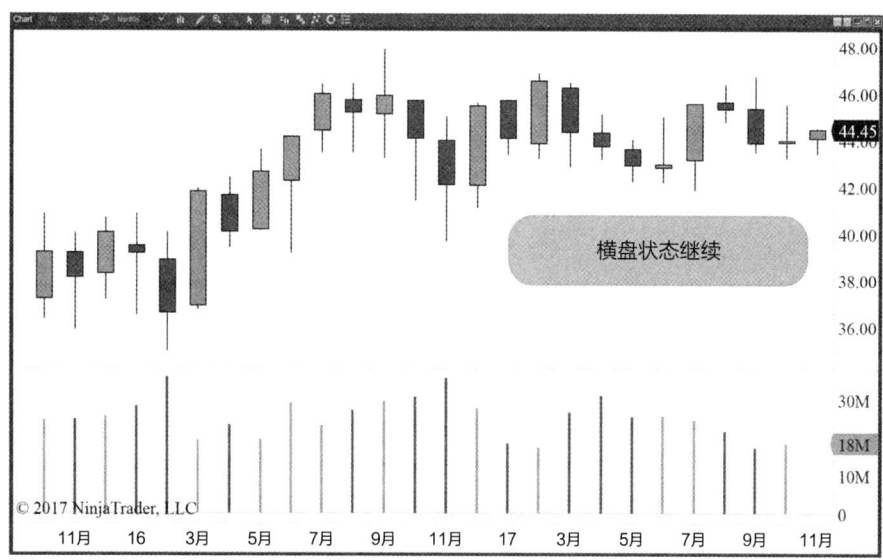

事实上，这并没有发生。这只股票经历了持续18个月的横盘，始终保持在一定的价格区间内。该区间的阻力位在47美元左右，支撑位在42.50美元左右，横盘状态会持续到阻力位或支撑位其中一个伴随着成交量大幅上升而被突破，投资者需要耐心地关注目前的价格运行。这只股票是卖出有保护看涨期权的较好标的。

亚瑟·加拉格尔公司（AJG）周K线图：
2016年1月至2016年8月

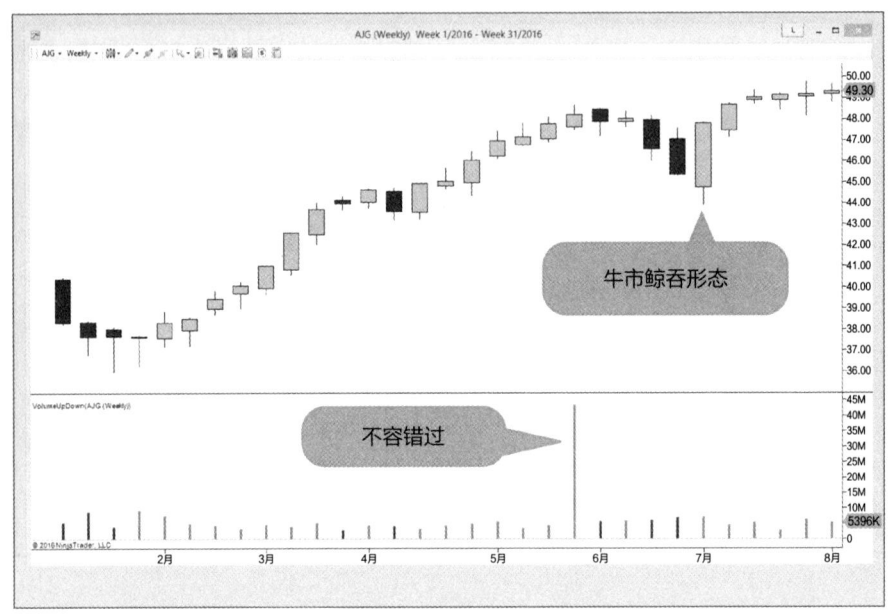

我们很难错过这种异常现象——成交量的柱状图像电线杆一样突出。我们显然需要注意这个信号，虽然这轮反转并不是特别强烈，但如果交易者和投资者能够避免更长时间地持有股票头寸，肯定是有意义的。

我加入此图表的另一个原因是强调这些信号经常发生的时间延迟。价格反转并不是在信号发出后立即发生，价格在日K线图上持续了十天的横盘，这次反转在两周后才体现出来。6月下旬的看涨鲸吞K线随后显示出可能的复苏和持续走高趋势。但是请注意，此后的K线实体部分非常狭窄。

从图中可以看到的最后一点是，当这种极端成交量出现时，可能会导致信号扭曲。更慢的或更快的时间框架将消除这种现象，并且可以提供一个更均衡的成交量的视角。

亚瑟·加拉格尔公司（AJG）月K线图：
2015年11月至2017年11月

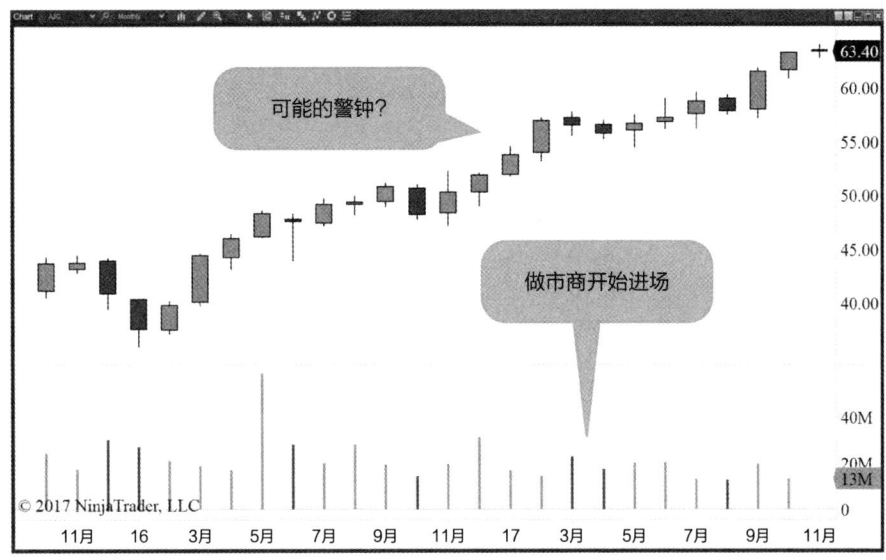

在这里牛市鲸吞信号发挥了作用，自2016年中期以来，该股票一直在稳步上涨，目前交易价格为63.40美元。

在这一不断上涨的趋势中，出现了一个有趣的现象，2016年12月、2017年1月和2017年2月的价格走势持续上涨，但这3个月的成交量下降。

这给我们敲响了警钟，因为通常来说我们应该看到，随着价格上涨成交量也上涨，但请注意2017年3月的价格走势。此时的成交量较高，但K线的开盘价和收盘价差异很小，所以肯定是做市商介入市场买入股票以确保股价继续走高。如果他们在这时卖出股票，我们应该会看到在这样的成交量情况下，价格会下跌，但价格仍然保持在一个狭窄的范围内。这一分析同样适用于5月的K线，此时成交量再次位于平均水平之上，但价格基本维持不变。8月份的阴线成交量较低，但这是季节性因素所造成的预料之中的结果。

然后9月较高成交量和稳步上升的K线确认了做市商已经恢复了对市场的控制，这一趋势在10月继续，到2017年年底AJG将会进一步上涨。

应用材料公司（AMAT）周K线图：
2016年1月至2016年8月

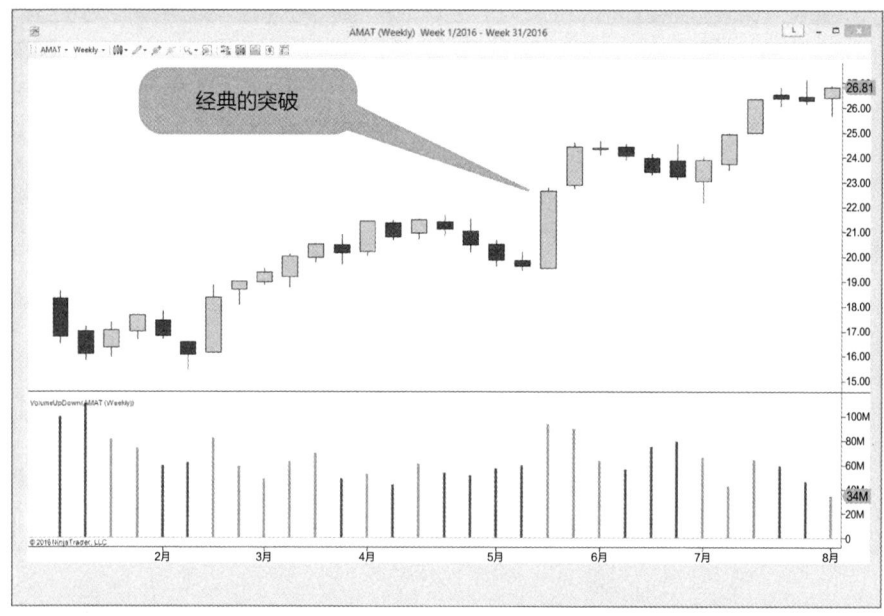

如果你是一个突破交易者，这就是显示量价分析方法作用的一个好例子，当股票走出横盘期时，它可以增加你参与当前行情的信心。

成交量将确认价格的突破。图中我们可以看到5月初有一个经典的例子。股价已经反弹，然后进入横盘期，但是继续看涨。5月份的第三周K线是一根实体较长的阳线，几乎没有影线并且成交量较高。这表明做市商正在参与其中！

受获利回吐的影响，行情进一步盘整，并在7月初伴随着稳定的成交量，价格持续走高。请注意，到7月底卖出成交量下降，最后的K线表明目前处在下一阶段的准备期。这也反映了季节性因素的影响，并且是预料之中的事，但整体而言，长期前景仍然看涨。

应用材料公司（AMAT）月K线图：
2015年11月至2017年11月

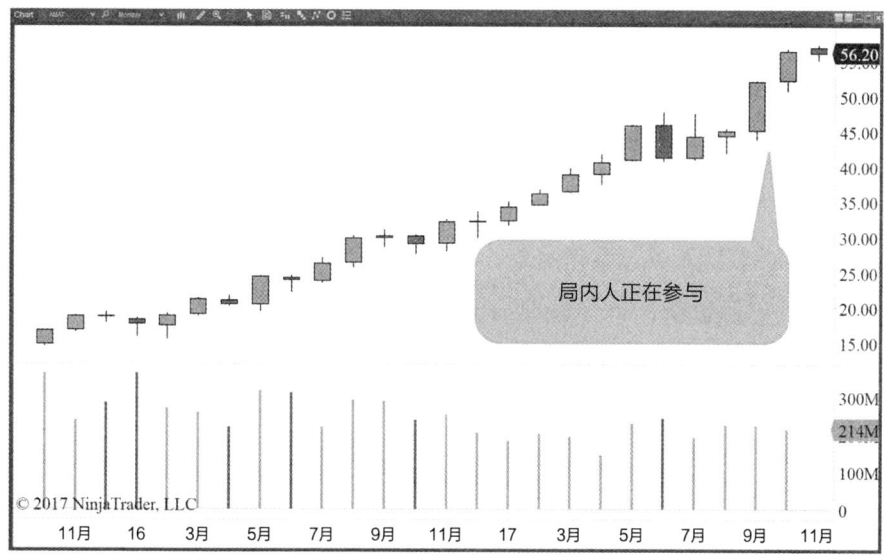

我们必须在图表的背景下阅读和理解成交量的季节性变化。图中，成交量增加，并如期地推动该股票价格走高，并形成较长的看涨趋势。自2016年年中以来，AMAT价格继续攀升，图中的最新交易价格为56.20美元，最近一次局内人的买入是在2017年9月和10月，这有助于推动市场进一步走高。

在现有的潜在强劲支撑位的作用下，直至2018年，该股票看起来将进一步上涨。

巴克斯特国际公司（BAX）周K线图：2016年1月至2016年8月

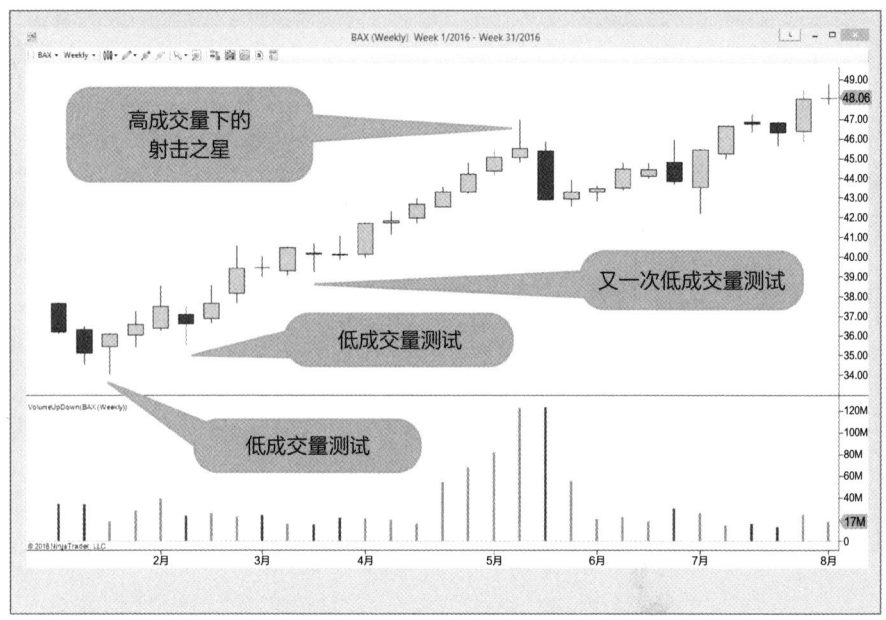

随着BAX股价走高，出现了一些低成交量测试的典型例子。第一次发生在1月中旬，第二次位于2月初，对应着阴线和较长的下影线。在这样的时刻，市场已做好上行准备。在3月中旬有较长下影线的K线又出现了较低的成交量。

4月中旬开始，成交量开始增长，但实质上市场表现仍然疲软，因为成交量远高于市场平均水平，但K线的实体部分却很短，这并不是一个好信号。5月的第2周，出现了超高成交量和射击十字星，结束了这一波反弹过程。在接下来的一周卖盘较为强劲，但随着做市商介入产生的大量交易，股价继续走高。这只是一次震荡洗盘行为，股票一旦突破当前价位，仍会继续走高。

巴克斯特国际公司（BAX）月K线图：
2015年11月至2017年11月

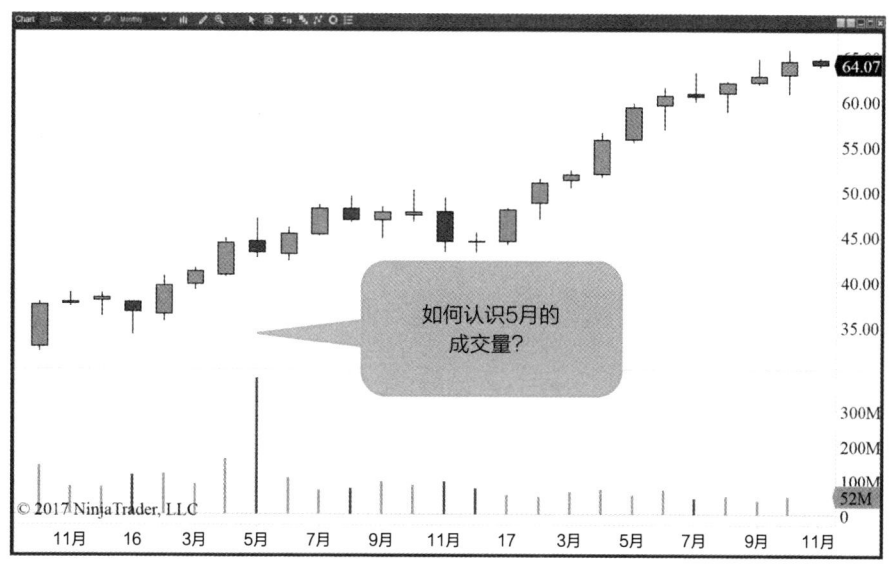

在这个例子中，同样难以通过一个时间框架的K线图看清量价关系，因为成交量曲线已被极端值扭曲。

这种情况时常发生，并且一定也是我们每天看到的电子行情的内在特点。全球电子交易平台（Globex）的成交量相对较低，随着现货市场的开放，成交量更出现了大幅下降。这并不会使量价分析方法失效，因为所有的成交量都是相对于我们所研究的时间和行情而言的，图中只是一个相对较高的简单成交量，它能对先前成交量产生"压缩"效果或扭曲未来成交量。量价分析这一问题可以通过以下两种途径解决：

第一，放大K线图，这样就可以将这根K线从当前分析中移除；第二，选取不同的时间范围，如采用周K线图进一步分析。

因此，暂不考虑5月份K线，可以看出整体成交量和价格保持走高趋势，且以稳定速度上升，当前趋势变化可能性较小。

3B家居（BBBY）周K线图：
2016年1月至2016年8月

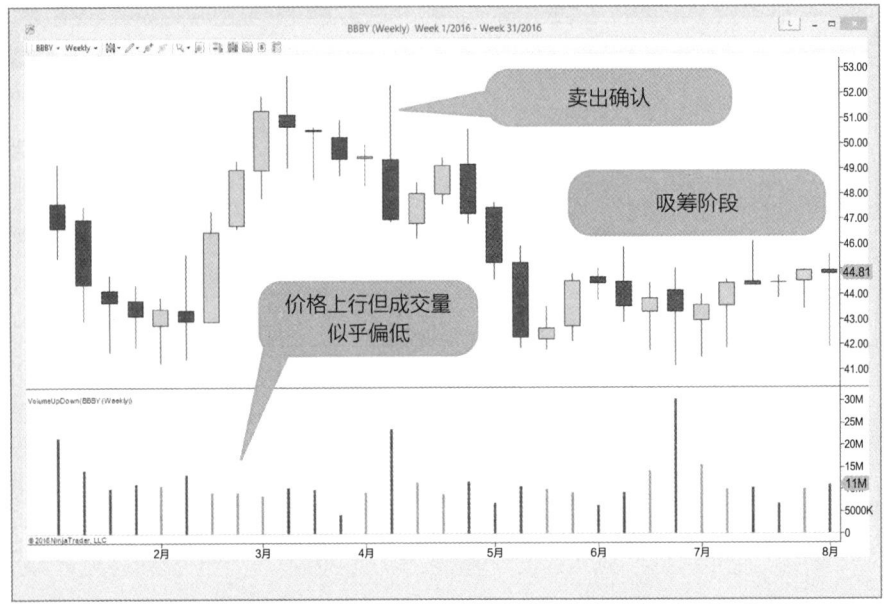

那么一个完美的陷阱是怎样的呢？图中交易者和投资者被上涨的股价吸引进入股市，在3周内却被套牢。

这一陷阱始于2月中旬，该股票走出三根实体部分较长的阳线，使得BBBY股价上升到更高水平。考虑到价格运动的范围，与其他成交量相比，在这一高价下股票成交量却非常低。当股票价格在3月初向上突破并形成长腿十字线时，可以证实这是一个陷阱。4月初K线上方极长的上影线和极高的成交量更加证实了这一点。此外，5月初价格瀑布的第三根阴线处低成交量的形成是因为抛售压力消退。局内人在6月和7月吸筹，图中显示较长的下影线和高成交量形成了支撑平台，从而为下一阶段的价格行动做准备。

3B家居（BBBY）月K线图：
2015年11月至2017年11月

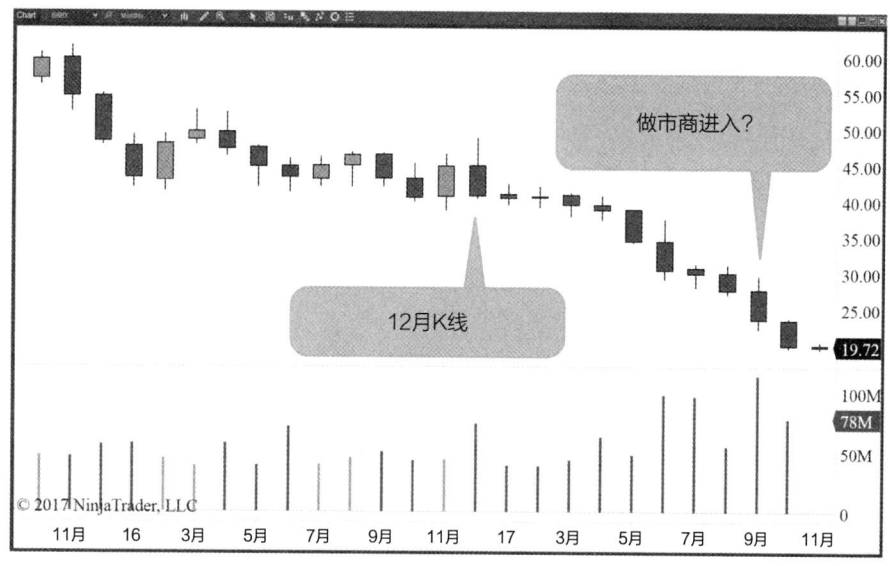

在这里的吸筹阶段是局内人在为下阶段的市场活动做准备。换句话说，在低成交量推动市场走高之前逐步吸收抛售压力，然后再次大量抛售，而这里的关键K线位于2016年12月，其上影线较长，并且成交量远高于平均成交量，这也确实是这一时期的最高量。

随后市场的疲软从2017年4月开始发展成价格瀑布，并且值得注意的是，随着恐慌性抛售，成交量持续增加。从2017年9月开始，价格走势进入有趣的阶段。第一个迹象是做市商支持和购买使市场呈现出较高的成交量和实体较短的K线。对比此前价格走势和成交量情况，在如此高的成交量上，我们应该看到一个有较长实体的阴线，但情况并非如此。2017年10月成交量出现下滑，并暗示看跌压力正在减弱，因此这是一只值得关注的股票，它可能在2018年股价横盘后走高。

公民金融集团（CFG）周K线图：
2016年1月至2016年8月

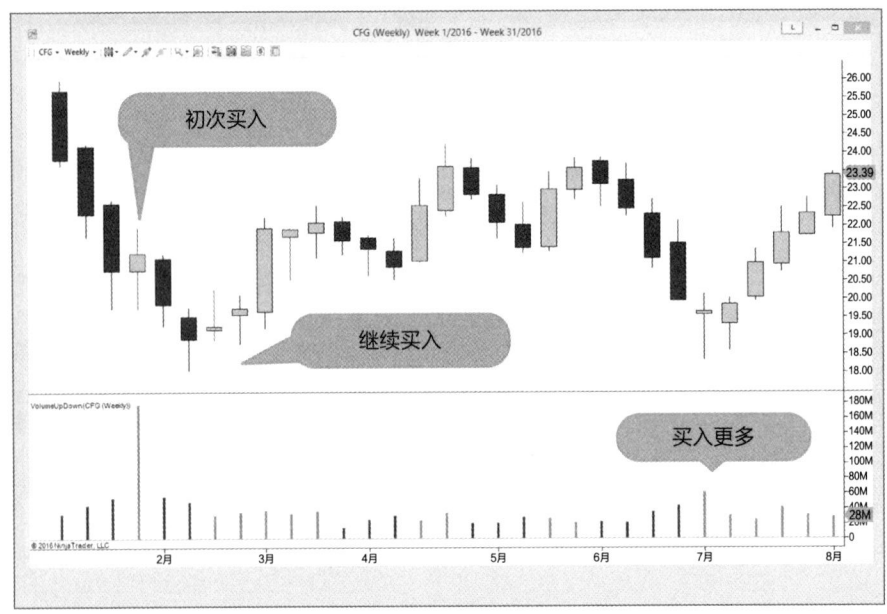

在这个例子中，我们看到该股票持续了较长时间的横盘，但这可能同样适用于5分钟K线图或月K线图，因为其中的原理是一样的。

局内人最初是在1月底买入股票，超高的成交量使得价格瀑布趋势终止。这种价格的变化趋势推动了局内人在2月份继续购买股票。

随着局内人的不断买入，市场上其他投资者进一步买入和卖出股票。6月份的卖出被局内人吸收，在7月初形成锤头线。由于现在存在着一个双底，我们需要通过不断测试才能突破上方的阻力位，如果随着成交量的增加而突破阻力位的话，就能形成一个支撑更高水平趋势的支撑平台。

这是在吸筹阶段的经典量价分析中的价格行为。另外请注意在此时间范围内形成的经典的双底模式。

公民金融集团（CFG）月K线图：
2015年11月至2017年11月

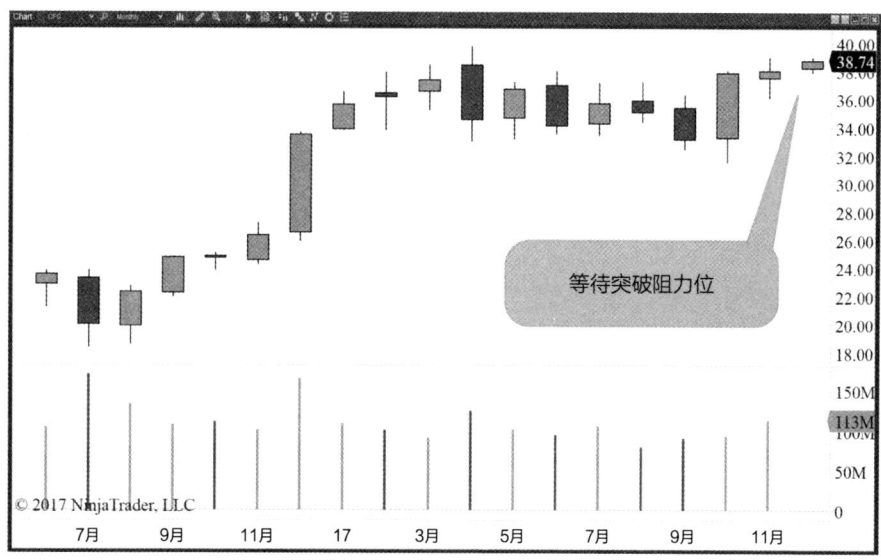

随着时间从2016年年底进入2017年，该股票的上涨趋势按照预期发展，从23美元增长到2017年2月的39.75美元高位。

从那以后，该股票在一个窄幅的盘整区域，在33美元区域内形成一定的支撑，在39美元附近形成阻力。这又是一个需要耐心的例子，因为是否能够突破这个价格范围与成交量和价格密切相关。10月和11月继续保持着看涨基调，一旦突破了40美元的阻力位，并且被成交量确认，意味着该阻力消失，那么预计该股将会走高并且保持这种趋势直到2018年。

丘奇&德怀特公司（CHD）周K线图：
2016年1月至2016年8月

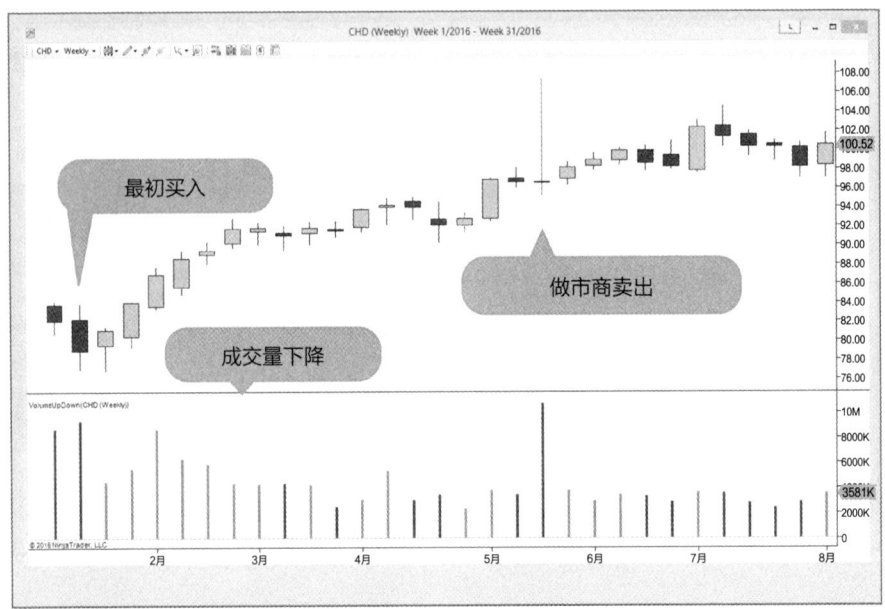

这也是一个不容错过并且很有意思的K线图。

最初的买盘出现在1月初，此时成交量很高并且K线实体部分相对狭窄，而股票涨势始于2月初。然而请注意这种经典的异常情况——伴随着成交量的下降，2月份价格走高。

所以此时市场价格走高但成交量却下降，这并不是一个好兆头。在5月中旬的成交量飙升之前，3月和4月的K线实体部分很短，超高成交量对应着上影线很长的阳线。到目前为止，股票价格仍然保持在这个区间，但是还将持续多长时间？任何的疲软信号都可能成为价格大幅下跌的一个重要因素。

丘奇&德怀特公司（CHD）月K线图：
2015年11月至2017年11月

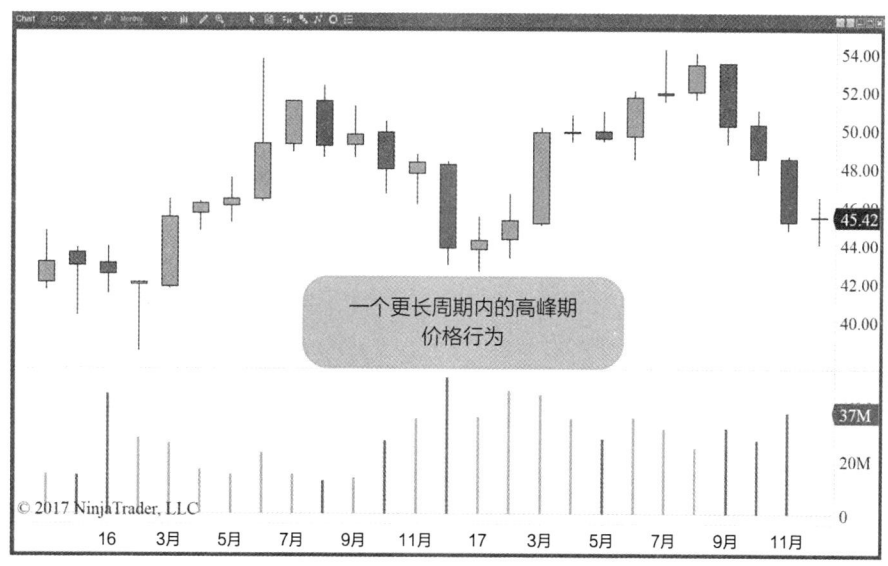

在这个例子中，9月份的价格变动同样是后续市场急速下跌至42.56美元的催化剂，接着做市商在2017年1月和2月再次购买股票，推动了2017年市场价格回升，重回到2016年价格巅峰54美元，此时价格处于持续上升的末期，然后CHD再次进入持续的看跌阶段。

以下几个方面，发出了2017年夏天股票价格的疲软的信号。

首先，我们经历了3个月的价格上涨和成交量下降的阶段，但这可能部分是由于季节性变化所致。其次，7月份K线较弱，射击十字星伴随着高成交量。最后，这个价格水平市场在测试过去曾经存在的一个旧的价格阻力区间。

这个例子有趣的地方可能是考虑一个更长周期内此时的价格行为，而我们在这里看到的刚好是价格的横盘。横盘阶段可能持续几个月甚至几年，但尽管处在横盘，如果我们基于图表上更多的K线来审视这只股票，同样能够显示我们在更长周期中所处的位置。

为了节省你的检验时间，CHD股票在2008年交易价格为10美元，此后该股票延续了较长的上涨周期。因此，我们在这里详细研究的可能是在一个更长周期内的高峰期价格行为。这样看来我们还会看到更多相同的东西！

好市多公司（COST）周K线图：
2016年1月至2016年8月

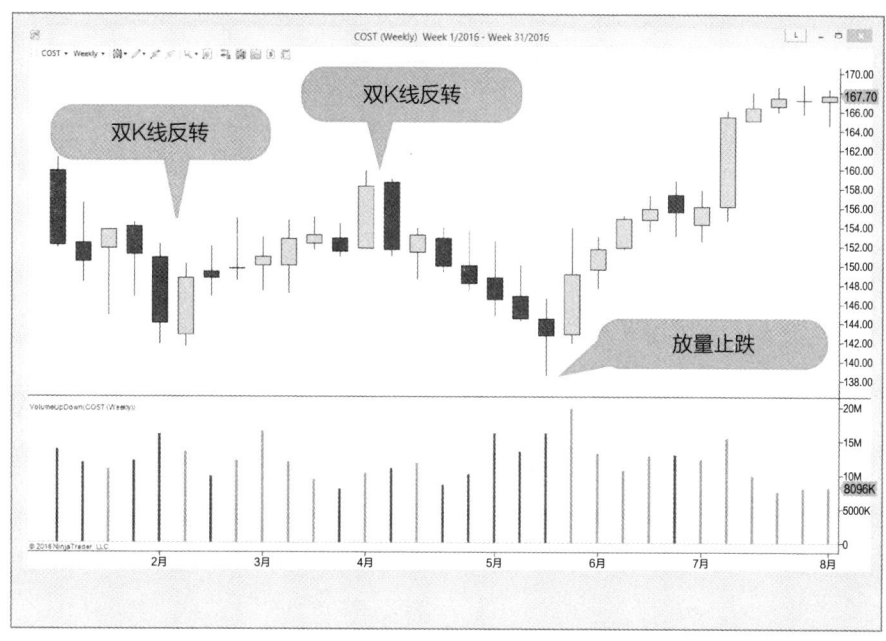

该公司的价格走势中出现了典型的双K线反转。这些形态通过思考很容易判断，也有助于我们认识牛市鲸吞K线和熊市鲸吞K线的力量。

首先是在2月份，在市场走低后双K线反转推动市场走高。接着在3月到4月之间，两根K线相合并形成一个完美的射击十字星形态，之后是4月和5月的价格瀑布，在5月份第三周随着做市商的进入出现了放量止跌的信号。之后的第一根阳线伴随着较高的成交量，但上影线较长，说明上升趋势有些动能不足，但是稳定的成交量推动K线持续走高，在7月第二周实现了高成交量下的完美突破。随后，由于获利回吐的压力价格走势进入盘整状态，并且请注意此时价格上涨但成交量却下降，因此凸显了未来潜在的疲软趋势。

好市多公司（COST）月K线图：
2015年11月至2017年11月

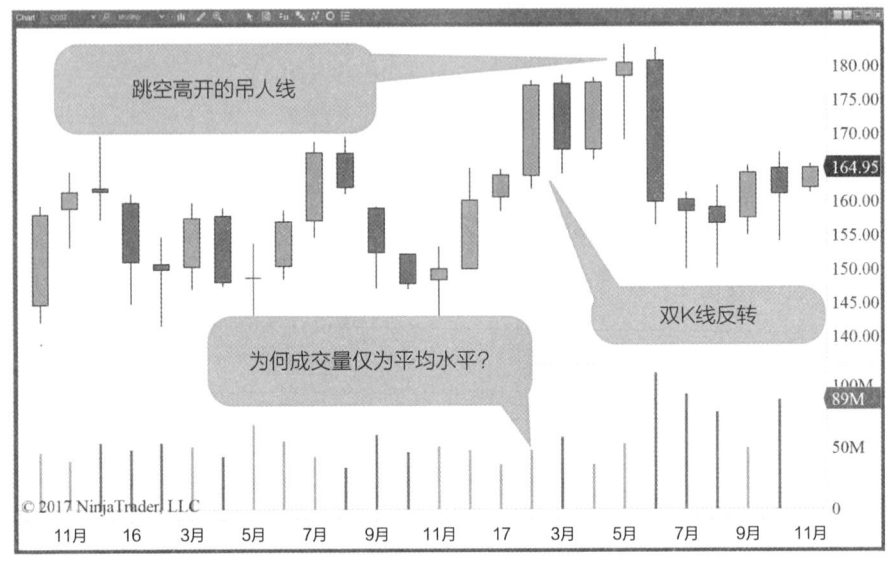

市场走高但成交量下降，这确实是一个强烈信号。此处提供了又一个例子，由数根K线构成的价格变动与成交量之间的关系可以有强大的作用。价格上涨和成交量下降是一个异常现象，因为两者应该同步上涨，这是缺乏做市商参与的信号。在做市商介入市场并买入股票之前，COST大幅下跌至11月，并且在2017年年初价格回升。这是本图中让人难以理解的地方。

如果我们从2017年1月份的K线开始分析，实体部分相对短小的K线和平均成交量似乎是一致的。然后我们看到2月份的K线价差扩大，但是看成交量的话，它仅仅是"平均水平"，从而表明这是一个陷阱。毕竟基于K线的变动，我们预计会看到更高的成交量，但与图表上的其他K线和相应的成交量相比，此处的成交量相对较低。

然后3月份投资者持续抛售股票，成交量高于平均值，从而创造了双K线反转，这是一个明显的疲软迹象。接着4月份的K线反转，但看看成交量，也处于低位！而且更糟糕的是，5月份的K线跳空高开，但收盘时K线呈现吊人线的状态。所有的证据都在表明这是一个陷阱。

这个陷阱已经设计好,并且在6月份被触发,投资者的恐慌性抛售正中做市商的下怀,他们正好在7月、8月和10月购买COST,并为COST股票的下一阶段行情做好准备。

现在他们已经买入了大量的COST,他们期望看到COST价格反弹,并在适当的时候尝试突破2017年价格最高点,如果这个价格水平被突破,那么2018年该股票将延续看涨的趋势。

赛富时公司（CRM）周K线图：
2016年1月至2016年8月

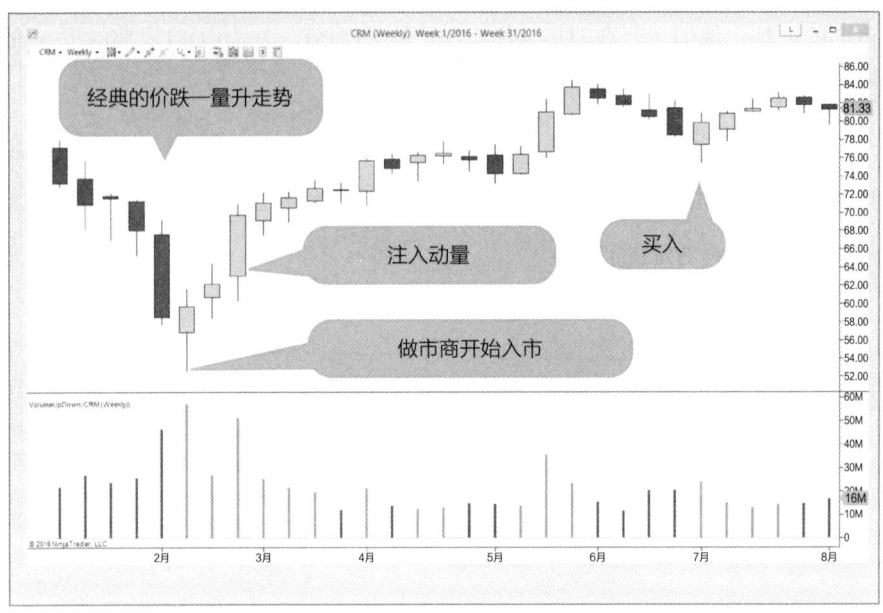

V字形状的价格反弹是非常罕见的，但它们确实发生了，我们在美国主要指数的日K线图上可以看到一些这样的例子。1月份形成了典型的市场价格走势——价格下跌同时伴随着成交量的上升，然后做市商在2月的第二周进入市场并买入股票，此时成交量非常高，同时K线的下影线较长，价差相对较小。

然后，在高成交量所产生的动能推动下，市场继续上行，并在4月份进入持续横盘。

随后，成交量确认了5月中旬的突破，此时K线的实体部分较长并且伴随着高于平均水平的成交量，此后，价格上升，进入第二次横盘。

接着7月初局内人适度地买入股票，K线实体缩小，成交量增加。

此时股票走势看起来有些疲软，只有强势走高才能确认目前的走势。

赛富时公司（CRM）月K线图：
2015年11月至2017年11月

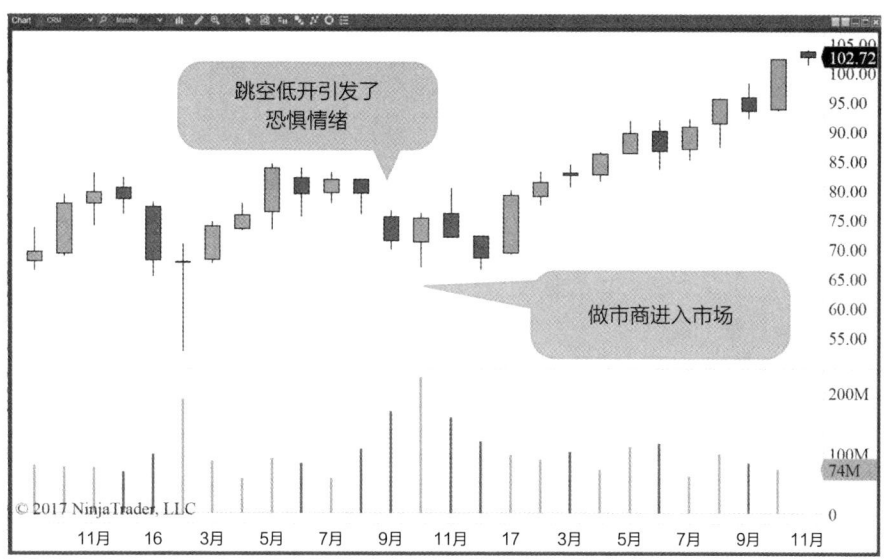

随着9月份出现低开缺口、股市下跌，这种疲软态势继续加强，做市商随后在10月份进入，将当月成交量提升至较高水平，并持续吸筹直到2016年年底。

这是由做市商和局内人谋划的经典策略的一个例子，跳空高开或跳空低开的开盘价格旨在引发投资者的恐惧情绪，使他们因害怕错失机会或担心亏损而买入或卖出股票。以上两者都是非常强烈的情绪，因为一旦引发恐慌，做市商只需介入并购买，正如当时的情况，做市商在10月份大量买入，并在11月和12月进一步买入。

2017年的价格走势预示了看涨趋势的开始，因为它稳步离开68美元的价格区域，伴随着稳定增长的成交量，目前价格上升至理想价位100美元以上。这种趋势看起来将会持续并进一步发展直至2018年。

信达思公司（CTAS）周K线图：
2016年1月至2016年8月

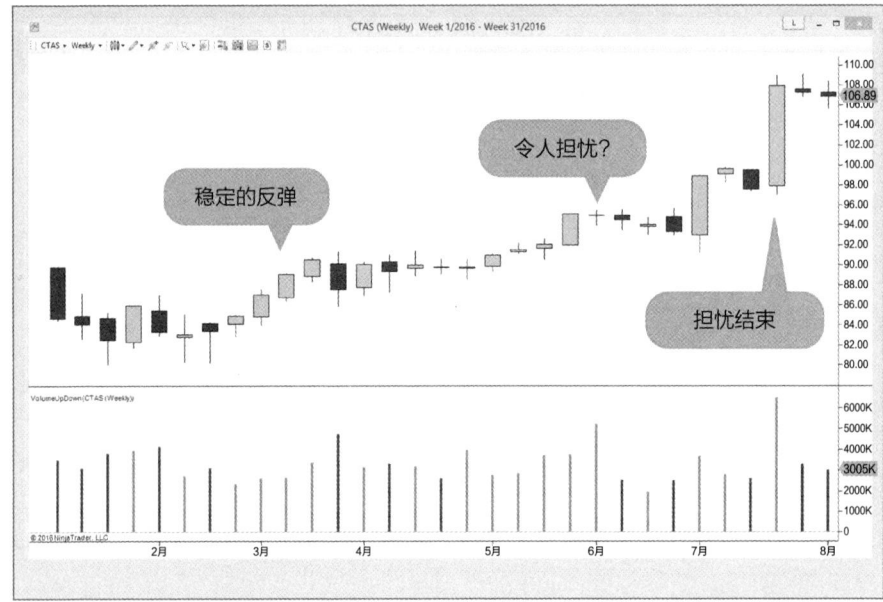

这个例子给我们一些有趣的启示，有时候成交量并不能够反映全部的信息。伴随着成交量的增长，2月底和3月份的稳定反弹看上去不错，随后市场进入横盘。4月和5月初的价格变动区间确实非常狭窄，但是成交量却高于平均水平，当然会引起人们对该股票的担忧，这时我们需要谨慎。然而，随后7月初和7月末周K线的向上突破再次确认了股票的看涨趋势。

图中令人担忧的K线处于6月份的第一周。高成交量和一个非常小的十字星发出警示信号，但是我们很难判断，因为市场看起来不是很强劲，但也不是太疲软，所以此时我们需要足够的耐心和谨慎。然而，随后两根实体较长的K线证实了看涨趋势会延续下去，因为做市商大量买入证券，向市场注入了动能，表明未来将会进一步好转。

信达思公司（CTAS）月K线图：
2015年11月至2017年11月

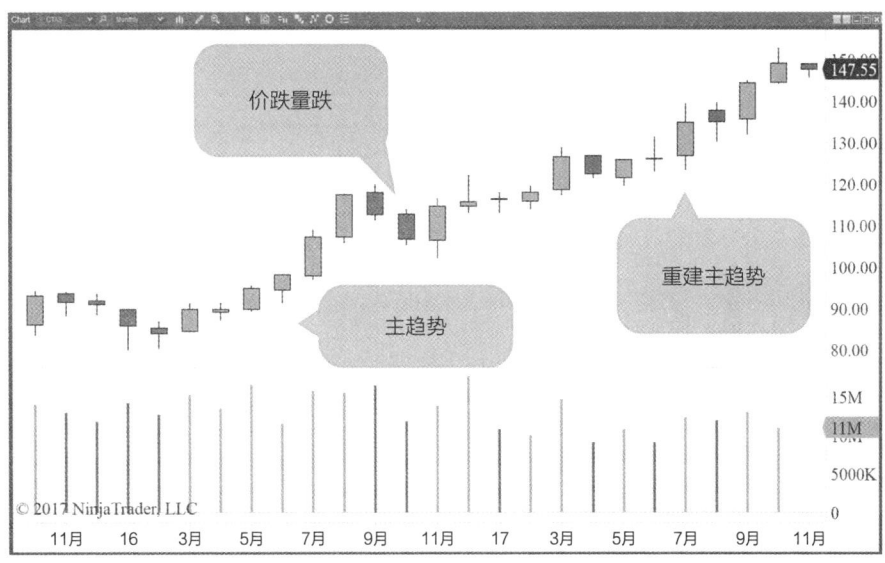

事实证明，在2016年的剩余时间以及2017年的大部分时间里，该股票形成了一个长期的看涨趋势，交易价格一直上升到我写作本书时的147.55美元。

这也是威科夫在他的著作和教学中解释和描述过的主要和次要趋势的典型例子，并且是量价分析方法的最强大的应用之一，因为它有助于我们抓住主要的上涨趋势，而不会因为出现任何反转或者价格向下修正而退出市场。

在这个例子中，CTAS股票走高至8月，然后在9月和10月停止上涨并出现反转，但是请注意成交量。成交量下降，对照价格来看，这是一个异常。为什么？因为如果此时局内人大量抛售，那么成交量应该会上升。实际上它没有上升，而是在下降，所以结论很简单，这是在长期走高趋势中的次要反转，因此主要趋势可能在适当的时候重新启动，事实确实如此。

该股票目前的看涨势头仍然十分强劲，从2017年年底到2018年，我们可以期待这一股票更好的表现。

思杰系统有限公司（CTXS）周K线图：
2016年1月至2016年8月

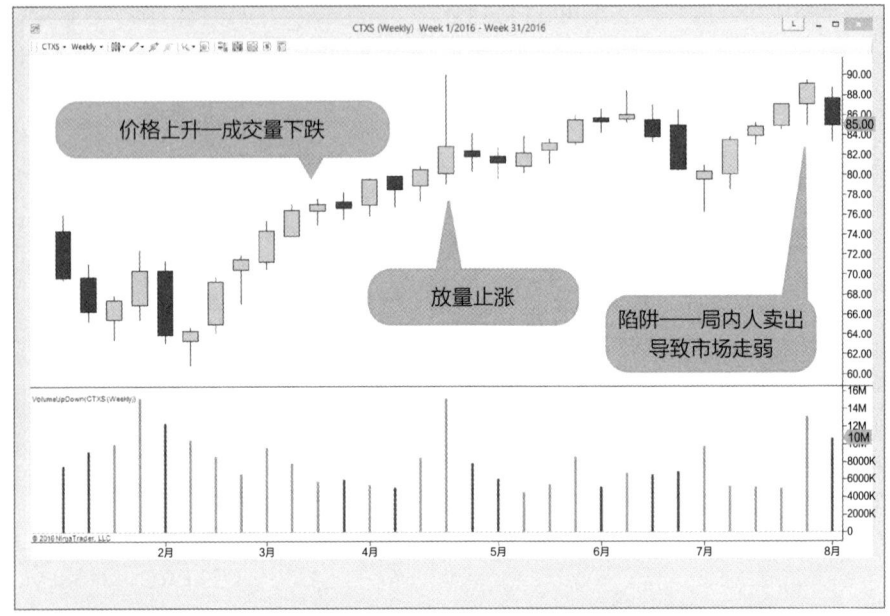

在这张图表中，市场似乎正在逐步形成高峰期价格行为。

2月至4月初的股票反弹过程中，价格持续走高，但总体上成交量下降，这是市场长期疲软的信号。

随后局内人在4月份的第三周抛售股票，市场出现放量止涨信号，K线形成了较长的上影线，并伴随极大的成交量。请注意，当日K线的高位还有待突破。随着5月底和6月初局内人进一步抛售股票，战斗正在全面展开。

随后在7月的后几周，随着价格走高，局内人进一步抛售，形成了一个陷阱。

这是一个非常有趣的图形，它展示了抛售高峰的形成过程，而最初的信号在4月份就已经发出了！

思杰系统有限公司（CTXS）月K线图：
2015年11月至2017年11月

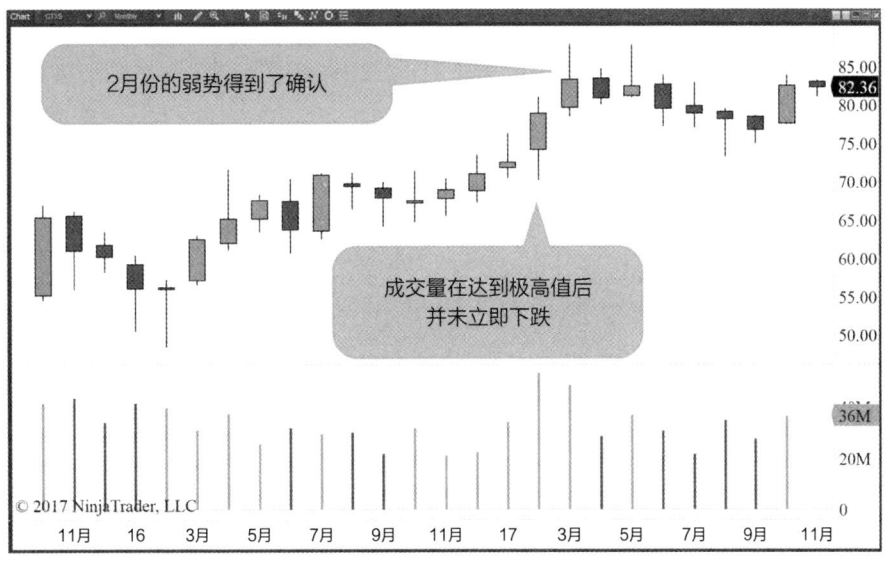

CTXS继续形成高峰期价格行为，整个2017年在一个窄幅区间波动，上方的阻力位在87美元附近，下方的支撑位为74美元。在做市商完成下一阶段准备工作之前，该股票的价格区间不会出现明显变化。

然而，有趣的是2月和3月的价格行为，基于高成交量做市商明显参与其中，2017年2月的K线表明上涨趋势没能延续下去，而2017年3月的K线有着较长的上影线，是一种典型的表明市场疲软态势的标志。3月份之后，5月份的高成交量和再次出现的射击十字星K线进一步证实了市场的疲软态势。

8月份做市商参与市场并购买股票，在10月份再次推动价格回升。现在随着市场进入横盘，我们正在等待他们大展身手。如果价格能突破87美元的上限，那么这将为做市商推动价格走高提供必要的支撑平台。

雪佛龙公司（CVX）周K线图：
2016年1月至2016年8月

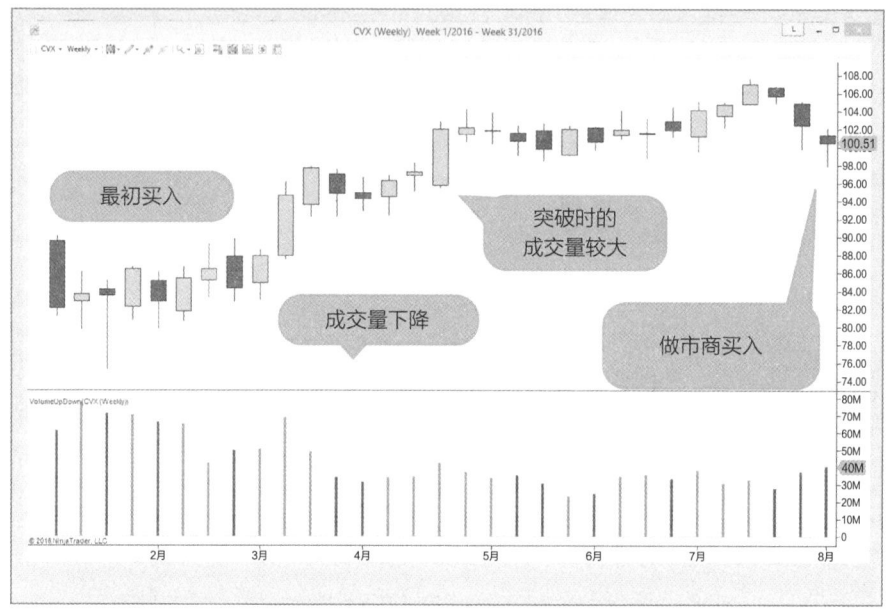

我选择此图表只是为了强调量价分析对交易者或投资者在市场上生存有多大帮助，因为这是最难做到的。

从图中可以很明显地看出，做市商最初在2月份买入股票。在较高成交量时的价格突破证明了价格运行的有效性，因为此时局内人在参与市场。3月下旬上涨趋势暂停是由于成交量持续下跌，暗示行情还将继续，接着就出现了下一次高成交量的突破。由于稳固的价格行动和成交量，7月份股票趋势继续走高，随后出现回撤。但最后三根K线的成交量表明，这一回调是暂时的，因为此时成交量上升，K线实体缩小，形成较长的下影线。

K线实体正在缩小，表明此时市场正在测试下方的支撑位，如果该平台能够成功发挥支撑作用，那么我们可以预期未来股票会进一步走高。

雪佛龙公司（CVX）月K线图：
2015年11月至2017年11月

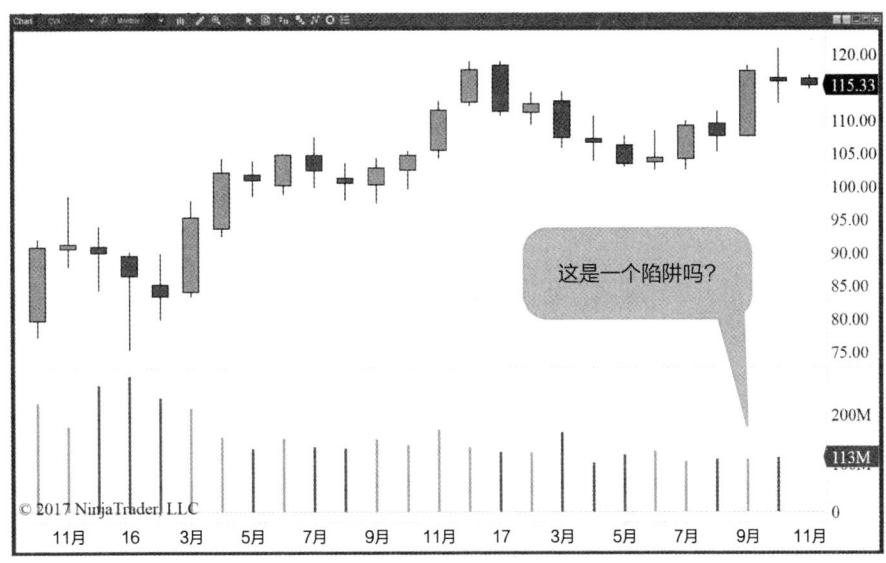

做市商购买股票的行为持续到10月中旬，之后股价大幅上涨，从原来的价格水平飞跃至日内高点118.99美元，随后在2017年大部分时间内，价格下滑并回到2016年水平。然而，价格触及102美元的强劲支撑位后回升至120美元。

2017年价格走低的触发因素是12月和1月的双K线反转，随后3月份做市商抛售股票量增加，股票价格持续走低，最后到达102美元的支撑位。十分有趣的是9月份价格上涨，K线实体扩大但成交量只处于平均水平。这看起来很可疑，并且确实紧跟着在10月份出现了十字星。我们可以将2017年9月的K线和之前一根形态相当的K线，比如2016年4月放在一起进行比较，这两根K线的实体长度与K线形状大致相同，但2016年4月的成交量却比这里高得多。这是我们在这个时间范围内的基准，因此这给我们发出警示，即2017年9月份的价格和成交量可能是做市商所设的陷阱。

这个例子也说明了我们如何应用量价分析方法来设置高、中、低成交量的基准，更重要的是，在这里强调了局内人和做市商在没有参与市场的时候，也可能为那些粗心的人们设置一个陷阱。

美元树公司（DLTR）周K线图：
2016年1月至2016年8月

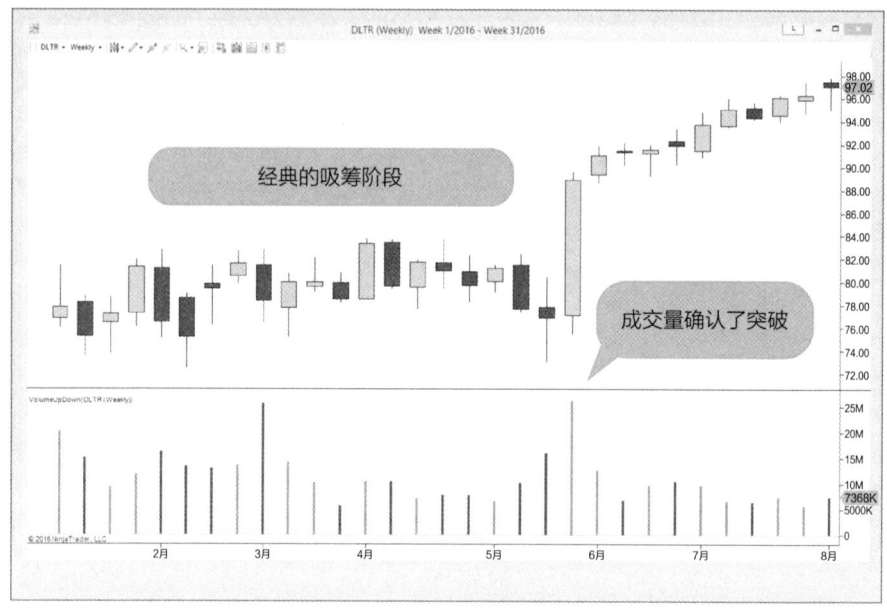

这是一个非常好的依据成交量验证价格行为的例子，这让我们有了在股价横盘阶段结束后进入市场的信心。

在此例中，横盘期从2016年初一直持续到5月中旬，在此期间，DLTR股价窄幅波动。在此期间做市商在每个波段吸收抛售压力，并形成了稳固的支撑。随后，市场在5月下旬发生突破，在该时点上的K线实体部分较长，影线很短。这是一个强烈的信号，飙升的成交量对此进行确认，在后续趋势发展中，行情的向上突破证实了做市商的参与。

市场突破的风险是价格回撤，但是成交量能够为交易者提供持仓的信心。

美元树公司（DLTR）月K线图：
2015年11月至2017年11月

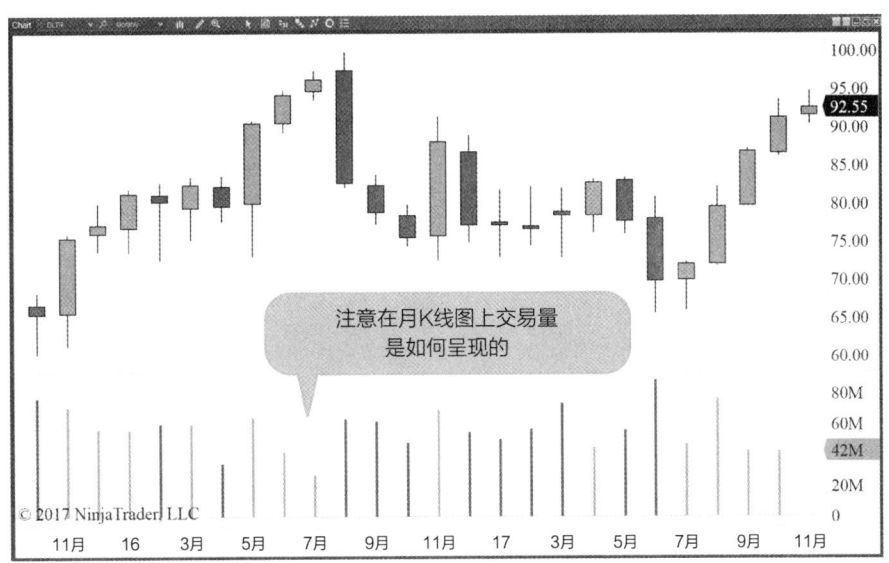

此次反弹在非常快的时间内推动股价从77美元上涨至略低于100美元的位置，然后做市商采取同样激进的操作，股市下跌并在年底再次回到之前的水平。DLTR是一只易受震荡洗盘价格行为影响的股票，从这只股票可以看到做市商改变其头寸的速度。在几周内强势买入，然后同样积极地卖出并推动趋势反转。成交量清楚地显示了这一点，虽然该股票可能不适合买入并长期持有，但这样的波动特征可能会在短期内形成动量驱动的快速趋势。

快速反转的关键是价格上升过程中的成交量，这包含了周K线图上的价格行为，并且突出了使用多时间框架方法进行交易和投资的优势。在这里，我们可以看到月K线走势在上升而成交量下跌，这可能发出8月份价格会快速走低的警示信号。因此，无论目前考察的时间框架如何，参考更长或更短周期的时间框架都将始终提供重要的第二视角。

这只股票正在接近关键价位，如果股价向上突破100美元的阻力，我们可以预期该股票将进一步走高。

邓白氏（DNB）周K线图：
2016年1月至2016年8月

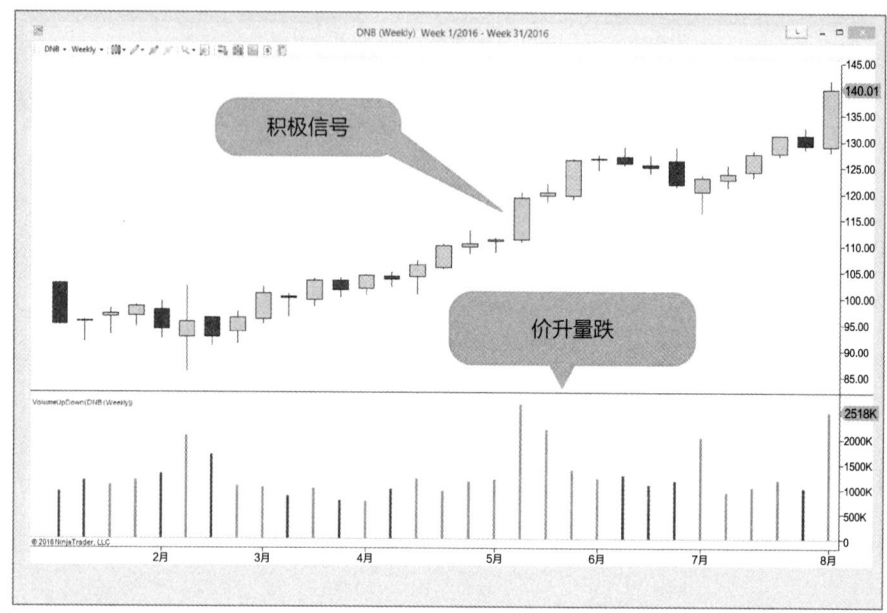

这个例子延续了上一个例子的内容，同样为投资者提供了在市场中持有头寸的信心。

这里关键是从趋势开始到趋势进入到5月初的成交量。我们可以看到一根伴随着高成交量的强势K线，但随着时间的推移，成交量开始逐周下降，这是一个令人担忧的信号，因为我们并不希望看到正在上涨的市场出现下跌的成交量。

6月份市场开始出现抛售，并且抛售压力相对较大，但这已经被预期到了，因为这是量价分析的核心内容——预期未来会发生什么。最后，在7月的第一周，做市商买入，因为成交量高，而K线是根实体窄的阳线，表明了他们想要推动市场继续上行的意图。

最后一根K线再次确认了这一点，K线实体部分较长，且成交量较高。

邓白氏（DNB）月K线图：
2015年11月至2017年11月

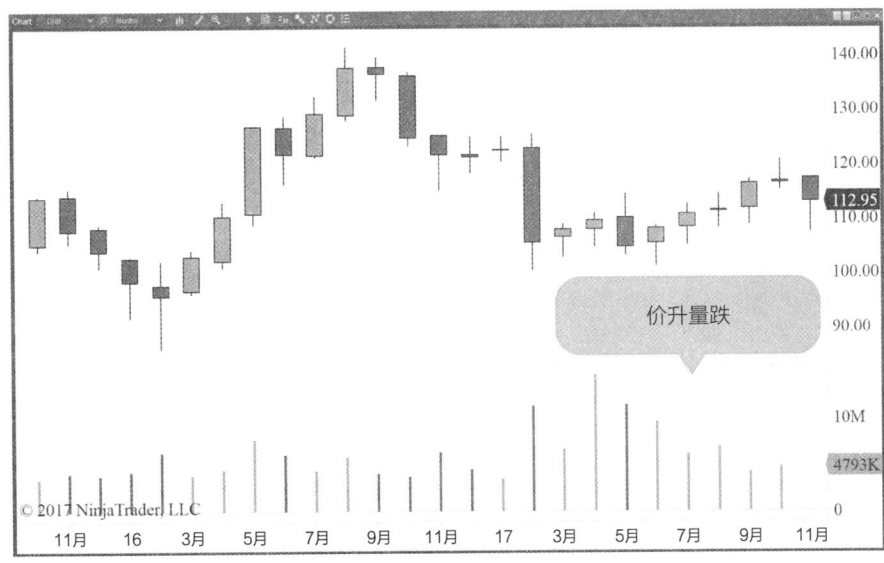

但这里是这段行情的结束，从某种意义上来说很不寻常，因为市场并没有发出抛售高峰的信号，或者其他高峰期价格行为的信号，但DNB随后出现抛售并在年底收于120美元左右的价格。

该股的熊市行情持续到2017年2月份，表现为一根长阴线和市场高成交量。做市商在4月份进入市场买入股票，从而吸收了1月份的抛售压力。

但是，请注意从4月开始的量价关系。股市出现了价格的上涨和成交量的下跌，因此，反弹势头较弱。同时我们能注意到，最后一根K线似乎表明有人在当前价位上正在吸筹买盘，如果得到成交量的确认，那么可能是做市商进入市场支撑反弹并推动价格再次突破120美元进入更高的平台。

易趣网（EBAY）周K线图：
2016年1月至2016年8月

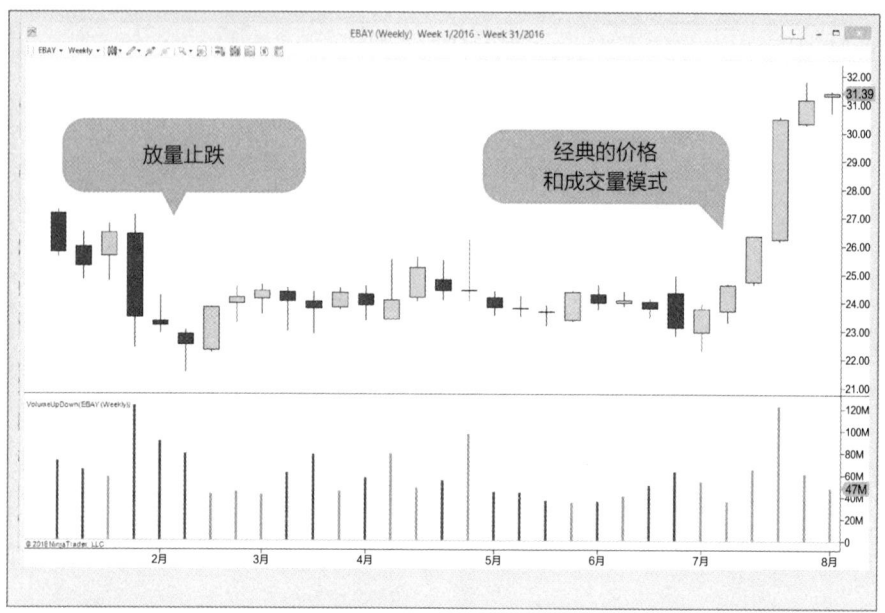

正如《量价分析》一书中所提到的，股价横盘阶段是创造和诞生趋势的地方，并且是以耐心换取丰厚回报的价格运行阶段，当处于摇摆不定、战术不明确，同时在等待趋势进一步发展的阶段时，你应当根据趋势交易。

在上述例子中，做市商很有耐心，他们经历了5个月的横盘吸筹的阶段。最初的放量止跌信号出现在2月和3月，在整个横盘期间内做市商不断补充头寸。

7月份出现强势的突破，实体较长的K线和上升的成交量互相验证，形成了经典的量价关系，股票价格突破了前期阻力强势上升。

这正是以耐心获取回报的一个好例子。

易趣网（EBAY）月K线图：
2015年11月至2017年11月

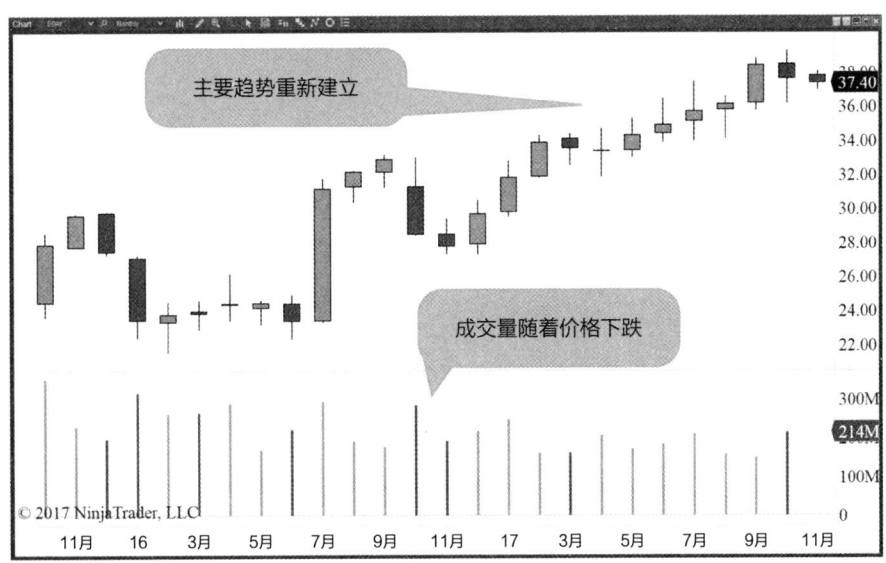

EBAY可能不是一只惊艳的股票，但其价格移动较为平稳，并且自2016年中期持续以显著的速度上涨至2017年度的37美元。这张图也显示了经典的次要趋势特点——价格下跌和成交量下降，很清楚地体现了威科夫的市场原则。我们可以用一种更清晰简单的方式表达，当做市商继续在市场运行中推动价格上涨时，主要趋势将保持不变。

以2016年10月和11月为例，股票价格下跌，成交量下降，从而发出明确的信号，表明做市商没有参与其中，因此我们可以预期价格在适当的时刻会回升并回归到主要趋势。

最后，请注意2017年10月的成交量，该月成交量上升，而K线下影线很长。有做市商在该点买入，如果下方的支撑位有效，该股预计将在2018年进一步上涨。

爱迪生国际公司（EIX）周K线图：
2016年1月至2016年8月

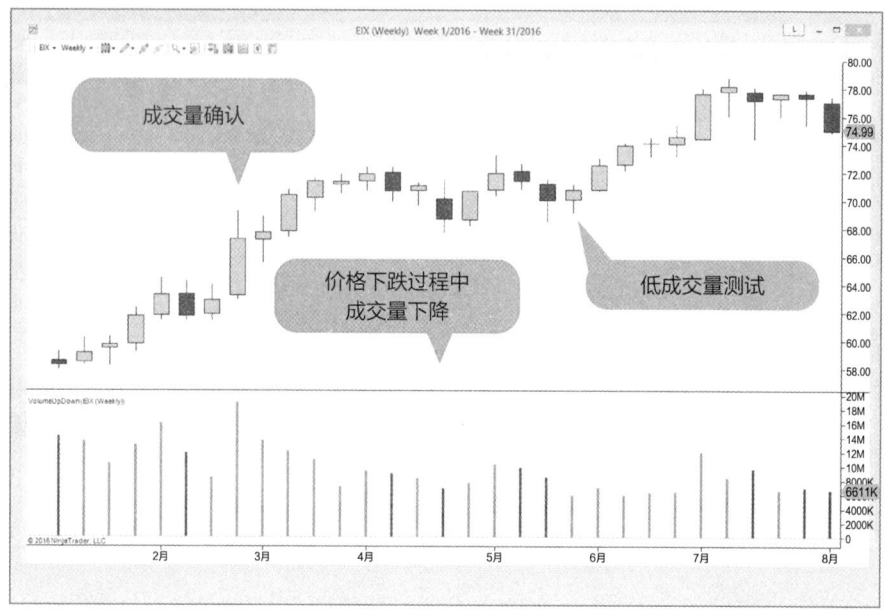

这是一个量价关系可以强化或支撑趋势以帮助投资者实现收益最大化的例子，而这可能是交易中最难做到的，也是量价分析方法的另一个巨大优势。2月末走势良好的K线证实了局内人的参与。随着价格上涨和成交量下降，涨势随之停滞，我们预计趋势至少会暂停——但随后并没有出现大量抛售。事实上，成交量随着价格下跌而下降，告诉我们这可能只是趋势暂停和一波次要的趋势。5月份的第三个星期出现了局内人买入的信号，紧随着是一次低成交量测试。

受到稳定的成交量和局内人参与的支撑，7月底股价继续保持上升趋势。目前还没有出现明显的卖盘，并且现在下方存在支撑，如果突破阻力位，我们应该看到股价进一步上涨。因此，在量价分析的帮助下，我们可以很好地利用趋势获利！

爱迪生国际公司（EIX）月K线图：
2015年11月至2017年11月

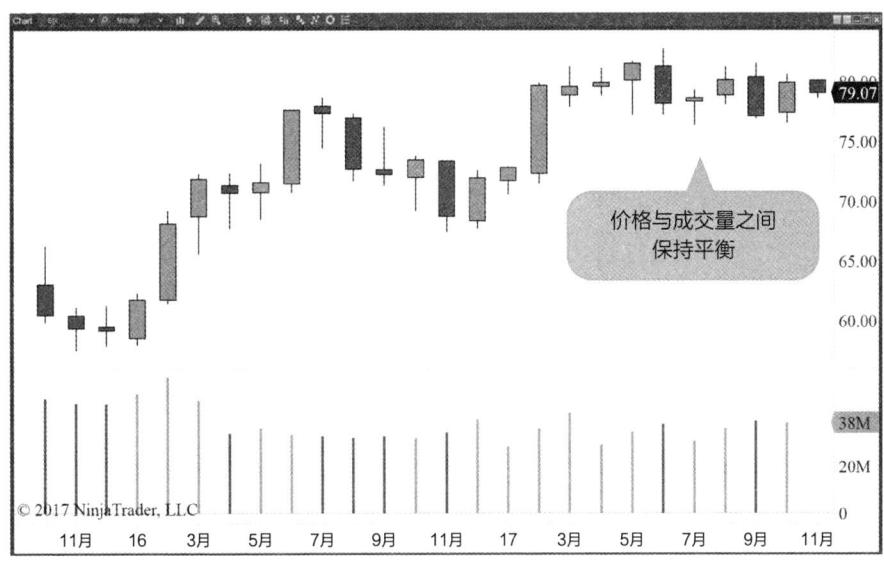

事实上，市场阻力位在11月和12月双K线反转之后并反弹之前的较短时期内随着EIX走低而形成，之后在略高的价位上形成一段较长的横盘期，持续了整个2017年。

然而有趣的是，这个阶段的价格走势中没有出现高峰期或相应的成交量。价格行为表现谨慎并且相对稳定，相关的成交量也是如此，这表明此时并非顶部，而只是一个延长的暂停点。

现在的关键是上方的阻力，如果这一上限不被突破，那么这可能不是一只值得长期买入和持有的股票。

佳明有限公司（GRMN）周K线图：
2016年1月至2016年8月

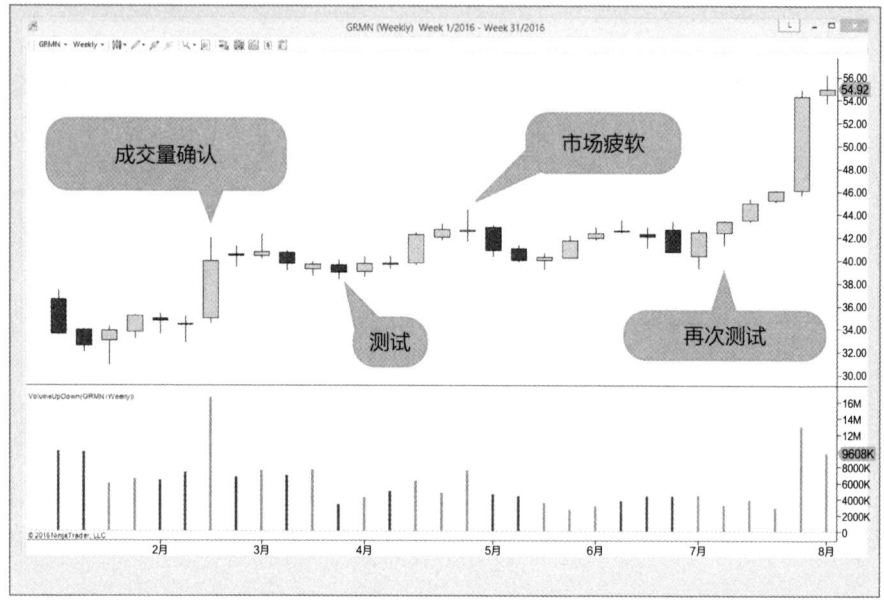

这是一张有趣的图表，展示了一些关于支撑或阻力测试的例子，也包括一些失败的测试。在2月第三周市场第一次上冲，形成了一条长实体K线，并得到了高成交量的确认。但注意K线的上影线——这显然不是一边倒的价格行为，市场上还有一些抛售压力有待吸收。3月的横盘阶段随之形成，在月中进行测试，随后尝试向更高的位置移动。

然而，4月下旬的K线表明抛售压力并没有被完全吸收，价格上涨的努力失败，并且在5月初出现进一步抛售。4月初的低点在7月初重新测试并得以维持，随后局内人以极大的成交量迅速推升价格，几乎没有进一步抛售的迹象。现在我们预计在快速走高之后会出现一个暂停点，并且可能在55美元的水平上进一步横盘。这又是一个以耐心得到回报的例子。

佳明有限公司（GRMN）月K线图：
2015年11月至2017年11月

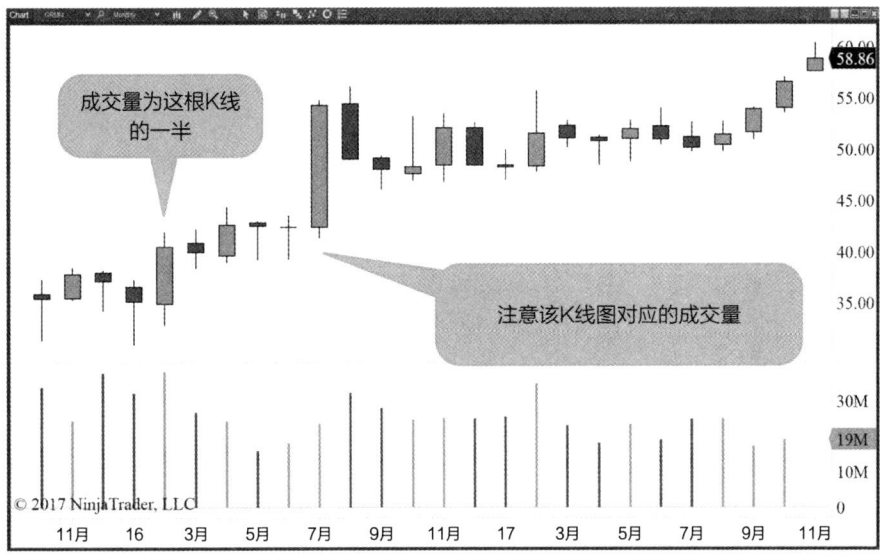

事实上，该公司股价趋势确实暂停了，GRMN在2016年年末和2017年的大部分时间内在较小的范围内窄幅波动，然后最终在10月突破，在本书写作时其交易价格为58.86美元。所以最明确的就是一定要有耐心。

但考虑到我们在周K线图上看到的2016年7月的量价关系，这就不足为奇了。7月份的量价关系并不正常。在这里有一根实体部分很长的K线，相当于2016年2月K线实体长度的2倍，但成交量是2016年2月的一半，2016年2月的成交量极高但价格波动只达到了7月份的一半。那么为什么会出现此现象？答案是做市商没有参与。做市商推高了价格，但他们只是在7月的最后一周才发力推动了价格的上涨。月K线将4周的K线合并为一根月线，从而让我们看到了完整的情况。

因此，在观察月K线图看到8月价格走势反转然后维持横盘走势时就不奇怪了。然而，随着近期价格走势突破阻力位，该股在2018年将进一步维持看涨势头。

亨廷顿银行（HBAN）周K线图：
2016年1月至2016年8月

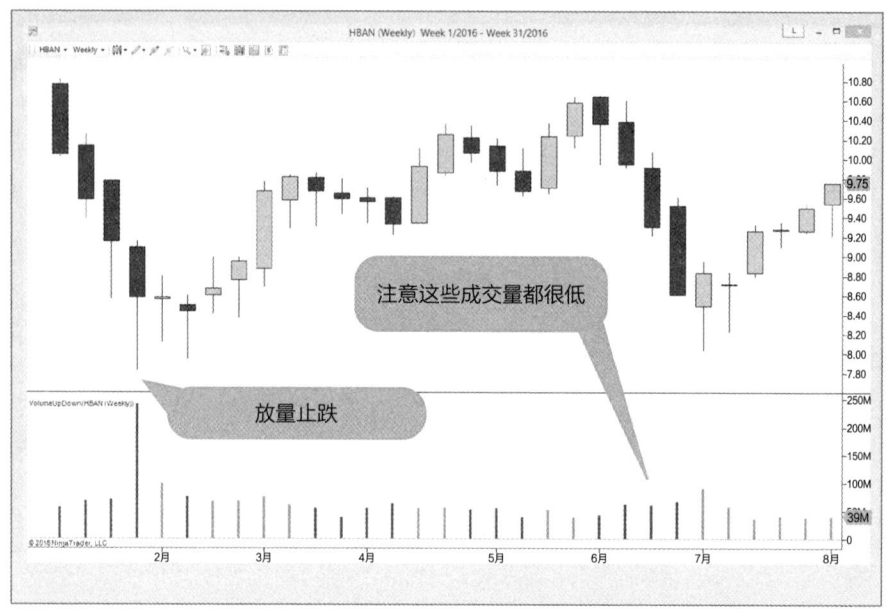

来看一个放量止跌的典型例子，虽然价格波动幅度相对较窄，但该图表还是提供了一些有趣的启示。首先是放量止跌信号。1月份有四根K线，第三根发出初始信号，第四根出现超高成交量。这与预期相同。

在接下来的两周内，随着局内人士吸收抛售压力，市场卖出压力消失，价格出现反弹。然而，有趣的是6月的第二个价格瀑布。这时市场再次触及了1月份的低点，但成交量要低得多，这告诉我们这个区域的抛售压力很弱，这是量价分析的微妙之处。当价格运行到先前的高成交量区域，但伴随着较低的成交量时，就表明抛售压力已被吸收。此外，价格还在这里形成了一个漂亮的双底形态！因此，股价的反弹正如预期，顺理成章地出现了。

亨廷顿银行（HBAN）月K线图：
2015年11月至2017年11月

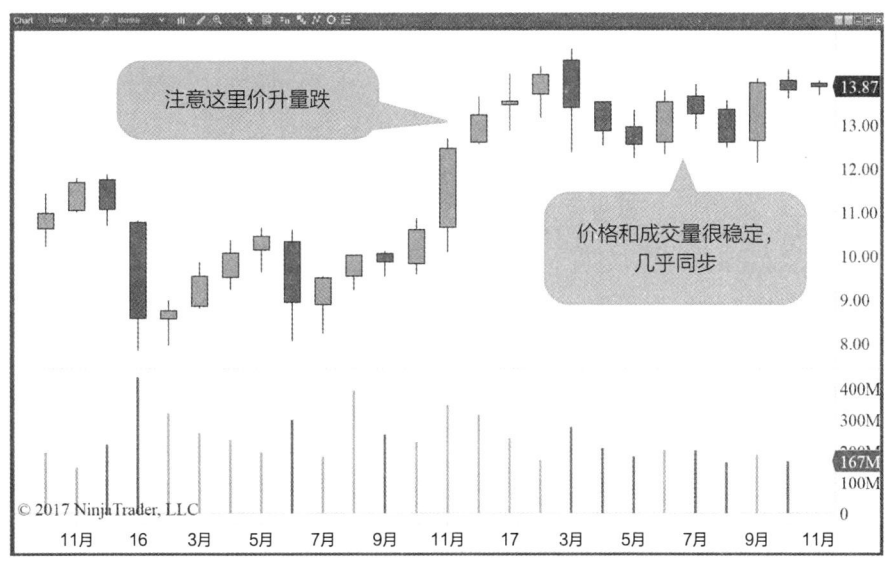

这是一个很好的例子，主要有以下几方面原因。首先，它证明了图形模式的重要性，在这个例子中，形成了双底形态。其次，这是一个在做市商准备好行动之前市场构建形态所需时间的好例子。最后，当股票下跌至10美元以下时进行量价分析，强化了这样一个事实，即无论价格如何，量价分析都可以应用于任何股票。2017年，股价上涨并触及14.74美元的高点，从那以后该股票在一年中的大部分时间都处于这个水平，但如果这个水平被突破，那么预计会有进一步上涨的势头。

这里同样有几点启示。

首先，注意2016年10月至次年2月的涨势，价格上涨且成交量下降，因此预期将出现趋势暂停和反转。其次，注意随后的价格行为。价格走势平稳，并进入横盘阶段，成交量的表现也大致相同，所以表示这只是趋势的暂停点，而不是市场见顶的高峰期价格行为。因此，一旦阻力上限被突破，该股票的前景仍然看涨。

布洛克税务公司（HRB）周K线图：
2016年1月至2016年8月

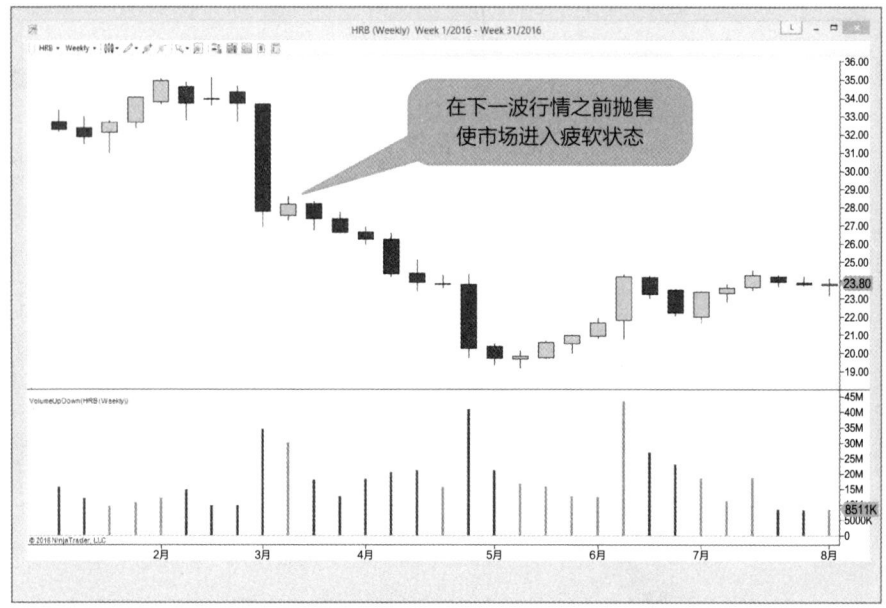

作为使用量价分析的交易者和投资者，我们知道当价格瀑布开始时，如果交易者想要跟随趋势走低而做空，通常很难判断进入点。这种情况下，量价分析能够提供帮助。

这里的启示体现在3月份的第二根K线上。第一周证实了该股的看跌情绪，K线的长实体和高成交量表明了强劲的抛售力量。随后价格出现了小幅反弹，图中出现了一根小阳线。但请注意成交量几乎和前面一样高。在股价快速走低的时候，做市商不断出售之前吸收的股票。在这一价格水平上出货完毕后，在下跌趋势中，他们为下一轮的交易做好准备，于是又可以看到成交量不断上升。

这些就是在下降趋势中需要关注的K线和成交量的组合。它们能够表明做市商在卖出股票，推动股价走弱，买入者相信市场已经触底从而开始进入市场，但事实上并非如此。

布洛克税务公司（HRB）月K线图：
2015年11月至2017年11月

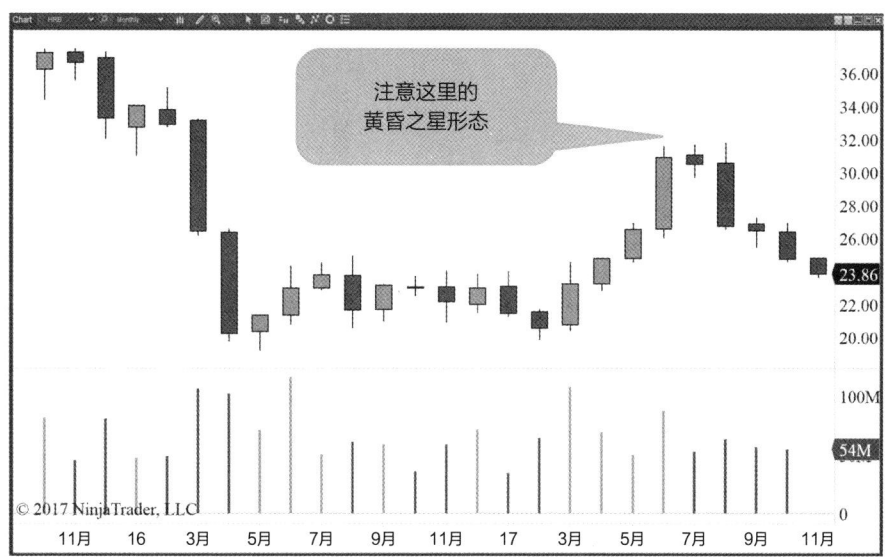

事实上，情况并非如此。HRB股票在触及19.18美元的低点后，在2017年最终反弹至最高价格31.80美元。此时市场看跌情绪上升，股价也表现出下跌的形态，因为做市商抛售所持头寸，推动股价再次下跌。

请注意，在看跌行情启动之前，2017年夏季出现了经典的黄昏之星K线。

英格索兰公司（IR）周K线图：
2016年1月至2016年8月

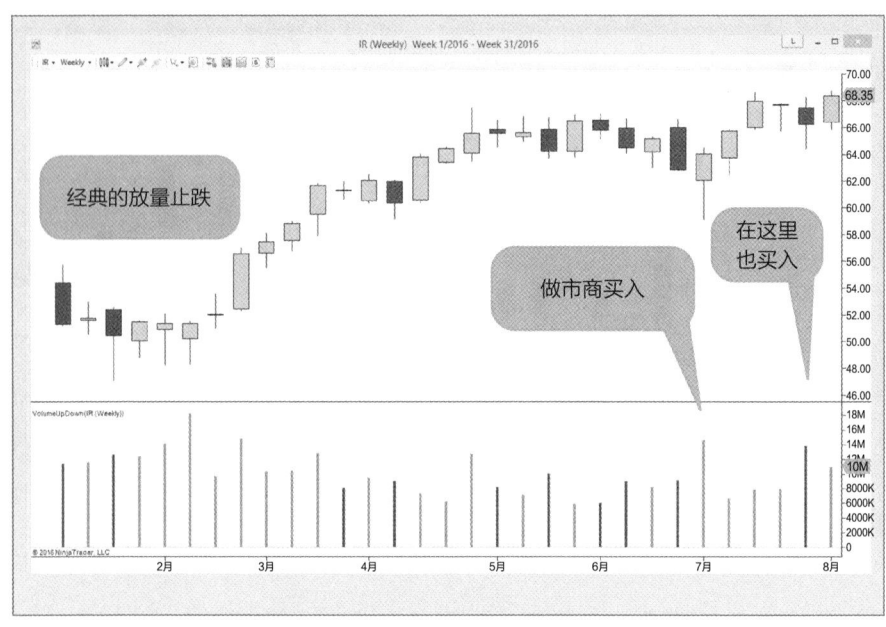

这是一个关于放量止跌、趋势发展和做市商买入以支持这一趋势的经典例子。

从1月份开始，市场明确显示出做市商买入股票的行为，并在2月初成交量达到高峰。这里不需要测试，是因为基于成交量和价格稳定的一致性，股票价格上涨态势很好。4月初的小幅逆转得到了局内人的支持，之后我们可以看到持续较长的横盘期。在7月份的第一周，做市商正在购买股票，并准备推动价格上涨，当周的K线下影线较长，对应着高成交量。在7月的倒数第二根K线中做市商重复了这一行为，期望在随后的8月份获得更多收益，而如果阻力线被突破并且成交量较高，价格应该会继续上涨，因为现在有一个很好的支撑平台在发挥作用。

英格索兰公司（IR）月K线图：
2015年11月至2017年11月

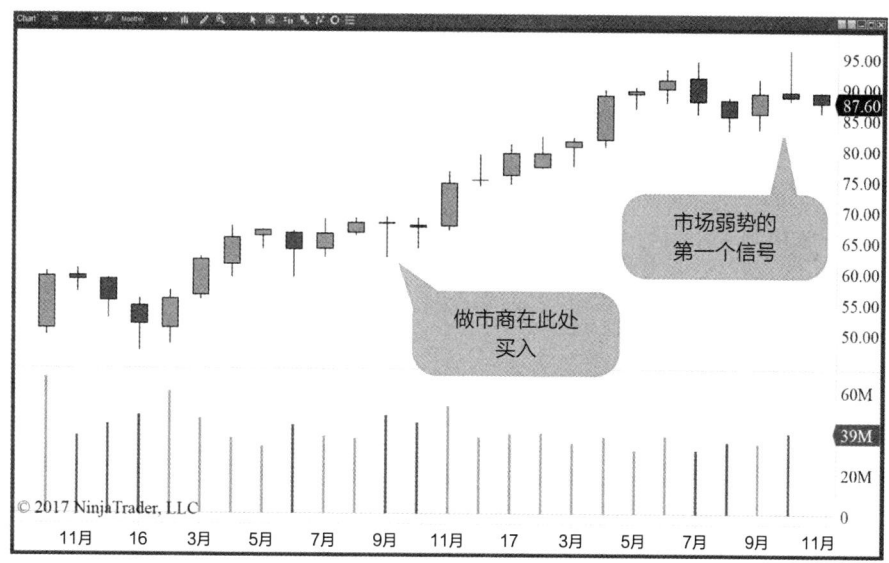

9月份和10月份做市商的购买和支持有助于将价格推向100美元的价格区域，并且稳健地上涨。在这两个月，价格在月内走低，随后回升，收盘价几乎与开盘价相等，但成交量巨大，这传达出一种明确的信号——做市商正在以较低价格买入股票，并准备在适当时候推升股价。2016年11月是突破的月份，因为成交量良好，并且股价上涨，此时K线没有上影线，证实了人们对股票的看涨情绪以及做市商参与其中的事实，目前的价格区间在85美元至95美元，做市商仍在参与其中。

但2017年10月的K线增加了股票的不确定性，伴随着较高的成交量，股价试图反弹，但最终以射击十字星K线结束，这是未来疲软态势的首个标志。

如果我们接下来看到更多的价格疲软的信号，那么从中期来看，这可能是下跌趋势的先兆。

诺德斯特姆公司（JWN）周K线图：
2016年1月至2016年8月

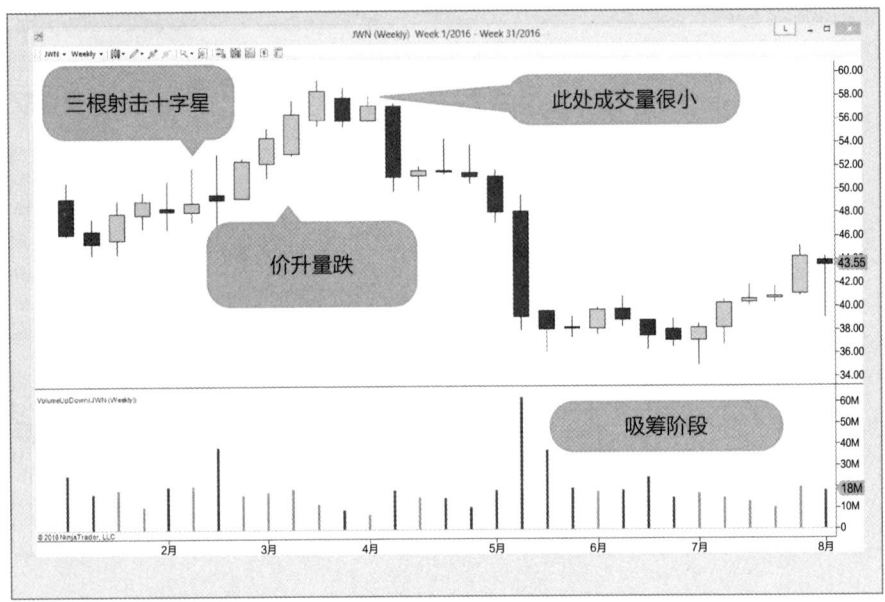

在交易和投资过程中，时间就是一切，成交量的信息会帮助你选择是否进入市场、退出市场或者是否继续持有手中头寸。这个例子给我们上了一课，随着时间的推移，市场会逐渐显露出疲软的迹象。JWN股价正在走高，但在2月份，我们看到了三根先后排列的射击十字星。价格行为已经足够清晰，2月中旬的成交量也证实了市场的疲软态势，这给我们发出了预警信号。然后市场走高，但是请注意3月份的成交量，它正在逐渐降低，关键的K线是4月的第一根K线，它的成交量非常小。许多人认为不可能准确掌握市场的变动，但量价分析能让我们洞悉市场的变化。

鉴于2月底市场首次出现了初步疲软的信号，此时该股看上去形势非常不好。局内人士在5月份大量抛售股票，紧接着发生了价格瀑布，价格迅速跌至最低点。

其中的道理很简单：永远不要认为市场会对看涨或看跌趋势的迹象迅速地做出反应。当市场处于吸筹阶段时，就已经发出了警示。

诺德斯特姆公司（JWN）月K线图：
2015年11月至2017年11月

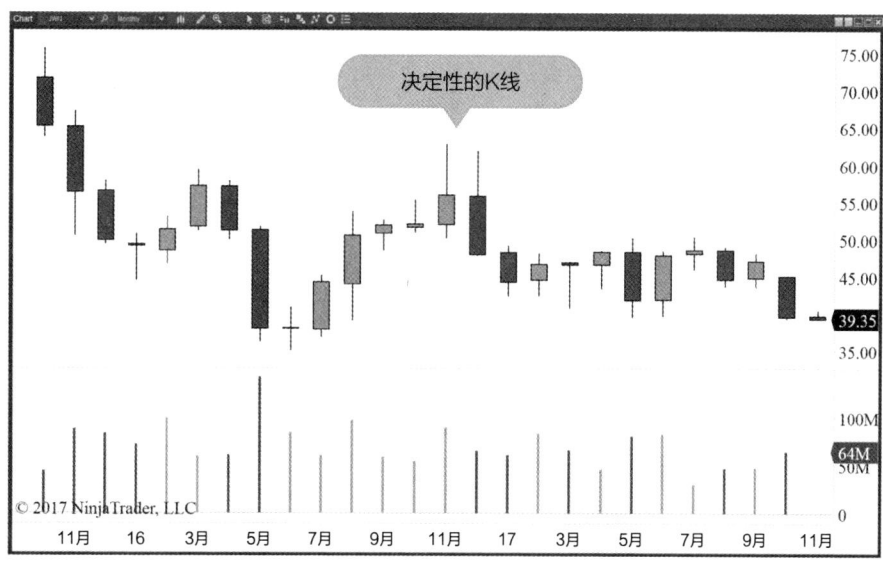

JWN也说明了偏好风险的做市商喜欢拉锯式行情！最初的吸筹阶段结束后股票价格快速上涨至62.82美元，之后做市商开始大量抛售股票并使股票价格快速下跌至40美元的水平，并且在2017年的大部分时间里保持在这一水平上下波动。图中尚无进一步吸筹的证据，因此我们可以预期该股票会有进一步的下行动能。

2016年11月份和12月份是两根起决定作用的K线，11月份的K线上影线很长并且成交量很高，这发出了股票持续疲软的第一个信号，12月份加剧了股票疲软的预期，伴随着成交量的季节性减少，股价第二次反弹的尝试以失败告终。

随后该股票向下测试40美元区域的支撑位，现在这已经成为关键。如果该支撑位能维持在40美元，在横盘之后，我们可能会看到股价再次上涨，但如果该支撑平台被突破了，将会进一步增加股市下行压力。

凯洛格公司（K）周K线图：
2016年1月至2016年8月

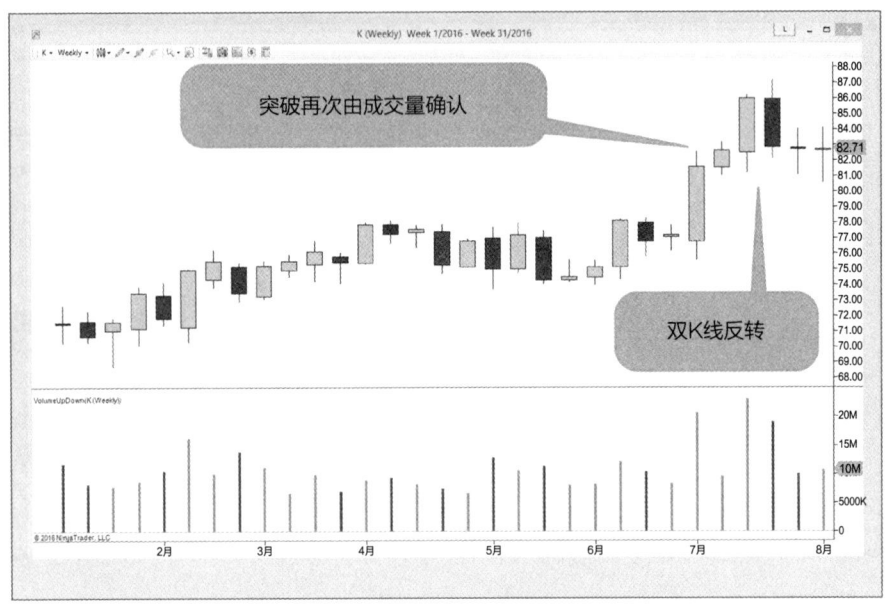

这是一个因为有足够耐心而得到额外回报的例子。

如果你正在等待未来形势的发展，在横盘期肯定可以找到相关的信号，但是耐心永远是至关重要的。虽然我们这里分析的是股票的周K线图，但这也可以是商品期货、现货外汇或指数的5分钟K线图，其中的原理是一样的。市场运行的强度大体上反映了市场横盘期的时间，也就是所谓的弹簧效应。

在这种情况下，7月初价格实现了突破，并在本月进一步上涨。但是，请注意高成交量的双K线反转，因此我们预计在可能的重大价格修正之前，价格将暂停上涨。随后的两根十字星K线令我们对未来犹豫不决，如果持有多头的话，此时可能应该卖出了结并且等待更多其他的信号。

凯洛格公司（K）月K线图：
2015年11月至2017年11月

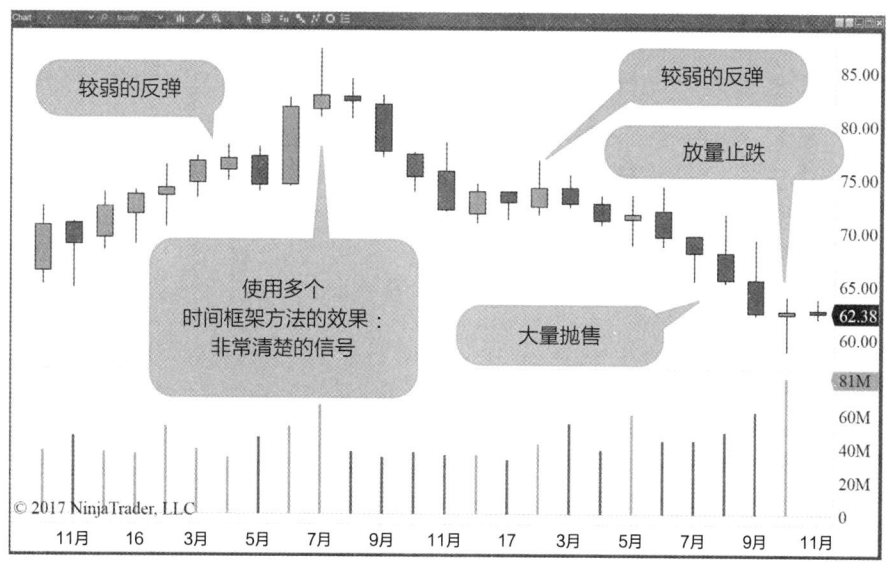

K公司的例子还展示了使用多时间框架方法的重要性，因为我们可以更加清楚地看到7月的局内人的抛售，这也强化了周K线图上的信息。看跌情绪在9月份开始蔓延，并在2016年下半年和2017年得到最终确认，每次价格微弱的反弹都进一步增强了股票结构性疲软的强烈信号。特别要注意的是12月股价试图反弹看起来很弱，同样，2月的类似尝试也未能成功。

在2017年下半年，随着价格下降的同时成交量上升，以及做市商抛售股票，我们能够看到这种看跌趋势进一步加剧，在撰写本书时，目前的股票交易价格为62.38美元。2017年年底我们会看到几个有趣的信号。

首先，注意到8月份股票抛售量大幅增加，9月份成交量增加，同时两根K线的上影线很长，这证实了人们强烈的看跌情绪。但在10月，我们看到了什么？做市商介入市场并大量买入股票，并且在月末形成了典型的锤头线。这可能是吸筹阶段开始的第一个迹象，也是股票价格反弹之前的巩固期。

克罗格公司（KR）周K线图：
2016年1月至2016年8月

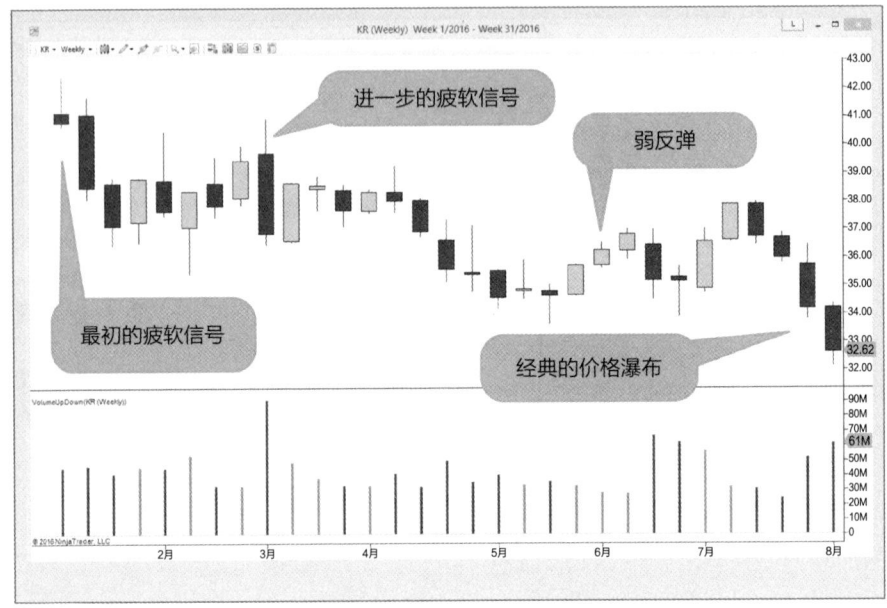

在这只股票价格下跌的过程中，我们学到了很多经验。2月初阴线的长上影线进一步地证实了1月初的疲软态势，尽管随后的阳线成交量上升，但是反弹看起来很弱，并且在3月的第一周进一步确认了疲软的状态，此时阴线的成交量较高。

5月初价格下跌的趋势暂时停止，但请注意在次级趋势中伴随着成交量下降的狭窄实体的阳线。此外，上方阻力比较牢固，因此需要较大的成交量来实现突破。事实上，7月份双K线反转再次考验了顶部阻力位。随后价格走势形成经典的价格瀑布，K线实体变长同时成交量上升，这证实了看跌趋势，价格突破了支撑线，可能会加剧下行势头。

克罗格公司（KR）月K线图：
2015年11月至2017年11月

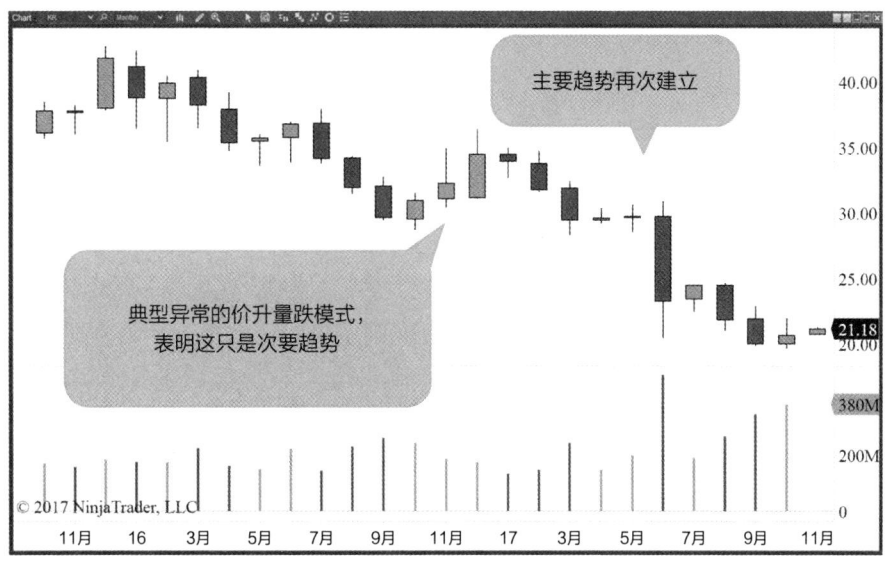

KR股票遵循之前K公司的模式。8月份典型的价格瀑布延续到9月份，随后价格在较小成交量上出现反弹，这是典型异常的价升量跌模式，发出了主趋势中次要趋势的明确信号。

当长期持有一项投资或头寸时，这就显示出量价分析的重要作用，即在长期趋势中，量价分析方法可以揭示各种价格反弹背后的真相。因为如果市场正在形成次要趋势，我们看到的价格和相关成交量发出的信息之间产生了异常，那么我们就会得到一个明确的信号，并且有信心持有头寸而不会退出市场。

正如预期的那样，2017年看跌情绪再次回升。在6月份做市商的极度抛售压力下，该股随后崩盘，此后一直持续低迷，最近的交易价格为21.18美元。然而请注意，在年底时成交量增加，特别是9月份，成交量较高但K线实体部分较之前的K线更短，随后10月份成交量进一步上涨。做市商开始进入市场，所以我们可以预计，短期内股价将会反弹走高。

梅西百货（M）周K线图：
2016年1月至2016年8月

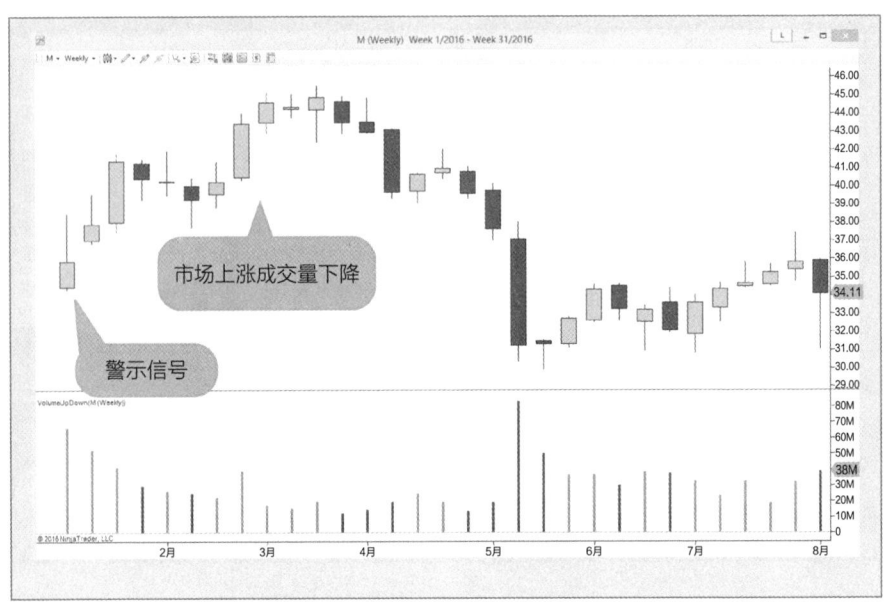

在这里，我们展示的是一个关于时机选择以及成交量如何有助于表明一种趋势结束并确保我们不会持有头寸过久的例子。

1月和2月市场持续走高，但请注意此处的警示信号。首先，市场价格上涨，但总体成交量下滑。其次，1月份的前两根K线并不是好兆头，因为这里局内人的交易可能占据大部分，而且从3月初的成交量来看，这看起来不是一个好的信号。然后投资者大量卖出股票，4月中旬市场试图反弹，结果也不言而喻，随后5月初卖盘大幅增加。

之后价格又开始反弹，但是看起来很无力，当然这里的成交量不高也有季节性因素的影响，随后价格开始上涨，直到8月的最后一周，但总体而言看涨趋势不是很强烈。

梅西百货（M）月K线图：
2015年11月至2017年11月

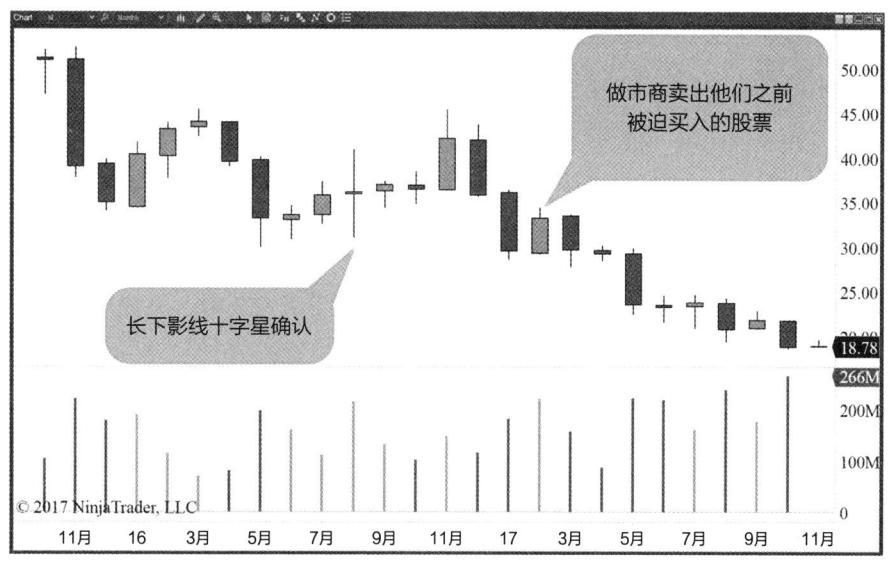

在月K线图中，我们看到8月份出现了一根长腿十字线，这也进一步证实了上述观点。11月份和12月份明显的双K线反转证实了这种疲软态势，并且从此之后形成了持续的看跌预期。

随着这种趋势的形成，2017年1月的K线看上去十分有趣。之后我们可以看到股票价格反弹，但是请注意此时的实体部分和成交量。这里的成交量是后面一系列阳线中的最高值，但开盘收盘价格的价差非常狭窄，这表明局内人在价格下跌时抛售股票。换句话说，在市场疲软时，他们出售他们在2016年12月和2017年1月人们大量抛售时所买入的股票。就像在结冰的道路上驾驶汽车上山，加速器的压力越来越大，但无论最终施加多大的压力，汽车也无法向前移动。在这里也是一样的道理。

为了在下一阶段做好准备，在市场疲软时，局内人正在抛售股票，因为在这种情况下，股票价格将会变得更低。我们要永远地记住这句话：做市商必须买入或卖出股票，他们没有选择权，因此在任何情况下他们都必须接受股票。在这里，他们不会买入股票以阻止跌势，而只是卖出一些股票，并给投资者造成价格下跌已达到底部的幻觉。

　　问题在于2018年股票价格往何处去，我们已经看到了一些线索，最近几个月中最有趣的K线和价格变动发生在10月份。在这里，我们看到一根实体部分相对短小的阴线，但成交量比过去大得多。在这样的成交量基础上，我们往往会预计K线的实体部分更长，但实际上我们没有看到这样的结果，这表明做市商正在吸收人们的抛售，缓解市场的压力。如果情况确实如此，我们可以预计该股票将在这一价格水平上整固一段时间，并在2018年适当的时候开始走高。

莫霍克工业公司（MHK）周K线图：
2016年1月至2016年8月

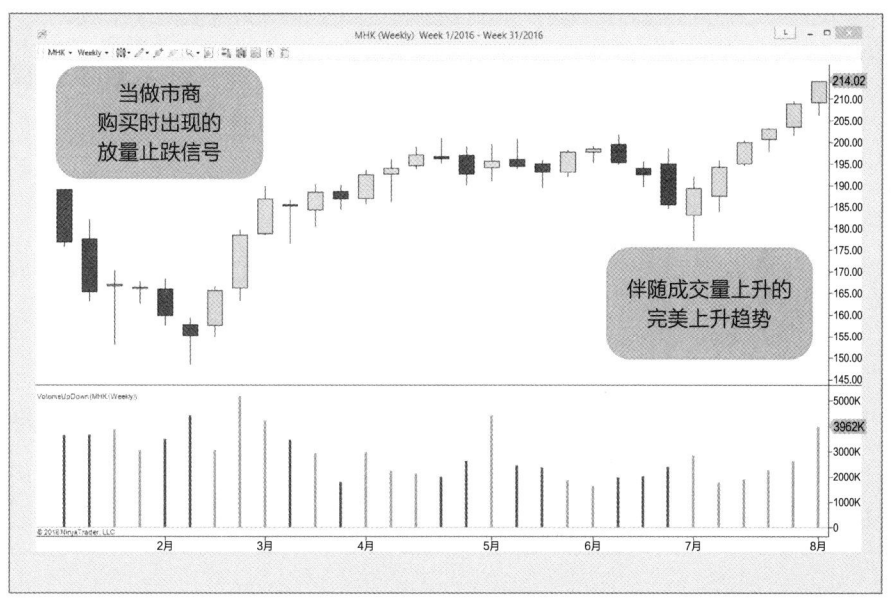

在这个图表中，同样有很多典型的价格与成交量的组合模式。我们看一下7月份的价格上涨趋势——这是一波漂亮的上升趋势，成交量缓缓地上升，不断确认着上涨的趋势，每一步宛如精准测量过。这是一个几乎完美的例子，它给了所有人保持看涨预期的信心。

在图表左侧，1月份K线是一个很好的放量止跌信号的例子，此时我们看到了价格继续下探，这是因为市场趋势不可能立即停下来，即使对做市商来说这也十分费力，可能需要多次努力，才能消除市场的抛售压力。

最后在图表的中间部分，我们可以看到一个拱形趋势，这个趋势随后趋于平缓，表明随着成交量的下降，市场可能出现疲软。5月份的第一根K线也预示着即将到来的疲软态势，所以市场进入疲软期也就不奇怪了。

莫霍克工业公司（MHK）月K线图：
2015年11月至2017年11月

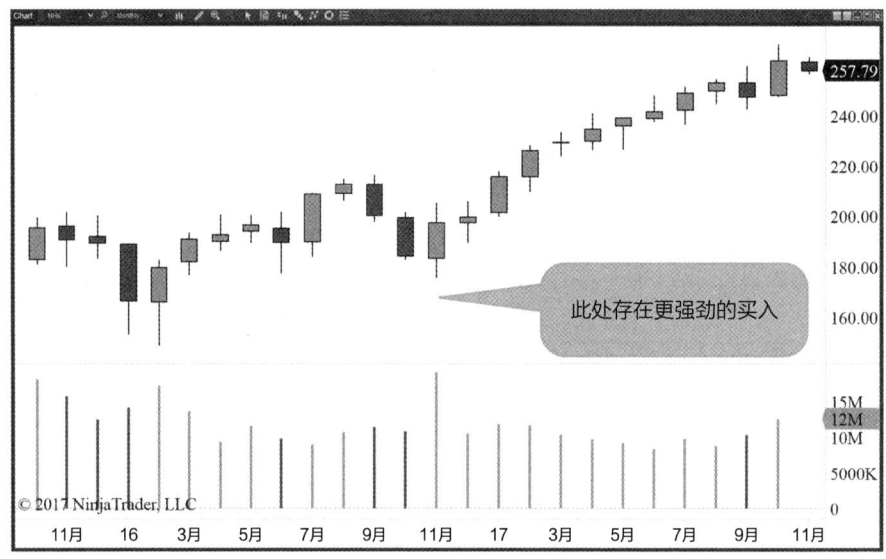

图中，2016年2月份是另一个很好的放量止跌的例子，实际上在2016年11月这一信号又再次出现了，随后MHK价格继续上涨并在2017年形成强劲的看涨趋势。在撰写本书时，该股票交易价格达到了257.79美元。预计到2017年年底和2018年，该股票的看涨势头将会进一步加强。

但这个走势图中最有意思的地方可能在于，这种趋势显得非常稳定。由于没有极端的价格变动或成交量的激增，这一波趋势平稳地推进，只是在2017年9月出现了较弱的获利退出压力才被打断。

纽蒙特矿业公司（NEM）周K线图：
2016年1月至2016年8月

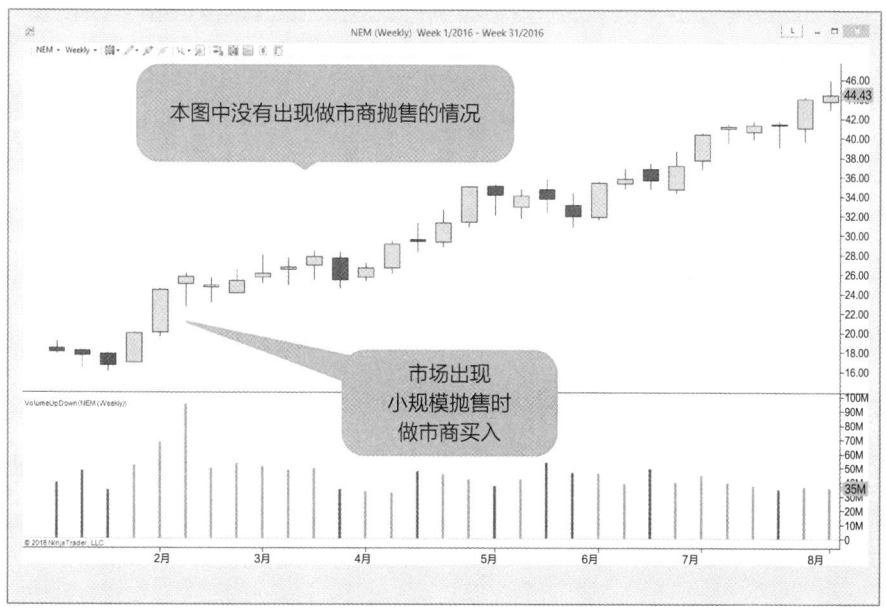

从1月以来该股票走出了一波连续的趋势，所以我们将其作为案例。

但是，从这张图表中可能得出的结论是，在这一波上行趋势中，我们没有看到局内人抛售或市场疲软的任何明显迹象。尽管出现了小幅回调和反转，但无论是在价格走势方面，还是从相关成交量方面来看，市场并未发出任何弱势预警信号。事实上，在市场回撤的情况下，K线实体较窄，成交量高于平均水平，因此表明做市商并没有参与抛售，他们对于该股票明显有其他的想法，因为他们在从交易者和投资者手中不断低买高卖获取利润。

随着趋势的每一段发展，在价格进一步上涨之前都会形成一个小的支撑平台。在这样一种稳定、均匀的趋势中，投资者有机会实现最大化的利润。

纽蒙特矿业公司（NEM）月K线图：
2015年11月至2017年11月

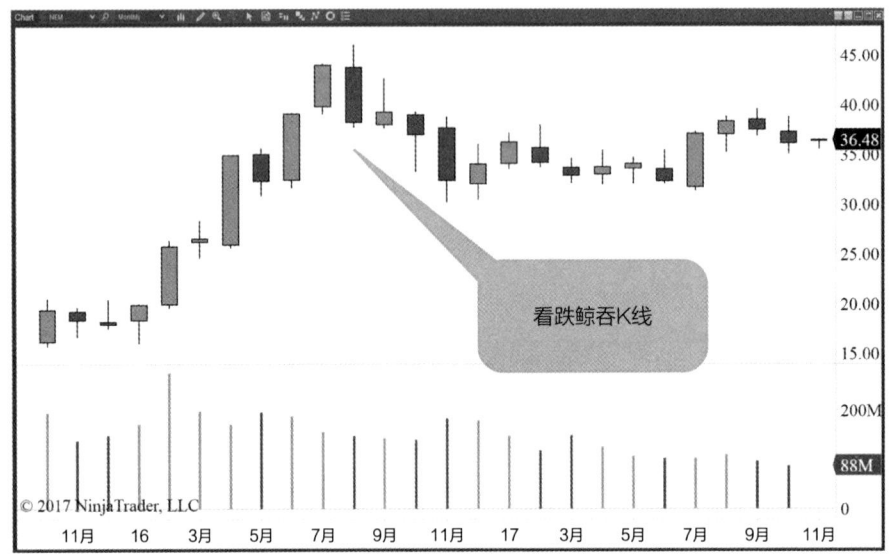

巧合的是，这正是趋势终于失去动力的时点，8月份出现了一根看跌鲸吞K线，发出了趋势暂停的信号，随后股价一直下滑到年底并进入2017年全年的横盘阶段。

经过如此强劲的走势后，通常会出现这种情况。在几个月内NEM价格从16美元上涨到46美元，然后在32美元至37美元区域内横盘整理。

现在需要耐心，当市场突破发生时，成交量必定会证实这一点。

尼索思公司（NI）周K线图：
2016年1月至2016年8月

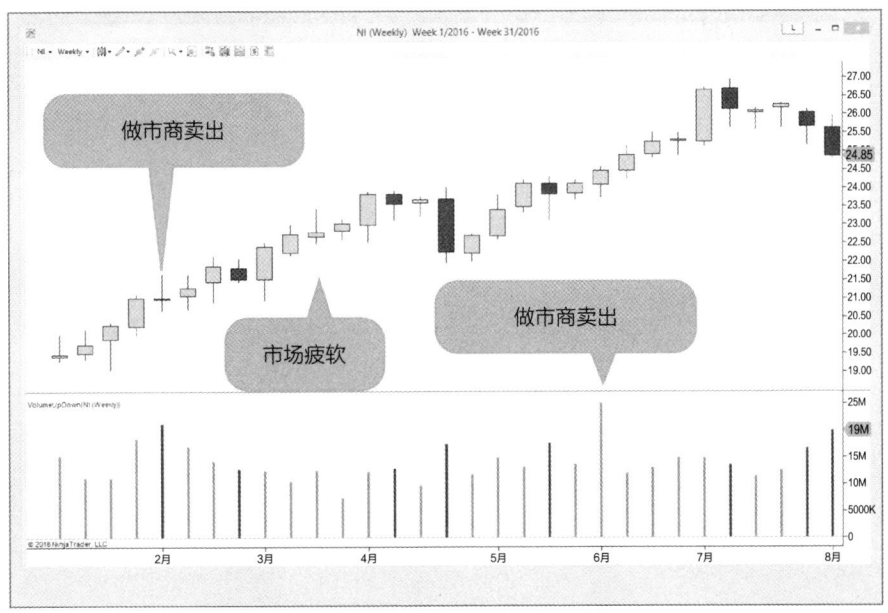

这是一个很好的例子，说明了做市商如何策划一次市场行动，以及市场上提前出现的预警信号。

其中第一次预警信号出现在2月初，放大的成交量提前预示了市场即将走向疲软。这种情况不会立即到来，但几周后随着市场价格上涨而成交量下降，这种情况确实发生了。4月中旬的大幅下跌可能是因为新闻或公司利润公告效应，而这只是做市商进一步买入的机会。而且，随着价格继续运行，这一情况再度出现。6月的第一周发生了做市商的抛售，这是股市疲软的迹象。

请记住，在量价分析中，市场反应并不总是立竿见影，但信号就在那里。也有些时候反应是即时的，但大多数时候并非如此，就像这里的情况一样。确实，现在随着价格走低成交量逐渐上升，看起来像是价格已经触顶。

**尼索思公司（NI）月K线图：
2015年11月至2017年11月**

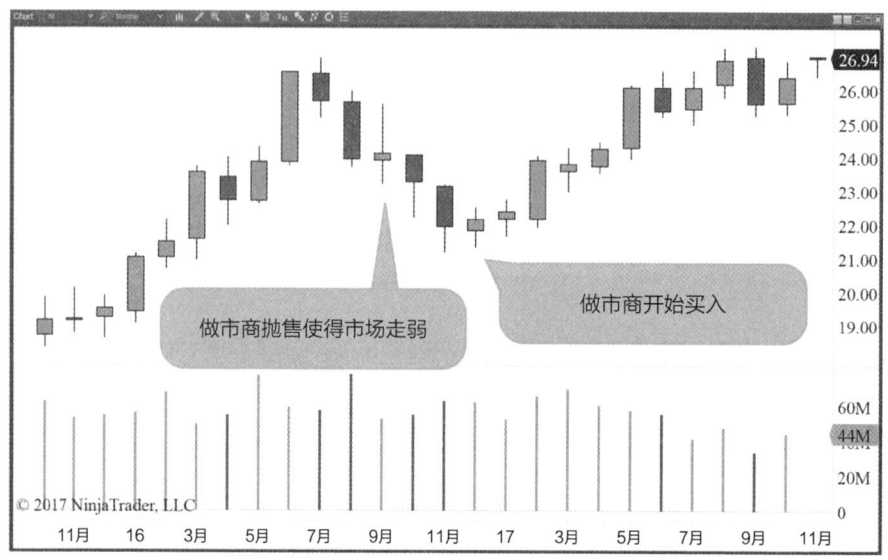

事实上，这只股票开启了加速看跌趋势并持续到2016年年底，9月份的反弹非常典型并发出了一个强烈的信号，表明市场将继续下跌。9月的高成交量和K线的上影线表明了：做市商正在卖出股票加重市场的疲软程度，出售他们在7月和8月的卖盘中被迫购买而积累的股票。随着做市商在10月、11月和12月的行动，市场继续走低，并且最终以相当大的成交量结束这一过程。

2017年年初，市场情绪回升，看涨情绪因2月强劲的做市商买盘而上升，此时股价上涨至26.94美元，看起来将再次突破上方27美元前的阻力区。请再次注意此处开盘跳空高开，如果收盘位于该区域上方且支撑位强劲，我们可以预期2018年将会有进一步的上涨势头。

最后，与许多此类图表的情况一样，这个阶段的价格行为当然可以被认为是在更长期内的横盘！

英伟达公司（NVDA）周K线图：
2016年1月至2016年8月

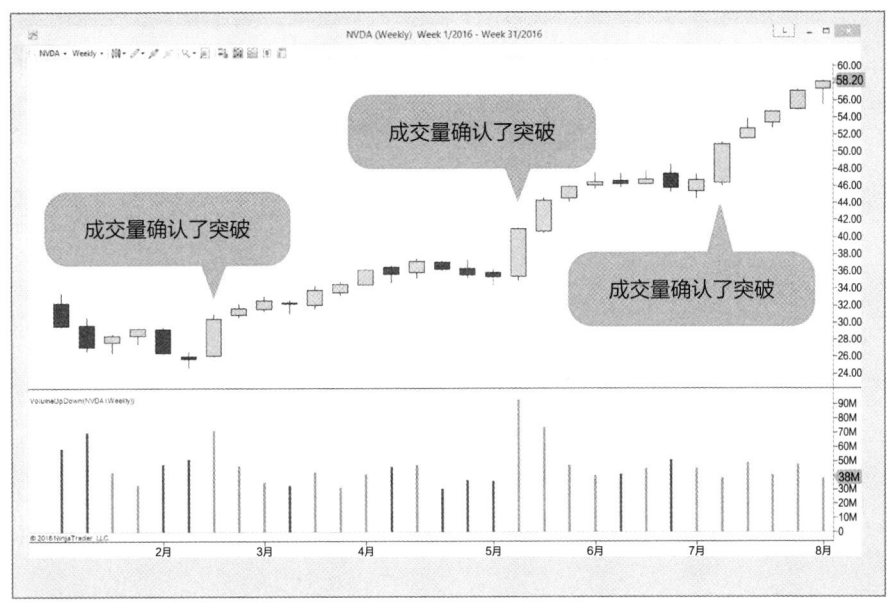

我们再看另一个与趋势相关的例子。特别值得注意的是，在每个横盘阶段结束时股价向上突破的价格行为，其中的两次突破过程中都几乎不存在卖方压力。

和通常的做法一样，基准是前期市场认为的高成交量，正如你所看到的，2月份阴线与1月份阴线的成交量相比，1月份K线的实体较短，从而发出放量止跌和局内人买入的信号。这样的低成交量可以提高对市场的信心，从而在价格下跌的过程中仍然持有。

K线实体部分很短，成交量仅为平均水平，表明卖出压力很小。同样的情况发生在6月下旬，K线实体部分很短，成交量相对较低，这是做市商支撑市场的信号。

一旦阻力位被突破，支撑平台就会随着市场再次走高而强化市场信心，现在看来市场具备进一步上行的动能。

**英伟达公司（NVDA）月K线图：
2015年11月至2017年11月**

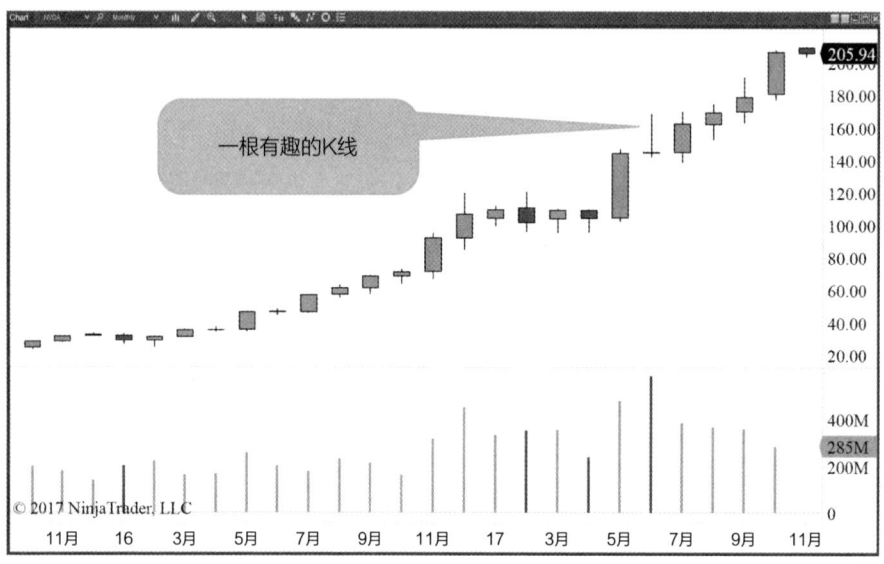

　　NVDA是另一只可以观察到强劲趋势中经典信号的股票。2016年12月该股票收盘价位于100美元上下的区域。2017年第一季度股价在该区域出现了一段时间的横盘，之后做市商进一步注入动能，并伴随着5月份的巨大成交量出现了强劲的走势。从那以后，股价已经涨了一倍多，达到205.94美元。但请注意成交量。此时价格上涨和成交量下降，标志着未来可能出现市场疲软。请仔细考察2017年10月的K线和成交量。

　　该月的K线实体很长，但成交量只是"平均水平"，根据我们的基准K线和成交量关系，我们应该看到的成交量比这里显示的要大得多。一个令人担忧的信号正在形成，因为做市商继续推高价格但选择撤离，所以可能正在形成陷阱，并且短期内可能会出现逆转。

　　这张图表中还有一个有趣的地方是2017年6月的K线，这标志着未来市场的疲软，但这种状态并没有马上发生。当然，在接下来的几周内，还需要仔细观察以获得进一步确认的信号。在这个例子中，7月并没有出现这类信号，该月强劲的成交量完全支持了价格的上涨。我们可以得出的结论是，这可能是源于5月份强劲走势之后出现的获利退出行为，而做市商还没准备好结束这只股票的长期趋势。然而，10月的信号可能是长期来看市场下一波行情的前兆。我们将在2018年看到这种变动。

纽厄尔品牌公司（NWL）周K线图：
2016年1月至2016年8月

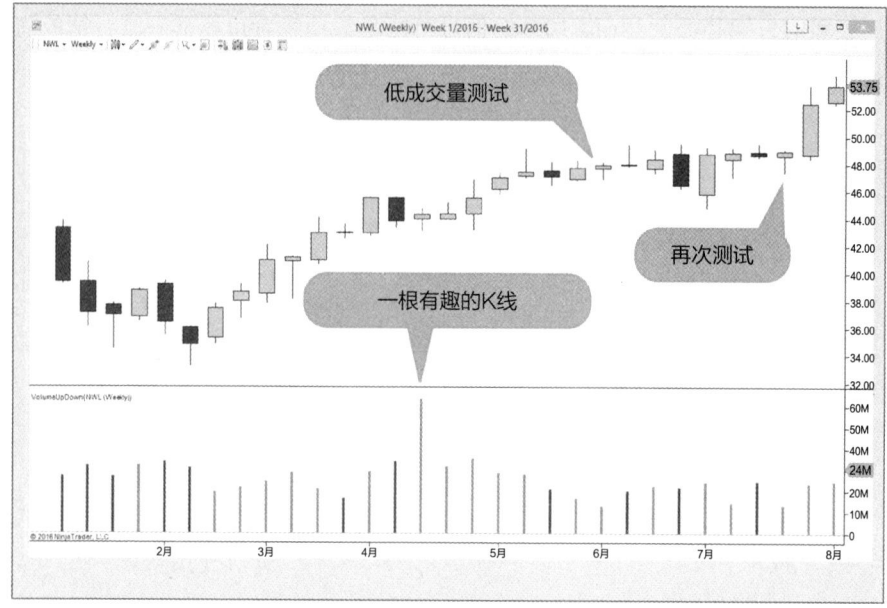

我之所以选择这个图表是出于几方面原因，首先是为了表明做市商的激进程度，其次是强调测试的重要性，这是任何市场运行中的持续特征。

随着1月和2月初的吸筹，市场的这轮运行启动，价格上涨的趋势延续至4月，但是当第二周出现卖盘时，做市商迅速进入市场，他们的买入行为支撑价格，形成实体较短的K线并消除了卖方力量。然后他们在6月初进行测试，但是下一周的K线仍然显示存在卖方压力，这种卖方压力一直持续到6月末，随后出现了两根反弹的K线。

做市商立即用低成交量进行再次测试，形成了两根低成交量的K线，并做出确认。现在，随着卖方力量已被吸收，可以安全地推动价格向上突破并提升到下一个平台。

纽厄尔品牌公司（NWL）月K线图：
2015年11月至2017年11月

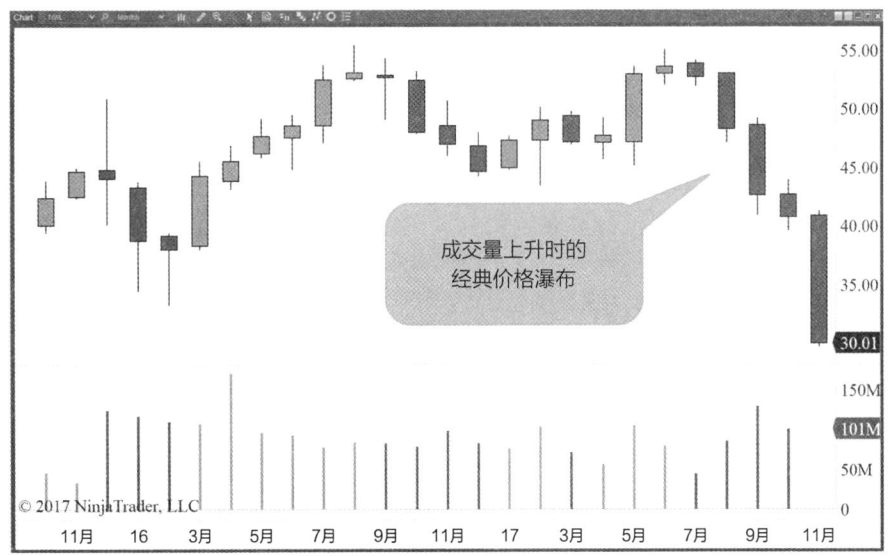

事实上，NWL从2016年年初就表现出强劲的上升势头，价格在6个月内从34美元上涨至55美元，在8月底达到高点。8月的K线本身就是一个代表弱势的射击十字星，紧随其后的9月是一根吊人K线，这个K线组合通常是可能进入横盘阶段并最终反转的预警信号。

情况确实如此，股价在一个较大的区间内横盘，在2017年中期重新测试55美元的高点，然后发展成K线实体较长和成交量上涨的经典价格瀑布，最终跌至30.01美元。

正如我们从图中看到的那样，没有迹象显示有做市商在这时买入，11月的K线上没有下影线。因此，正如该月K线所示，预计2018年该股票将面临进一步下行的势头，随后将出现横盘阶段。

欧文斯伊利诺斯有限公司（OI）周K线图：
2016年1月至2016年8月

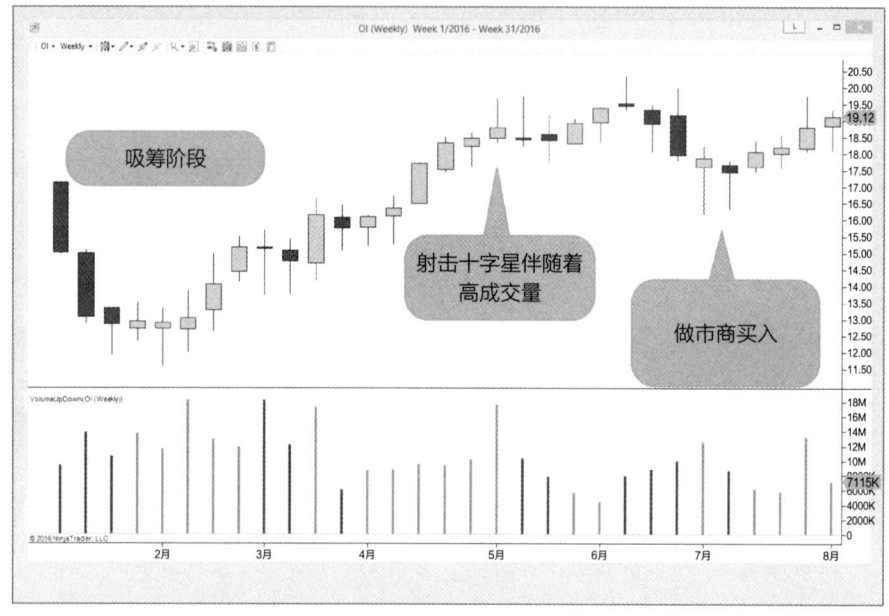

从欧文斯伊利诺斯有限公司的例子中我们可以得到一些很好的量价分析的启示，并且能够有助于提升人们在投资过程中的信心！首先，市场在1月份和2月初进入吸筹阶段，3月初做市商介入，伴随着两根影线较长的锤头线，成交量增加，随后市场在高成交量的推动下走高。在较高的成交量支持下，价格上涨的趋势稳定地推进到5月份的第一周，此时K线表现为射击十字星线并且成交量很高。第二根、第三根射击十字星K线紧随其后，这是价格疲软的一个明确信号。请注意，5月下旬成交量急速下跌的两根阳线，也预示着未来的看跌趋势。

随后股票市场上下波动，做市商再次介入市场并推高股票价格，但仍未能突破价格的阻力线。最后在7月下旬做市商进一步抛售股票。我们可以得出什么结论呢？这一波价格变动的趋势看起来动能不足，表明该趋势行将结束。

欧文斯伊利诺斯有限公司（OI）月K线图：
2015年11月至2017年11月

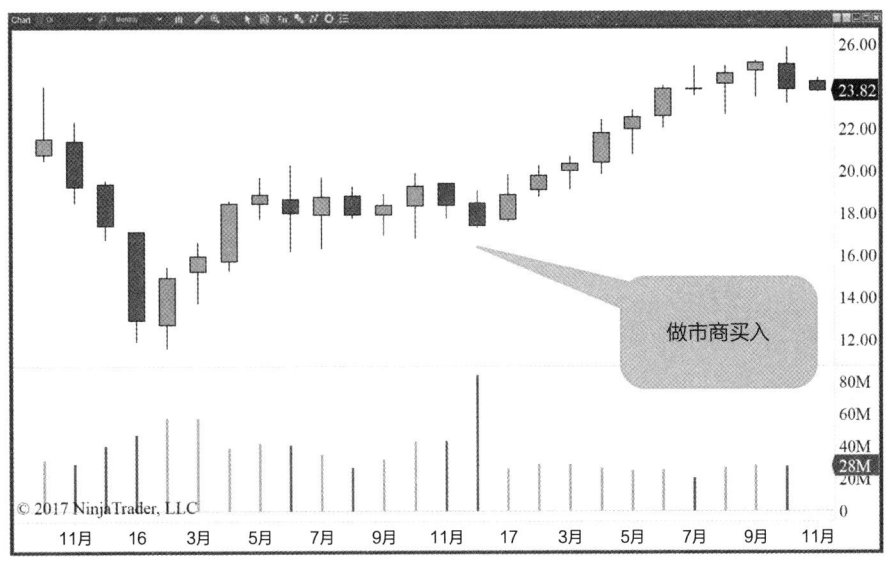

事实上，此时这种趋势已经结束了，随后OI股票在这个水平上进入横盘期，一直持续到当年年底，价格波动区间的上限为20美元，下限为17美元。

12月份的K线十分有趣，此时成交量异常的高，而K线的实体部分十分狭窄。基于此我们可以很简单地得出结论：做市商正在进入市场、购买股票，因此他们不允许市场下跌。当其他投资者卖出股票时，他们会吸收并买入这些股票。

一切准备就绪，股票伴随着温和的趋势上涨，并在2017年年底上涨至25.90美元的高位。从目前的价格走势来看，市场将进入这个水平上的横盘期，并且不太可能出现价格高峰或对应的成交量。在未来某个时间价格继续上涨之前，这似乎又会成为一个趋势暂停点。

奥莱利汽车零配件公司（ORLY）周K线图：
2016年1月至2016年8月

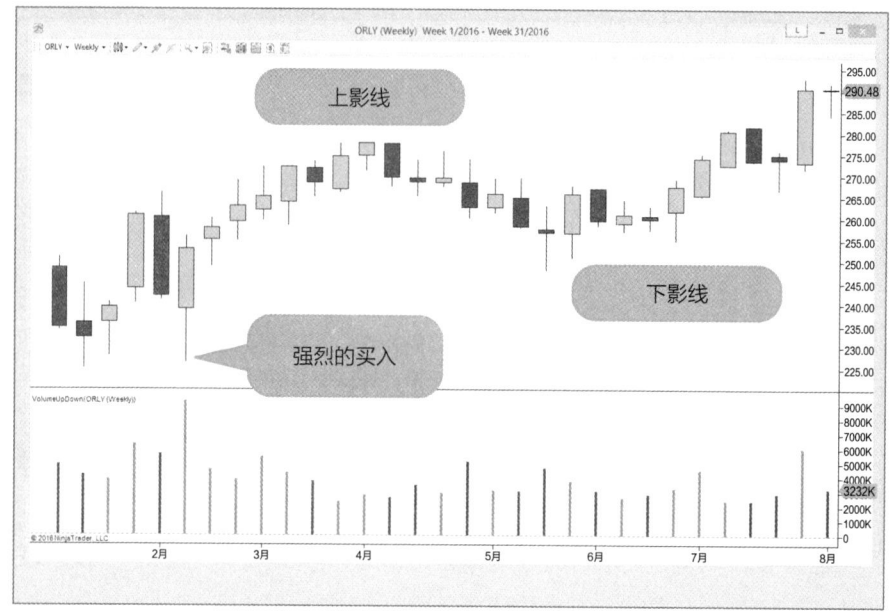

在这里的经典图形中，展示了影线的重要性，再配合成交量，它们一起构成了完整的图像。

2月份第二周的K线标志着有人在购买，但买入了多少呢？成交量可以回答这个问题，并能够证明买入很强势，所以是做市商在买入。然而，随着趋势的发展，请注意从3月、4月到5月的上影线较长的K线的数量。考虑到相关的成交量，这并不是一个好兆头，这是一个投资者缺乏信心的表现。请注意6月份和7月份的情绪和趋势的变化。影线变为下影线，当期价格下跌、收盘价升高或接近开盘价，这标志着对股价的支撑以及买方力量。倒数第二根K线是与趋势一致的，但最后一根K线表明趋势可能不再继续，因为它是一根吊人线，表明未来可能的疲软态势。

奥莱利汽车零配件公司（ORLY）月K线图：
2015年11月至2017年11月

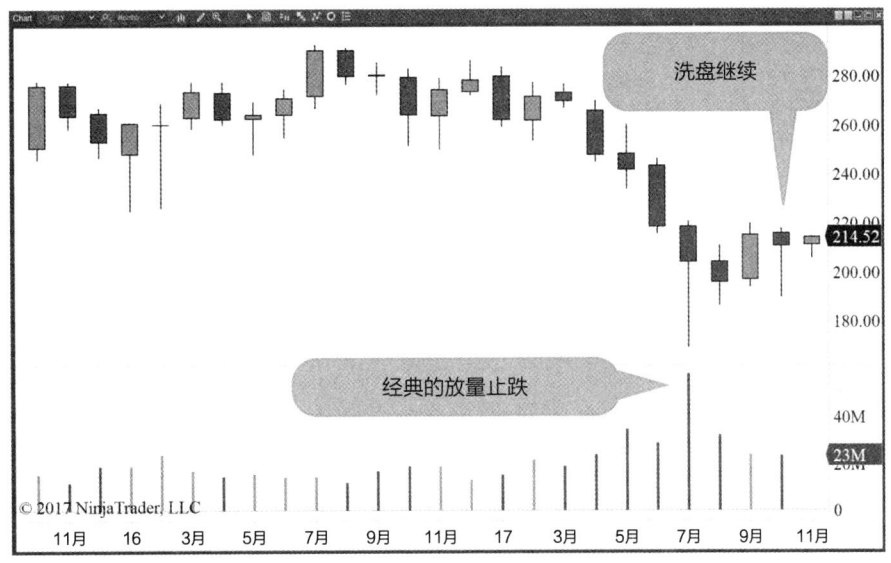

吊人线确实是疲软态势的第一个迹象，并且形成这个价格区间的主要阻力，股价在2016年剩下的时间里艰难地维持之前上涨的成果。2017年年初市场进一步抛售，股价最终崩溃，触及一年之中的最低价170.68美元，之后做市商再次介入市场并购买股票，市场开始回升，股价上涨至200美元以上，在撰写本书时，价格高达207.56美元。11月份我们可以明显看到做市商进一步买入股票的迹象，并且可能再次推动股价走高，突破目前上方220美元的阻力位。

7月份典型的放量止跌信号的确为当年剩余时间奠定了基调，而且这是一个很难错过的信号。在价格瀑布形成之后，做市商开始大量购买股票。但是做市商需要付出很多努力才能阻止价格大幅下跌，因此这也是需要"洗盘"的典型例子。一根K线无法吸收所有的购买压力，这就是为什么它经常需要几根K线，并且有时候价格还会下降。

正如我之前多次说过和写过的那样，市场就像一艘油轮，即使发动机突然关闭也还有动力，之后油轮还将继续行驶数英里。在市场上也是如此，我们看到做市商在7月和10月两次买入，来推动价格在2017年和2018年上涨。

派克汉尼汾公司集团（PH）周K线图：
2016年1月至2016年8月

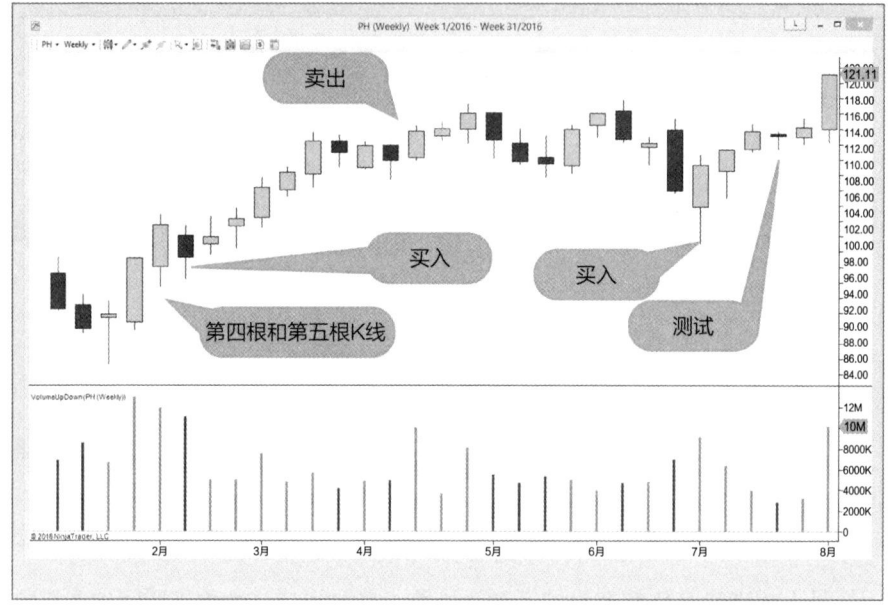

从第四根和第五根K线开始，市场回升，随后在从左侧开始数的第六根K线处，做市商吸收市场的抛售压力，此时K线实体部分较为狭窄且成交量很高。市场重新开始回升。4月中旬，成交量放大，做市商努力推动市场上行，同时卖出股票使市场出现疲软态势。

随之而来的是横盘期，6月初市场出现抛售，但不久之后做市商在7月初再次介入市场并买入其他投资者抛售的股票，从而推动市场走高。成交量在7月的涨势中有所下降，所以为了确保卖盘已被吸收，做市商通过成交量较少的短阴线进行测试。测试成功之后，现在是时候继续前进了，最后两根K线仍然保持了较高的成交量并推动市场上涨。成交量和价格讲述了股票价格变动的完整情况。和往常一样，需要考虑成交量的季节性的变化，但趋势看起来会持续下去。

派克汉尼汾公司集团（PH）月K线图：
2015年11月至2017年11月

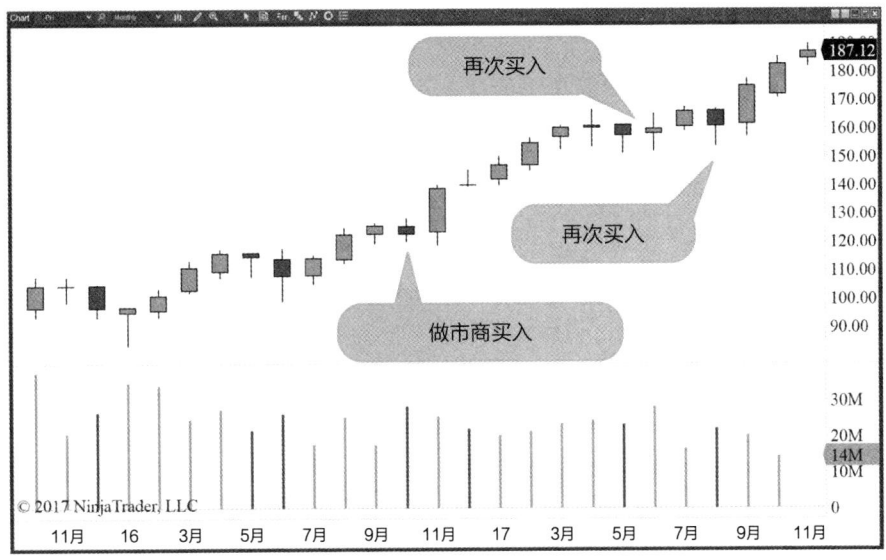

PH是另一只在2016年不断形成看涨趋势，并将其延长至2017年的股票，在此期间，该股票价格上涨近100美元，在撰写本书时，股票的最新交易价格为187.12美元。

8月份该股票首次发出了看涨趋势的信号，做市商买入股票带来看涨情绪，10月份做市商再次买入，11月份做市商进一步大量买入股票，形成了一根长实体K线，股票价格继续上涨。有趣的是7月份的K线，这是8月的前兆，做市商在涨势开始之前买入股票推动价格上涨。在这里，我们看到上升趋势中的短实体K线和较高的成交量，这向我们发出了强烈的信号，表明做市商支持趋势和买入股票，此时做市商吸收了市场上所有的抛售压力。

我们可以做出这样的推断，是因为如果做市商自己一直卖出股票，那么价格就会下跌并且K线实体会扩大。但事实上并非如此，K线实体比较短小，因此我们可以得出结论，他们正在买入股票并为之后的上涨趋势做准备。事实上，在2017年5月和2017年8月的上涨趋势中，这种情况重复了几次。最后请注意，在2017年9月和10月，我们可以看到市场价格上升并且成交量下降，因此我们预测市场的上涨趋势可能会暂停或者在2018年达到最高价格。但是由于目前还没有做市商抛售股票的证据，这只股票看起来将在2018年进一步上涨，但近期成交量的下跌可能是该股票未来疲软的第一个信号。

高通公司（QCOM）周K线图：
2016年1月至2016年8月

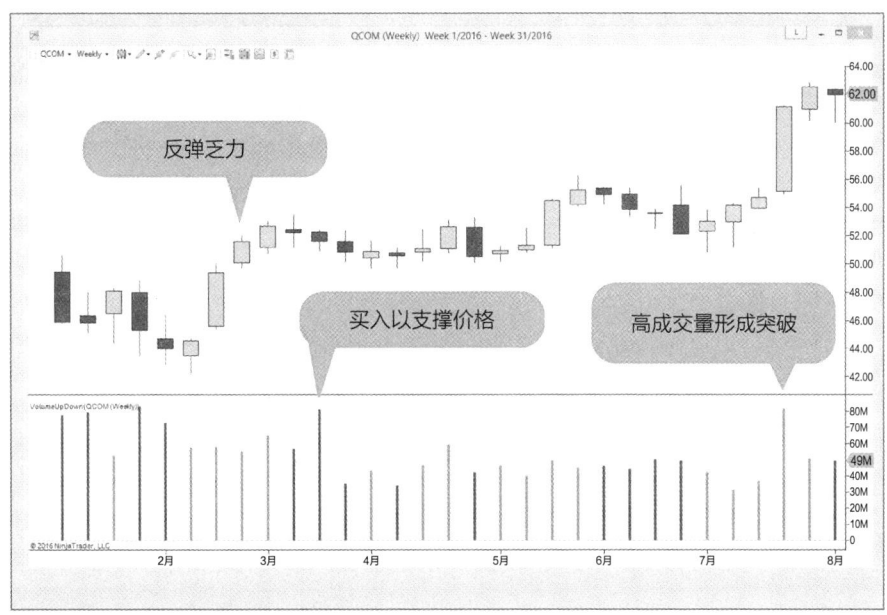

做市商在推高市场时从来都不着急（不像他们在市场下跌时的表现）。这是量价分析这方面应用的一个很好例子。

3月份市场回升显然有些乏力，这是量价分析方法相对性的例子。三根阳线的成交量大致相同，但K线实体正在缩小。这显然不是一个好兆头，随着市场进入3月份，市场略微走弱。然而，做市商并不打算压低价格，因此在价格走低时大量买入股票。然后他们等待……等待……在7月份之前，他们会进一步吸收市场上并不大的卖出压力。

然后市场价格在高成交量中猛然升高，坚定地远离之前横盘期的价格水平。在这个例子中，耐心是关键，因此我们必须像做市商一样要有耐心。

高通公司（QCOM）月K线图：
2015年11月至2017年11月

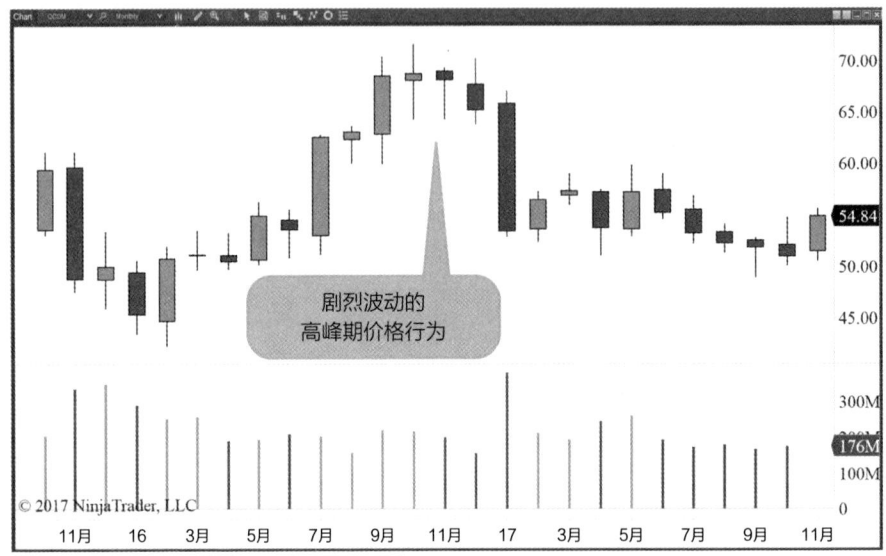

随着向上波浪的推动，9月份看涨趋势继续发展，之后股价触及70.40美元的高位，在2016年的剩余时间内由于做市商的参与，价格在当前区间内上下波动，然后开始出现一些经典的高峰期价格行为，2016年以一根十字星K线、一根吊人K线和上影线较长的阴线结束。

2017年年初做市商大量抛售股票，价格在这个抛售高峰中崩溃，价格迅速下跌至53美元，随后由于看跌情绪的减弱，在2017年剩余时间内，价格在这个区间内上下波动。该股目前正在51美元的水平上建立一个支撑位，如果这个支撑位能够发挥作用的话，我们可以预计该股票将走高并且在2018年形成看涨趋势。

皇家加勒比游轮有限公司（RCL）周K线图：
2016年1月至2016年8月

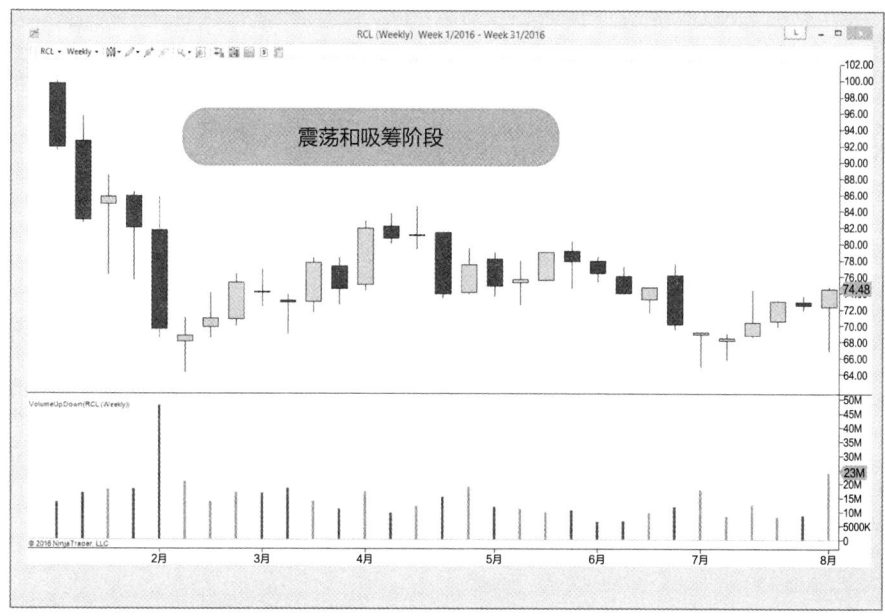

这是一个关于做市商在吸筹阶段足够耐心的例子。首先市场上出现冲击，因为在一些爆炸性的新闻事件中不坚定的投资者被淘汰出市场。交易者和投资者被淘汰出局并随之出现恐慌性抛售。然后市场进入吸筹阶段，为了确保在下一阶段的行情启动之前市场上的卖方压力已经被吸收，做市商在市场上需要进行测试，在这个过程中市场上的卖方压力被清理干净。7月初进行了两次测试：第一次失败了，市场再次出现抛售压力，并迫使局内人购买股票；第二次价格回到了同一区域，这证实了市场上不再有抛售压力，因此测试成功。图中的最后一根K线似乎正在准备进一步走高以测试目前上方的阻力位。如果80美元的价格上限被突破了，那么我们可以预期，随着下方的支撑位生效，未来市场将会走高。

皇家加勒比游轮有限公司（RCL）月K线图：
2015年11月至2017年11月

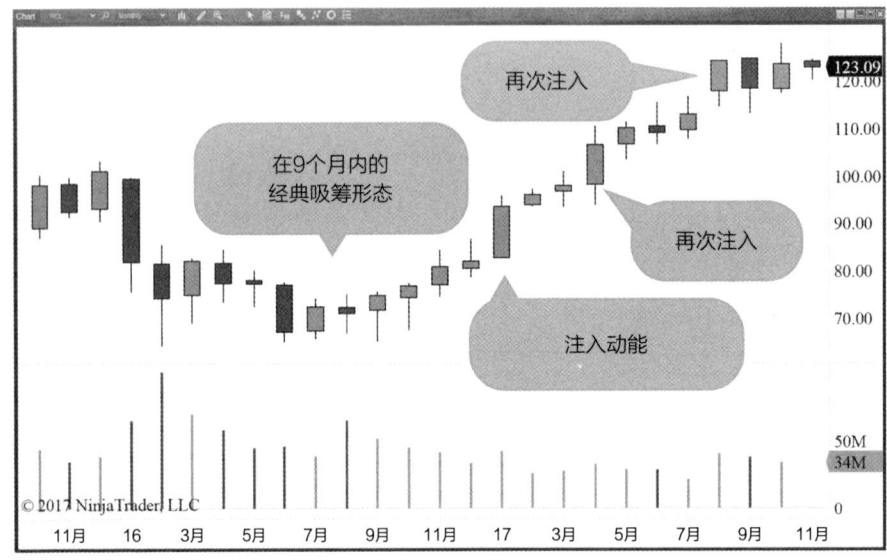

这确实是一个典型的做市商吸筹阶段，在良好的成交量支持下，这个阶段一直持续到2016年9月和10月，直到2016年11月新一波价格运动开始。从那时起，市场形成了强劲的上涨趋势，做市商买入股票为市场注入了动能，在2017年1月推动了股票初步上涨，价格在这一水平上稳定了一段时间，随后在4月份和8月份做市商再次注入动能，并将RCL推动至新的价格高点。自2016年8月以来，在撰写本书时，股票价格已从65美元上涨至最新的123.09美元，看起来准备在2017年年底前进一步走高，并预计在2018年也会保持看涨趋势。

斯马克公司（SJM）周K线图：
2016年1月至2016年8月

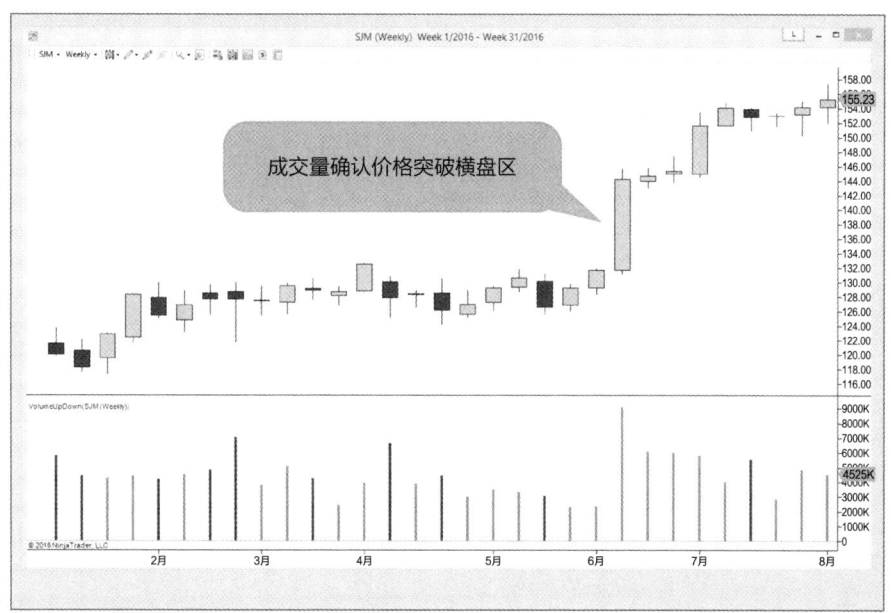

在此图表中，我们有几个很好的应用量价分析方法的实例。首先，我们看到一个典型的有明确顶和底的横盘期，而我们需要做的只有一件事……耐心！

在整个横盘期可以得出的结论是，股价会实现向上的突破。为什么？

在整个阶段，每次股价下降，阴线都有较高的成交量支撑，但如果做市商的意图是推动股价下跌，那么K线的实体部分会很长，而不是很短，因此我们可以得出结论，他们在整个横盘阶段买入股票并支撑价格上涨。

6月份股价的强势走高验证了这一点，7月中旬我们看到做市商在卖方抛售时提供了支持性买盘，并进行了测试，随后8月份股价上涨。

量价分析再一次为我们提供了得出合理结论所需的所有信号，以及交易的信心。

斯马克公司（SJM）月K线图：
2015年11月至2017年11月

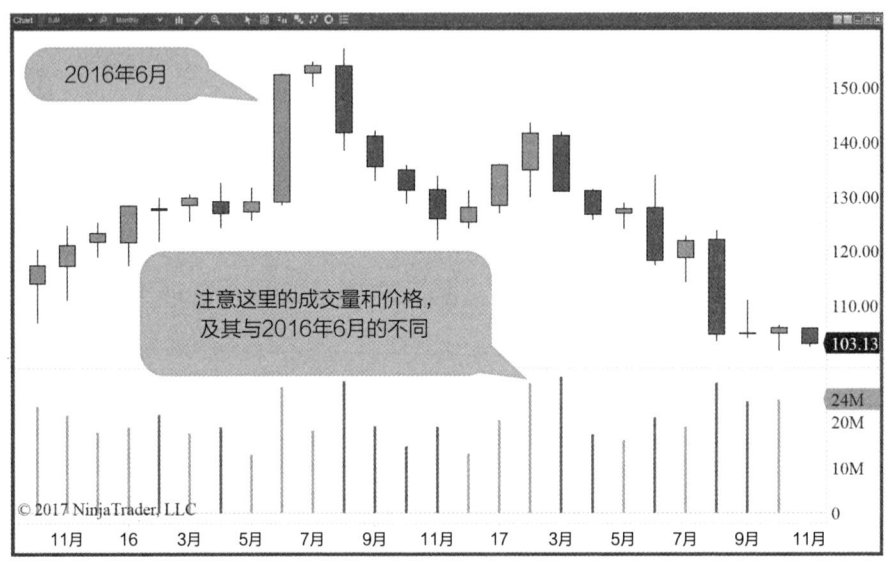

在这个例子中，股价的突然走低出人意料，可能是由一些基本面信息引发，股价在8月下旬大幅下挫，做市商持续大量抛售股票，形成价格瀑布。

该股于2017年年初试图反弹，但有趣的是2月份的K线，成交量大大高于1月份，但实体部分长度相同。显然做市商正在提高市场成交量以推高价格，但市场抵抗价格上涨，因此做市商在不断努力，在如此高的成交量下，此时的K线实体部分应该更长，这一点较为异常。毕竟，我们注意到2016年6月的相同成交量以及相关价格表现，当时K线实体长度是此时的两倍。显然这里有些不对劲。

事实证明，价格瀑布再次出现，股票价格在极端成交量下崩盘，下跌至103.13美元。然而，我们在过去几个月，尤其是2017年10月，可以看到一些有趣的价格行为，其中高成交量和短实体K线暗示着做市商的购买行为。如果是这样的话，我们可能会看到股票在短期内从目前的价格水平反弹到更高的价位，随后在该区域内形成横盘状态。

斯克里普斯网络互动公司（SNI）周K线图：
2016年1月至2016年8月

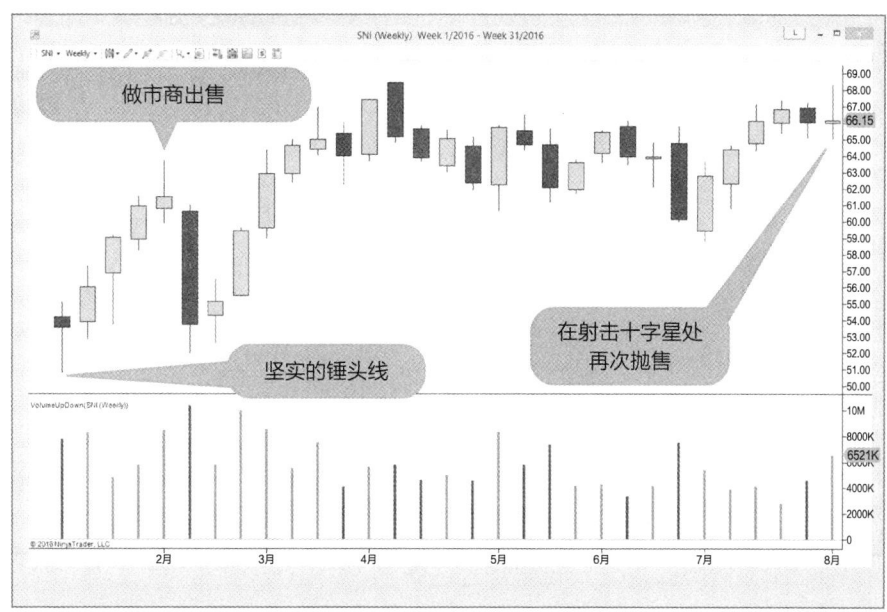

选择这张图的原因是为了说明锤头线和射击十字星应用的例子，并说明它们可能导致的价格变动。正如我在前面的例子中所解释的那样，情况可能并不一定如预期的发展，但它确实可能发生。

在第一根K线上，我们看到明确的局内人买入信号，随后四根K线持续走高。然而，这四根K线中的最后一根射击十字星上的成交量与第一根K线相同，局内人转而出售，就像孩子们玩的"蛇与梯子"游戏①一样。

3月中旬市场再次出现疲软信号，再次出现射击十字星并伴随着高成交量，市场走低。

最后在7月份，我们看到市场反弹，但成交量下降，这是一个市场走弱的迹象，并且在最后一根射击十字星处得以验证，因此我们预期未来市场会走弱。

---

① 这是一款简单的益智游戏，通过骰子确定前进的步数，遇到梯子就能前进几格，遇到蛇就要退回几格。——译者注

**斯克里普斯网络互动公司（SNI）月K线图：
2015年11月至2017年11月**

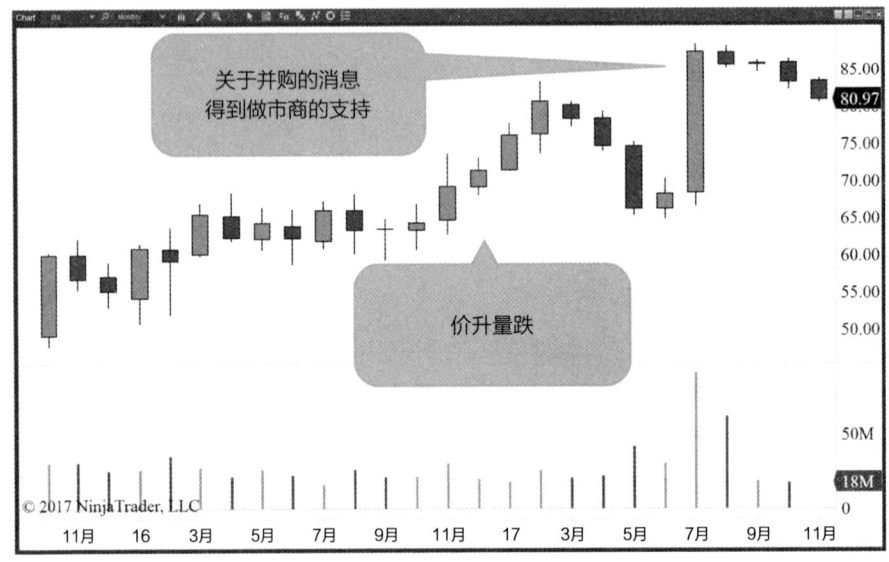

　　2016年8月第一周的射击十字星确实传递出市场疲软的信号，事实上在接下来的一周，我们看到SNI股票从66.32美元下跌到60.11美元，随后9月进一步下跌并触及59.78美元的低点。

　　该股票从11月到次年2月反弹，但成交量下降，部分原因是季节性因素。2017年1月，股价强劲反弹并上涨至83.42美元，随后做市商进入市场，K线实体扩大，成交量上涨，紧接着6月份与发现频道（Discovery）合并的消息引发了股价大幅上涨，做市商的强力买入和支撑形成了火箭升空的形态。此后，该股大部分看涨情绪逐渐消退，SNI股价开始下滑，但仍保持长期看涨势头。

希捷科技（STX）周K线图：
2016年1月至2016年8月

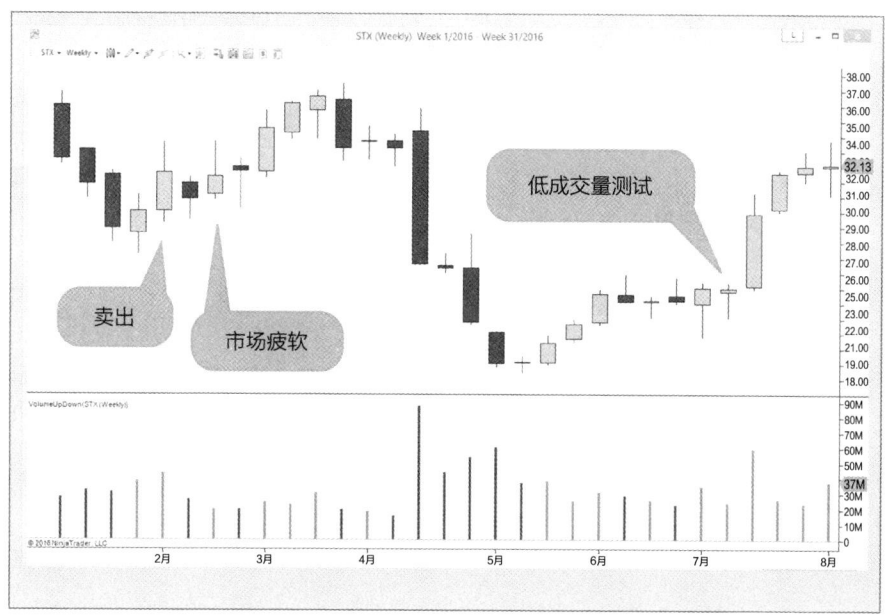

在这里，我们进一步举例说明了量价分析的相对性质。

与2月份的股价反弹相比，3月份反弹时的成交量看起来较弱。此外，2月份第一根阳线出现了卖盘，图中形成了较长的上影线，成交量高于平均水平，随后两根K线表现出的疲软迹象进一步证实了这一点。所以我们可以看到在这里市场达到极度疲软的状态。毫不奇怪，后续市场出现了持续性和进攻性的卖盘。图中出现了一根实体很长的阴线并伴随较高的成交量，发出市场尚未到底的信号，紧接着的三根K线将弱手振出市场，但成交量逐渐上升，显示局内人作为买方开始进入市场。

盘整期开始于6月，在7月的第二周进行了一次测试，结果很理想。测试结果为正面，显示所有的卖方力量已被吸收。

希捷科技（STX）月K线图：
2015年11月至2017年11月

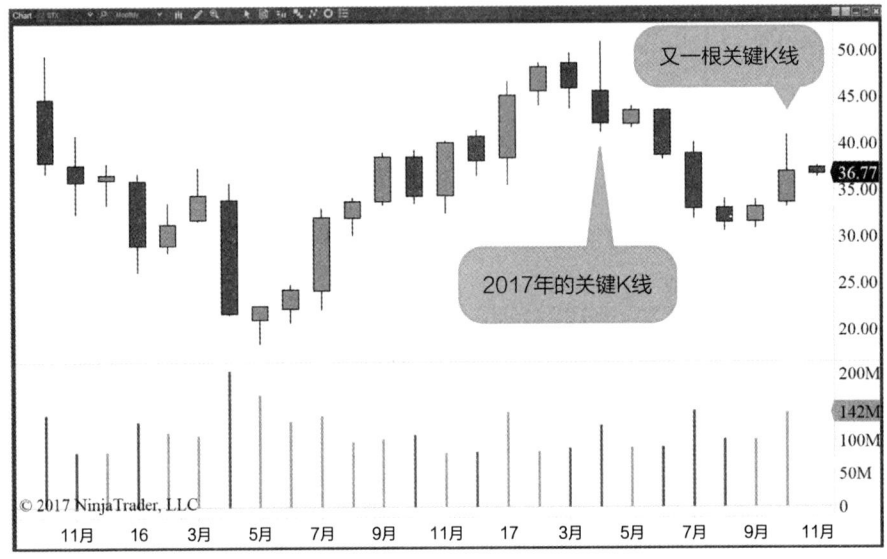

确实，在2017年4月份之前，股价一度上涨至每股49美元，但做市商的强势抛售引发股价大幅逆转，价格回落到2016年8月份31美元左右的水平。这是2017年第一季度的关键K线，上影线较长，并且成交量很大。这个量价组合正在发出明确的未来市场疲软的信号。

做市商于9月中旬开始买入该股票，随后出现了股价跳空高开，且成交量更高。在本书写作时，股价回升至36.77美元。2017年10月重现了4月的价格行为，这次是在反弹阶段，但看起来仍呈疲软态势，因此我们可以预期在短期内市场将会进一步看跌，继续2017年大部分时间内的下跌趋势。

完全系统服务公司（TSS）周K线图：
2016年1月至2016年8月

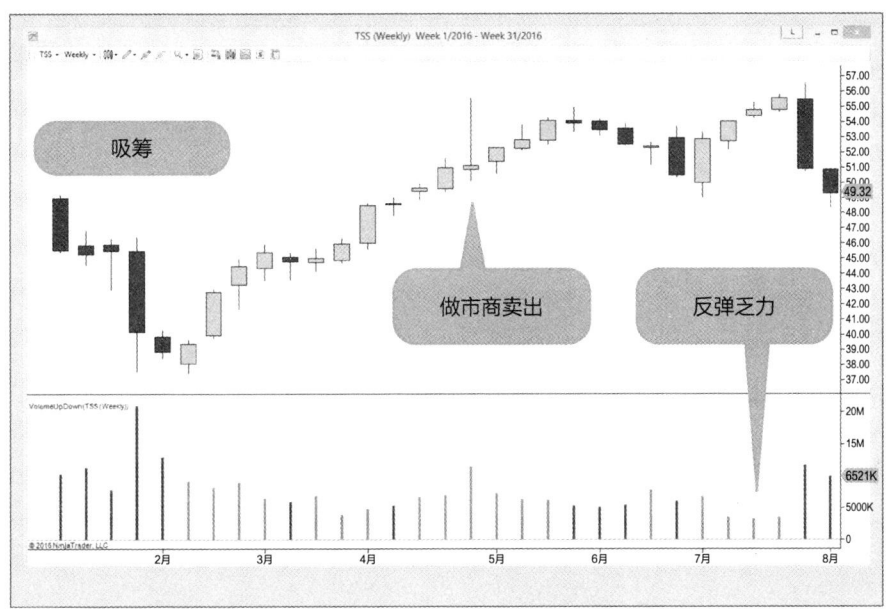

这个例子中集成了多种量价分析。买盘出现在1月份，并在2月初开始反弹。

这次反弹一直持续到4月底，当射击十字星出现时，成交量上升并远远超过之前的成交量，释放出强烈的信号。做市商在这里卖出使得市场走弱，虽然涨势又持续了一段时间，但市场的弱势在6月份逐渐体现出来，随后在7月初出现双K线反转。

然而，请注意这时的反弹乏力，这不是一个好兆头，并且7月底局内人的大量抛售，再次证实了这点，同时向下测试支撑位。

所有这些都源于更早时候4月底发出的信号。

完全系统服务公司（TSS）月K线图：
2015年11月至2017年11月

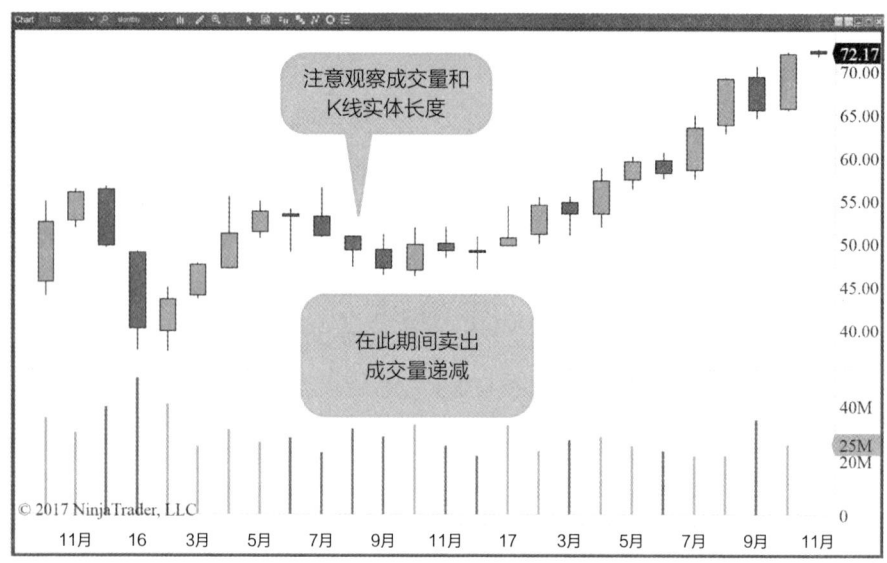

同样，这里的月K线图也提供了对上图中7月价格行为的另一种视角，8月K线证实了市场的疲软状态，随后价格走低。但需要注意的是8月份的成交量很高，并且K线的实体部分较窄，表明做市商正在低价买入，9月份的情况与此类似。再看9月份之后看跌成交量在逐渐减少，这些都暗示看涨行情不久之后可能会到来。

这就是2017年年初趋势开始形成时的情况。

从那时起，股票形成强劲的看涨趋势，向上突破了70美元，价格涨至72.17美元。从2017年年底到2018年，股票价格似乎还将进一步上涨，因为最新的价格走势得到强有力的局内人买盘支撑。

环球健康服务公司（UHS）周K线图：
2016年1月至2016年8月

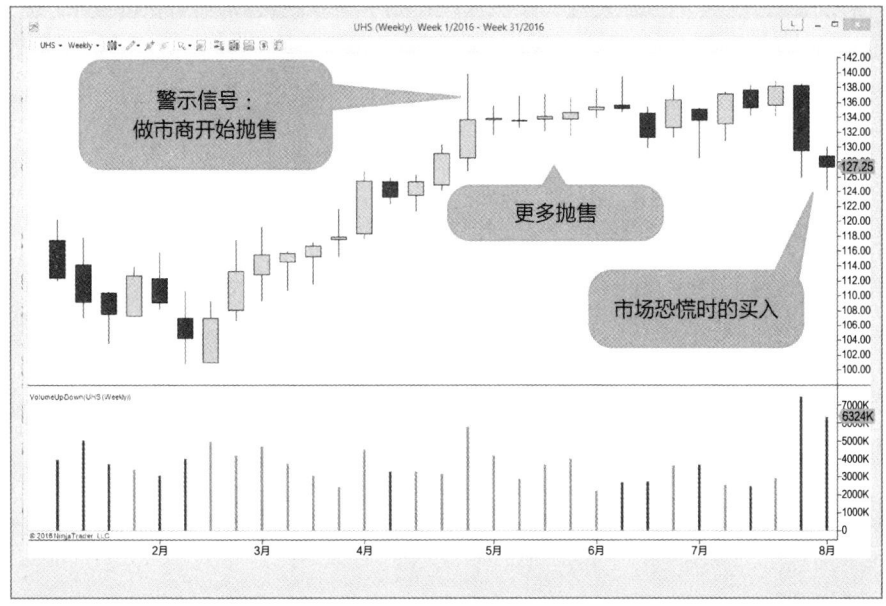

这个例子与TSS公司类似，市场发出强烈的信号，让我们看到市场长期可能发展的方向。

4月的倒数第二周市场发出警示信号，我们可以看到一根上影线较长的阴线，且成交量较高。随后出现了一系列高成交量的弱势K线，做市商持续向那些迫切地想要避免错过他们所认为的下一个上涨趋势的买方卖出股票，但市场价格并未作出正常的反应。这些人代表了市场上为数众多的交易者和投资者，他们常常在高点买入，并在低点卖出，而这也正是做市商希望他们做的！

7月底股价出现急转，交易者和投资者落入陷阱，市场出现恐慌性抛售，在图中的最后一根K线处，做市商进入市场开始买入，显然是在为下一轮的市场行情做准备。

**环球健康服务公司（UHS）月K线图：
2015年11月至2017年11月**

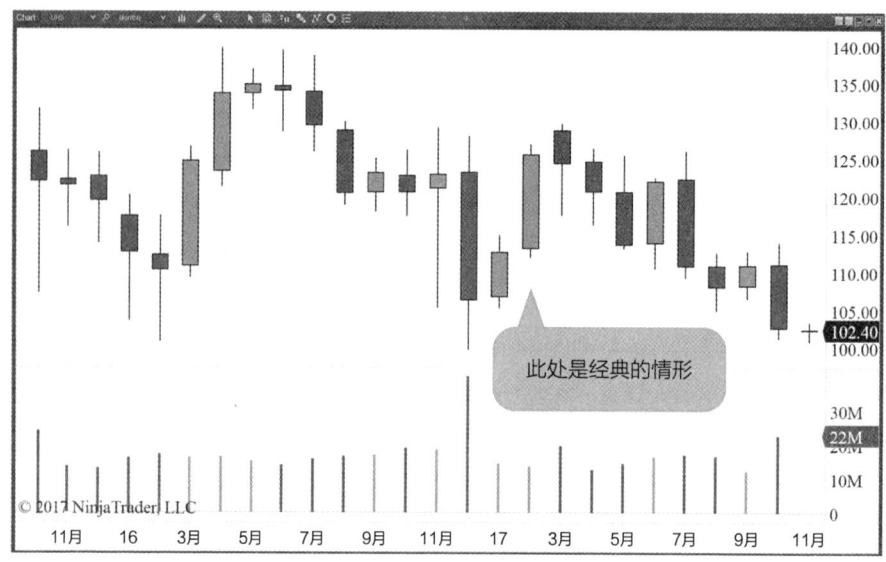

事实上，由于做市商大量抛售，下一阶段的行情几乎即刻启动，价格从8月中旬的138美元区域迅速地下跌到2016年年底的99.72美元。

从那时起，2017年该股票的特点就是价格在两个方向波动剧烈，年初价格迅速走高，之后同样迅速而且剧烈地向下波动。2017年年底，UHS股票强烈看跌，可能会跌破100美元区域，并在较长期内继续走低。

另一个量价分析的经典例子来自2017年2月份的价格行为以及相关成交量。首先是价格行为，我们看到一条实体很长的K线，可与2016年3月的K线实体相比，后者实体长度更长。但2017年2月的成交量较低，实际上与之前1月份的成交量大致相同。

这是一个警示信号。做市商没有参与，只是将价格抬高以诱导交易者相信这是一个强势的上涨和下一轮看涨趋势的序幕。3月份逆转来临时，引发了交易者和投资者对损失的恐惧，并使他们陷入困境。

对于中期和2018年来说，关键点是在100美元之下正在形成的潜在支撑平台，如果支撑位能够守得住，我们可能会在适当的时候看到更高的反弹。这种情况之前发生了两次，因此如果得到成交量的确认，这样的结果并不会出人意料。

联合租赁公司（URI）周K线图：
2016年1月至2016年8月

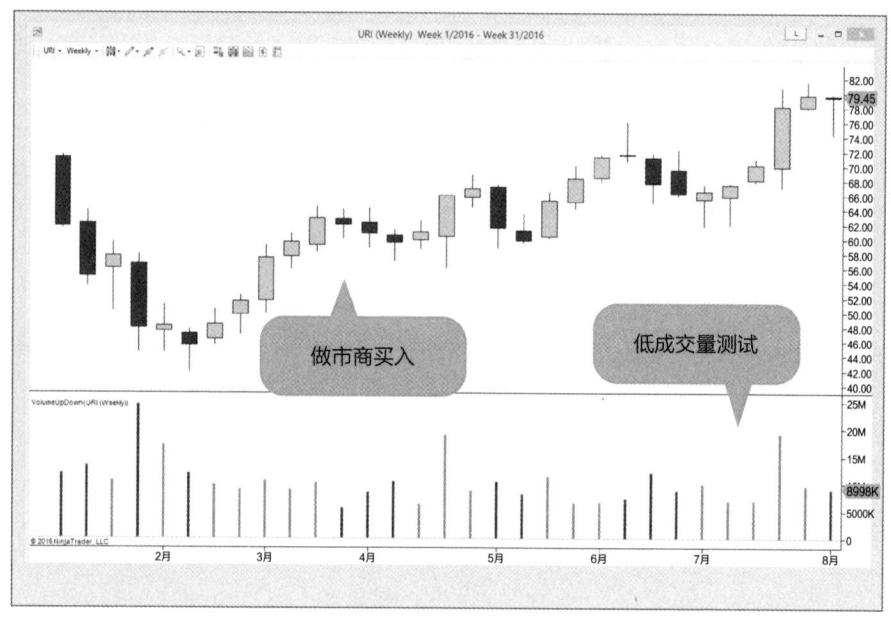

在这个例子中，我们看到了量价分析如何帮助我们抓住趋势。

最初的卖盘在1月和2月初被吸收，然后URI反弹并持续到3月中旬。请注意，随着成交量上升，股价逆转走低，但K线实体部分较短，信号表明做市商在此处买入，股价下一步将继续走高。6月中旬市场轻度疲软，但此时成交量下降，7月第一周出现买盘，第二周出现低成交量测试。

随后的长实体阳线成交量继续上涨，表明市场看涨情绪仍未消失。此时关键在于价格是否能够不断上升突破顶部阻力，市场长期看涨。

**联合租赁公司（URI）月K线图：
2015年11月至2017年11月**

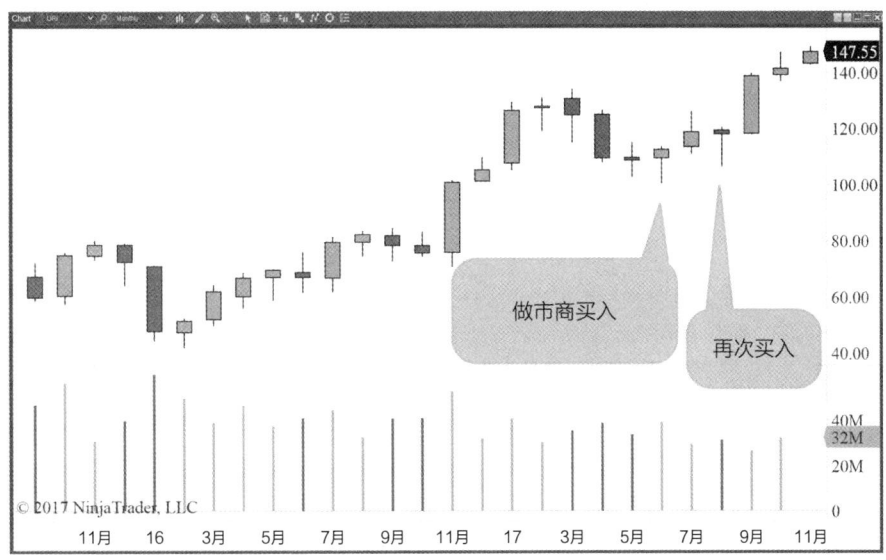

这正是这只股票之后发生的情况。该股票图中的最新交易价格为147.55美元，并且预计会进一步上涨。2016年11月市场发出第一次信号，长实体阳线和较好的成交量预示着做市商正在参与买入。这一情况在2017年1月和2017年9月再次出现，并且还没有证据表明在这一价格水平上做市商有任何卖出行为，可以预期2017年年底和2018年，该股票将持续走高。

还要注意做市商在6月和8月的买盘，由于部分投资者获利退出，做市商进入市场买入以支持价格的上涨趋势。

西玛雷斯能源公司（XEC）周K线图：
2016年1月至2016年8月

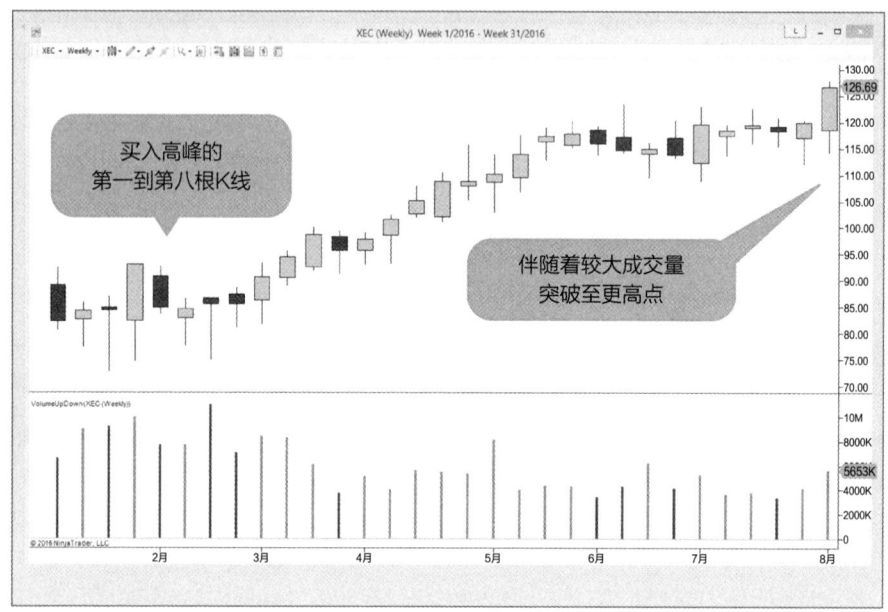

当股票的买入高峰到来时，我们会清楚地看到，在这张图表中我们很容易注意到这个经典的情形！

如果只关注图表左侧的八根K线，我们可以看到：第一周只显示了抛售压力，这时没有买入的痕迹；第二周第一次发出了买入的信号，换句话说，随着做市商买入股票，市场成交量大大提高，推动了价格走高，这也是买方需要设法应对的问题；第三周见证了做市商进一步吸收市场参与者所抛售的股票，然后在第四周他们推动市场走高；抛售股票在第五周重新出现，但在第六、七、八周再次被做市商吸收。

最后在3月份，做市商开始拉动市场走高，随后6月份和7月份，市场进入横盘期。

图中8月份的最后一根K线再次确认了看涨情绪的回升，此时阳线的价差较大，影线较短且成交量较高。未来市场可能还会继续走高，而这一切都源于1月份和2月初的买入高峰。

西玛雷斯能源公司（XEC）月K线图：
2015年11月至2017年11月

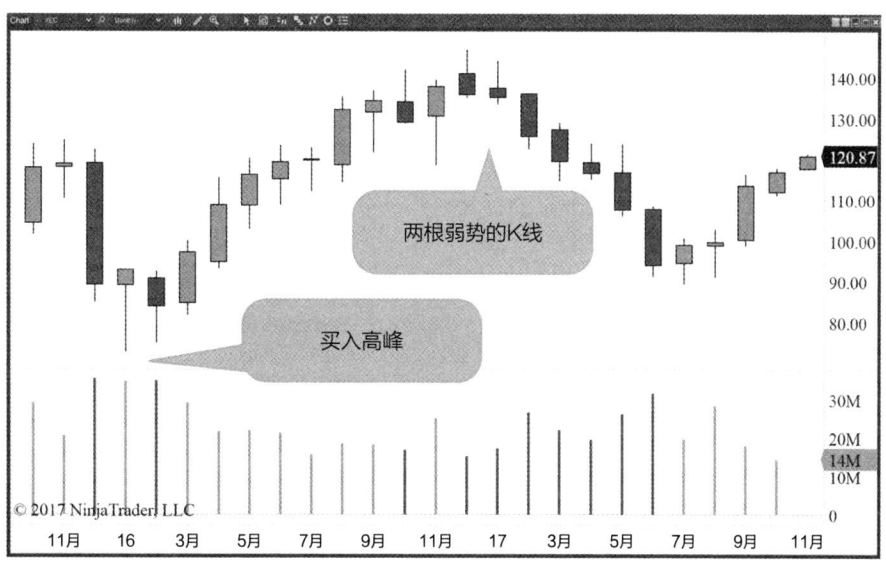

2016年年初的买入高峰足以将XEC从72美元的价格一直推升至146美元，在当年年底，价格几乎翻了一番，这也表明了这些信号的强大效果。12月份和次年1月份市场处于横盘期，此时两根阴线的成交量上升，再加上10月初的疲软迹象，在2017年5月和6月股价形成了价格瀑布，随后在7月和8月出现了放量止跌信号，并推动市场走出低谷。

有趣的是2017年9月和2017年10月的K线，此时K线的价格上涨但成交量下降，这对2018年市场如何发展可能产生一定的影响。这表明价格反弹明显力量不足，市场可能在2018年年初恢复看跌情绪，而目前可能很快进入价格横盘整理的阶段。

齐昂银行集团（ZION）周K线图：
2016年1月至2016年8月

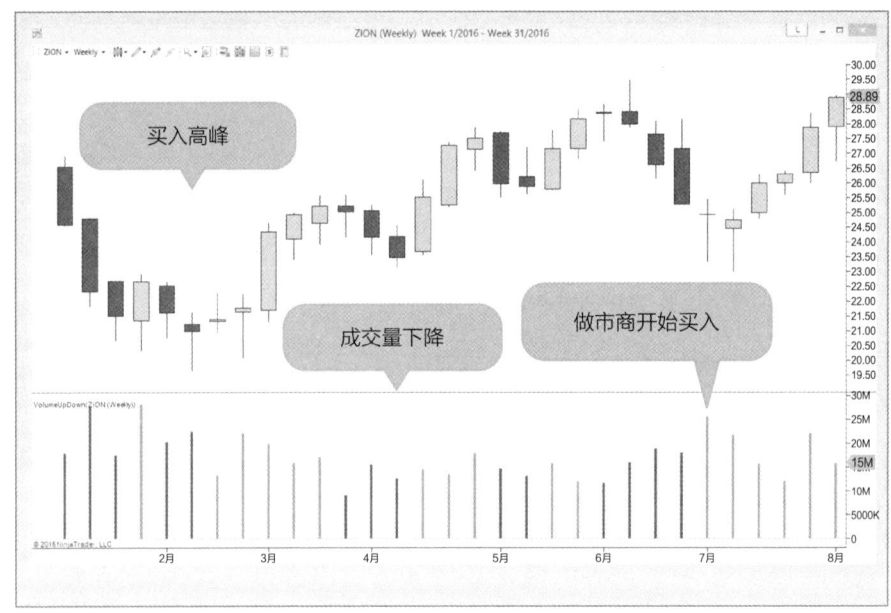

另一个买入高峰的例子是做市商在1月底和2月初坚定地买入ZION公司的股票，在价格走高的趋势中形成了一些经典量价关系。首先请注意4月初的成交量，在市场下跌的情况下成交量也下跌，这表明这只是长期看涨趋势的回撤。换句话说，这是次要趋势，也是需要留心的地方。

然而，这与6月的逆转形成鲜明对比，后者更为严峻，价格的下跌幅度较大，并伴随着市场价格的降低、成交量不断升高。

最终做市商在7月的第一周和第二周介入市场，买入行为完成后，再次将股价提高。从长期来看，阻力位现在仍未突破，但如果在较高成交量下突破阻力位，那么长期来看ZION股票仍然看涨。

齐昂银行集团（ZION）月K线图：
2015年11月至2017年11月

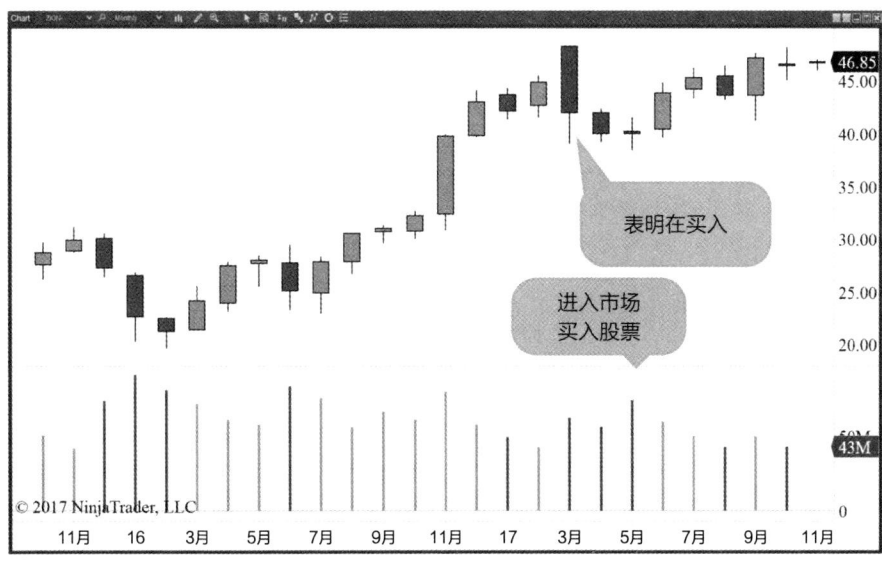

在2016年和2017年，随着股票价格获得更多上涨的动能，股票的看涨情绪一直持续存在，在撰写本书时其交易价格为46.85美元。在2016年11月份，做市商向市场注入动能，此时K线实体部分变长且成交量较高，在2017年上涨趋势更加显著。

第二季度的价格走势和成交量十分有趣，我们看到3月份开盘跳空高开和随之而来的下跌，引发了市场参与者抛售股票，阴线的下影线表明了有人买入股票。这在4月份得到了证实，而在5月份的成交量上涨更加强化了这一点，但随后价格不再下跌，从而发出明确的信号，即做市商进一步强势买入，股票价格窄幅震荡。

现在的关键是每股48美元左右的技术面阻力，如果阻力位在高成交量时被突破，那么我们可以预计2018年ZION股票将进一步上涨。

硕腾公司（ZTS）周K线图：
2016年1月至2016年8月

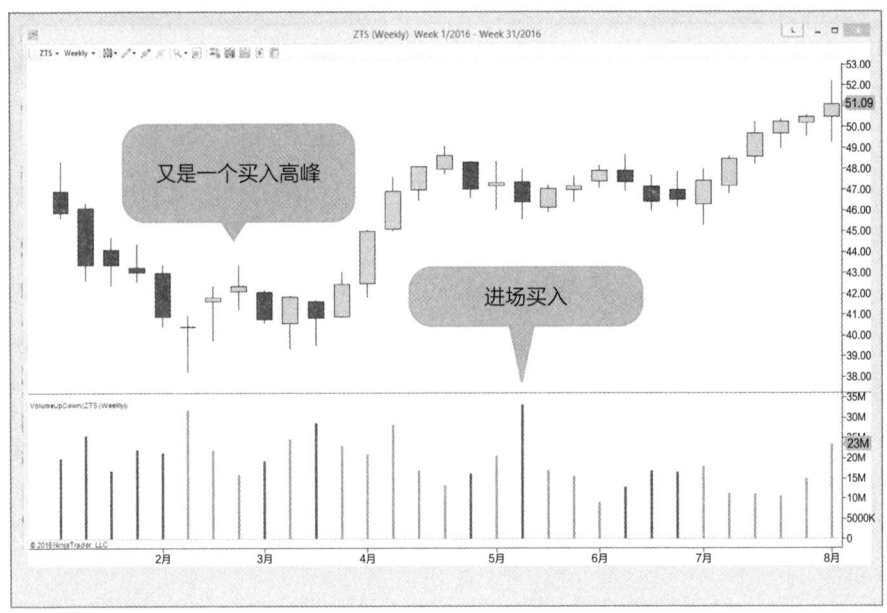

最后我们用这只股票走势图来结束关于每周时间框架的分析，这是买入高峰的又一个例子，这次一直延续到3月份。

市场继续走高，但是成交量却在下降，看起来有点能量不足，随后出现抛压。然而，做市商并没有反向操作，他们在5月初介入市场并吸收抛售压力，之后，在7月初成交量上升，市场又重新恢复了原来的趋势。然而，最后的K线表现为一个长腿十字线K线，这预示着市场变化的不确定性而非逆转，但这肯定是一个暂停点。此时我们需要足够的耐心才能看到接下来的几根K线可能揭示的信息。永远记住，像这样的十字星K线只是表明市场趋势的不确定性，它不是逆转的信号，当然市场可能在某个时候确实会发生逆转，但K线本身没有传达这样的信号，传达的只是市场运行方向的不确定性。

硕腾公司（ZTS）月K线图：
2015年11月至2017年11月

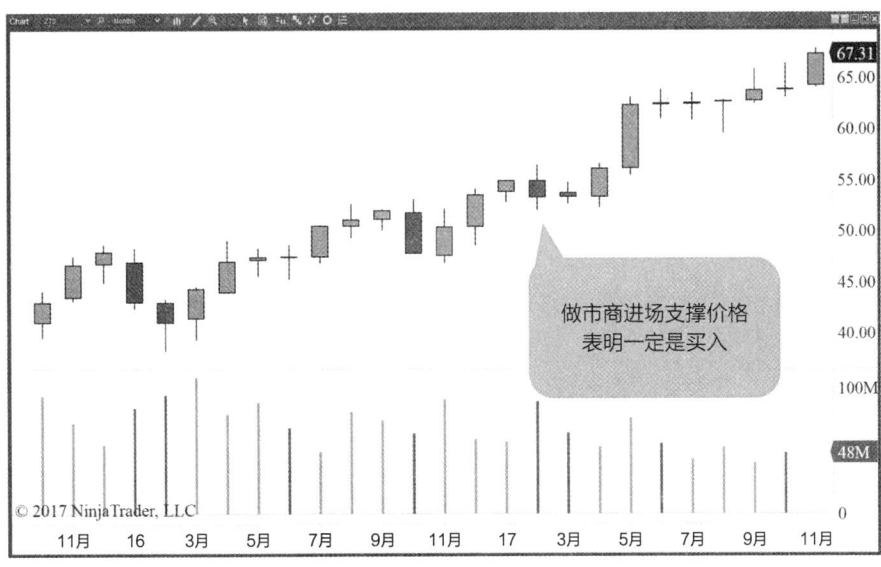

这也是一个做市商为股票的长期价格运行做好准备的例子，自2016年年初买入高峰以来，股价一直稳步攀升，从40美元增长到图中最新的67.31美元，并且看上去到2017年年底和2018年价格将继续走高。此外，在价格走高的过程中，局内人买入和支撑延续了这一趋势，随着价格上涨和成交量的增加，做市商在2017年4月和5月为市场注入了新的动能。

另外请注意，在2016年最后一个季度持续3个月的市场反弹之后，做市商在2017年2月初对市场提供了强劲的支撑。他们再次买入股票来支持市场回升。毕竟，如果他们卖出股票的话，那么K线的实体部分将会扩大。但实际上并没有看到这种情况，在2017年3月的K线实体部分甚至更小了。

鉴于目前的价格走势，该股票看起来将在2017年和2018年继续走高。

Stock Trading
&
Investing Using
Volume Price Analysis

第二章
基于月K线图的股票交易实例分析

在本章我将以月度为时间单位观测更多的股票样本，我将时间延长至2017年年底，基于更长的投资视角进行分析。

所有样本均来自美国市场上的主要指数——标准普尔500指数、纳斯达克100指数、道琼斯指数和罗素2000指数。

每一个样本都是用来体现在这一时间框架下量价分析的某个方面的特征，以此再次论证量价分析能够适用于各种时间框架。

但现在，无论你是一个交易者还是投资者，无论你关注哪一个市场或者哪一种金融工具，我希望你已经对量价分析及其运用有了更深入的理解。

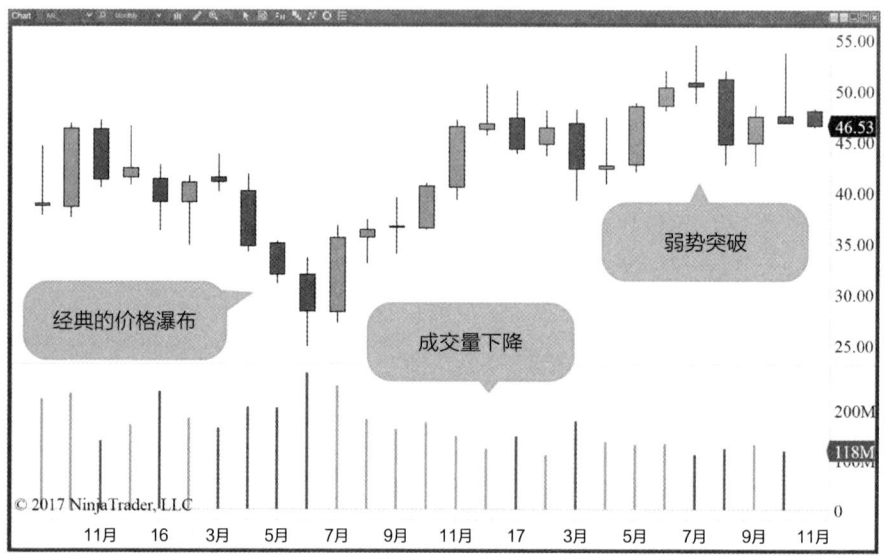

美国航空（AAL）月K线图：2015年9月至2017年11月

（编者注：在本书中，深色实体表示下跌，浅色实体表示上涨）

我选择这张图是因为它展现了一个"完整"的量份分析周期——购买阶段明显短于出售阶段（该阶段还在延续），从中我们可以得到以下启示。

在2016年3月至6月，市场经历了传统的价格瀑布，成交量回升。6月做市商进入市场买入，阻止股价进一步下跌。有趣的是，AAL迅速在底部构建了V型反转，这并不常见，但在主要指数中偶尔出现过。这个现象不常见的原因是看空的压力通常会需要较长时间吸收，更常见的情况是价格会在底部持续一段时间后缓慢上升。

价格的反弹贯穿了整个夏季，但当我们观察到2016年年底12月时，就会注意到成交量的下降，并在12月形成了第一个射击十字星。1月伴随着高成交量的第二根弱势K线以及上影线确认了卖出压力。3月份市场上仍然存在进一步的抛售行为，但也应注意到做市商已经进入对价格提供支持。他们的买入行为似乎并没有做好准备，股价反而加速下降。4月出现了另一根射击十字星K线，5月和6月市场止跌反弹，但成交量并不明显。我们需要注意5月的成交量，并将其与2016年10月的成交量和价格波动进行对比，当时K线实体部分较小，而成交量更大。

7月走势更弱，10月迎来了最后一根射击十字星K线。这是一个经典的盘整派筹期，做市商出售、吸货并再一次出售导致市场走弱，并为下一轮行情做准备。股票走势疲软，如果底部41美元左右的支撑位被突破，预计该股票2018年会看跌。

航宇环境（AVAV）月K线图：
2015年9月至2017年11月

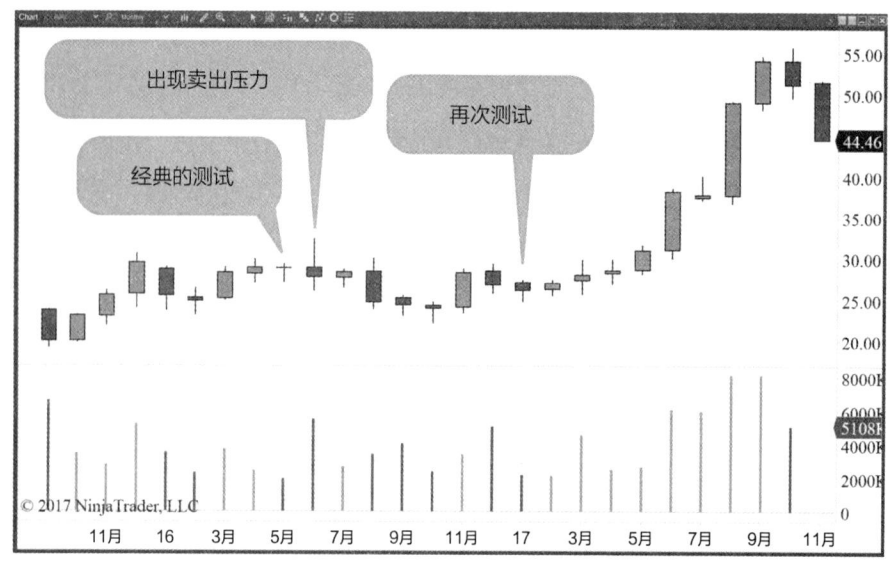

这是一个与之前相反的例子。

在这个例子中，出现了一个持续了超过一年的吸筹阶段，这与AAL形成了强烈的对比。有趣的是在此期间发生的测试次数。第一次出现在5月，AVAV似乎准备上涨，6月做市商尝试推动价格反弹，但是卖方的压力迫使市场在高成交量上持续走低，这一卖压在8月和9月被逐步吸收。10月市场迎来了第二次测试，利用这次机会，做市商得以在11月推动市场止跌反弹，此后又吸收另一波出售压力，并在2017年年初进行了第三次测试。

最新一轮行情从2017年5月才真正启动，持续至9月，在这个过程中，成交量持续上升，并且随着市场趋势的发展，出现了支持性的价格上涨。在这一轮爆发式的行情之后，获利退出的压力使得股价离开高位，11月份价格下跌。

AVAV的股票似乎想传递更多市场信息，而后市在更大程度上取决于11月K线的收盘价格，以及做市商是否会做多以支撑股价。如果是这样的话，这只股票在2018年预期会进一步上涨，一旦突破55美元左右的区间，将会带动一波牛市。

波音公司（BA）月K线图：
2015年9月至2017年11月

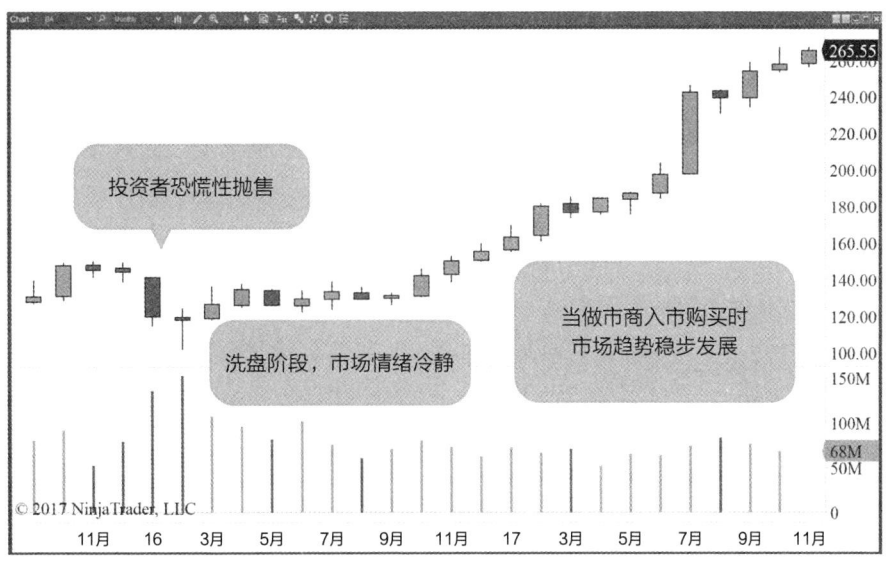

这张图所展现的稳定行情波澜不惊，可以说明在没有太大波动或重大回调的趋势中，长期投资者应该搜寻什么样的信号。

该股票的买入高峰非常明显，从2015年12月开始到2016年2月持续了3个月左右，洗盘阶段一直持续到9月，做市商吸收并积累了更多的股票筹码，正准备发起一个更长期的行动。这是威科夫第二定律在实践中的典型应用——因果定律。换句话说，时间才是主要的决定因素。如果一波行情之前的准备期越长，这一波行情的持续时间以及发展趋势就会更长远，这在本案例中充分地体现了出来。从时间来看，增长趋势已持续超过12个月，并且没有停止的迹象，此期间价格在正常的成交量支持下稳步上升，并在2017年7月又注入了新的动能。

一旦做市商开始行动，他们希望逐步构建一个牛市以保证其在价格上升过程中实现利益最大化。毕竟他们没有必要着急，这也是市场价格下跌的速度远快于其上升的速度的原因。在价格下跌的时候，恐慌性的抛售是做市商重新补充其股票持仓的最快方式。

　　注意，在3个月的时间内，BA公司的股价大幅度跳水，从160美元左右下降至大约100美元。可以想象短时间内的巨大抛售量，在此期间投资者出于对暴跌的恐惧疯狂抛售股票。做市商在这一波下跌结束后进入市场稳定股价，逐渐开始洗盘和吸筹，紧接着又是一段时间的冷静和横盘期，随着焦虑的投资者重新回到市场，市场趋势逐步向好。这是一波行情从准备到开始实施的绝佳案例！

　　这就是做市商的操作方式。毕竟，如果投资者持续恐慌性地出售或买入，那做市商可能很快杀死他们能下金蛋的鹅。恐慌期是短暂且具爆发性的。一旦牛市逐渐形成，市场情绪便会趋于稳定，投资者也会重拾信心，陆续回到市场。做市商也很清楚，情绪杠杆只能在短期爆发式行情中才能发挥最大的效果。如果经常这样做，最终投资者会退出并寻找其他市场。

　　对于BA，当我们观察至2017年年底，会发现该股票长期依旧是牛市，在2018年，预计价格会持续走高。

卡特彼勒公司（CAT）月K线图：
2015年9月至2017年11月

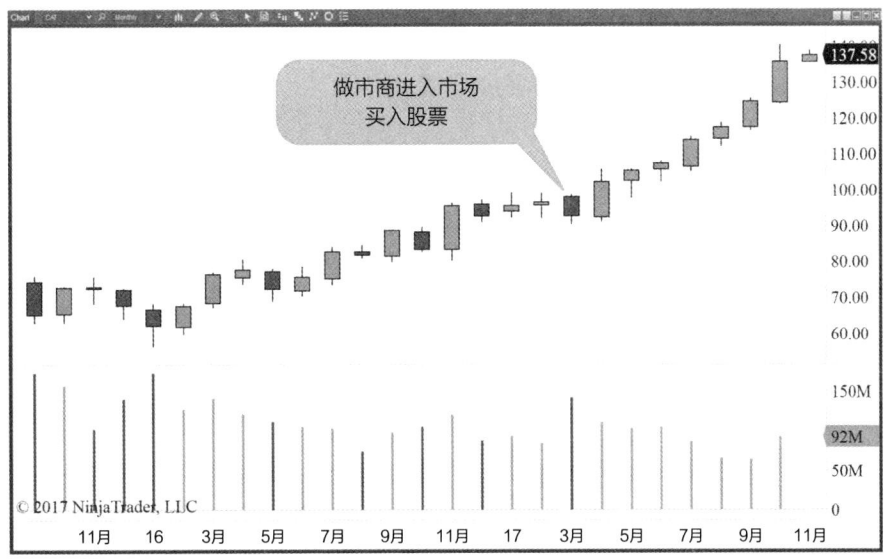

CAT这只股票，我去年在个人主页上已经写过多次了，我把它放在这里有几个原因。

第一，我在美国总统大选之前对这只股票进行分析，并在那时提出，如果特朗普当选，一类受益人就有可能是卡特彼勒这样的公司，因为预期政府将会花费大量资金建造大型基础设施项目，比如美国和墨西哥之间的边境墙。你可以在这里看到我的文章：

http://www.annacoulling.com/stock-trader-tips/caterpillar-delivers-in-bucket-loads/

当时该股票的股价在80到90美元之间，自此开始显著上涨并形成一个长期趋势，与之前的例子大致相同。

第二，有趣的是2017年3月的价格变化——当部分投资者获利退出时，做市商买入股票希望继续提高股价，4月股价依然猛烈上涨，这种情况在10月又再次上演。K线的上影线又一次暗示了某些投资者在卖出以实现盈利，预测该股票在2018年的走势是一件有趣的事情，图中没有太多证据表明价格即将达到顶点。

所以如果展望2017年年底和2018年，考虑相关的政治驱动因素，我们可以预测卡特彼勒公司将会有更强劲的上涨势头！

探索传媒（DISCA）月K线图：
2015年9月至2017年11月

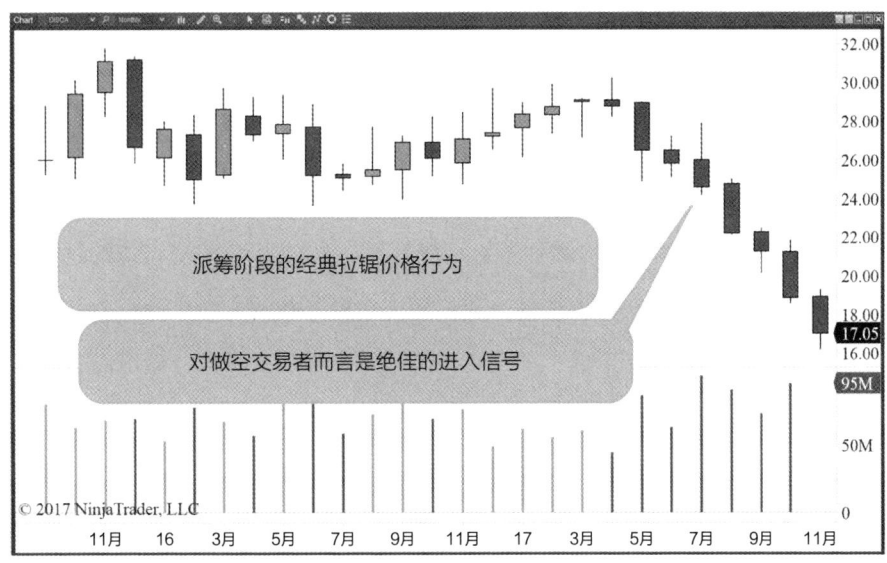

在之前的例子中，我们提到了威科夫第二定律，即因果定律，其中时间决定了横盘期之后趋势的强度。在之前的例子中，动因和效果主要体现在吸筹阶段，而在这个例子中是体现在派筹阶段。

派筹阶段的特点是典型的价格拉锯走势，目的是引诱交易者和投资者，在本例中从2015年年末开始，延续了整个2016年，直到2017年年初价格向下突破。

本例中，派筹阶段的高峰期价格行为非常典型，K线有较长的上影线，价格快速反转，加上一根吊人线和数根十字星，价格始终无法突破每股31美元左右的区域，由此形成了一个强势的阻力位。

抛售在5月开始，对于做空投机者而非看多投资者而言，关键的K线出现在2017年7月，这是一个从K线和成交量中看出下跌趋势的完美案例。为什么呢？因为这里释放了一个信号——局内人正在加速出售他们之前买入的股票，恐慌性抛售之后随之而来的是更加萧条的市场。抛售股票的努力在成交量上能体现出来，K线上较长的影线证明未来更大的抛售压力已经远远超过市场诱使投资者买入的努力。一旦做市商清空了之前购进的股票，他们就可以放开手脚让市场猛烈下跌。

对于做空的投资者来说，7月的K线是一个绝佳的入场信号，它预示着未来进一步的下跌，不论在哪种时间框架下都是如此。

那么我们如何预期这只股票2018年的走势呢？

由于强烈的看跌情绪，我们不太可能看到一个V型反转，更可能的是在这个价格区间内持续地在低位徘徊。我们现在需要寻找的是做市商买入并囤积股票的信号，一旦信号形成，那么在市场趋势中强烈反转前，做市商就会启动供给测试。

蝶形网络公司（DISH）月K线图：
2015年11月至2017年11月

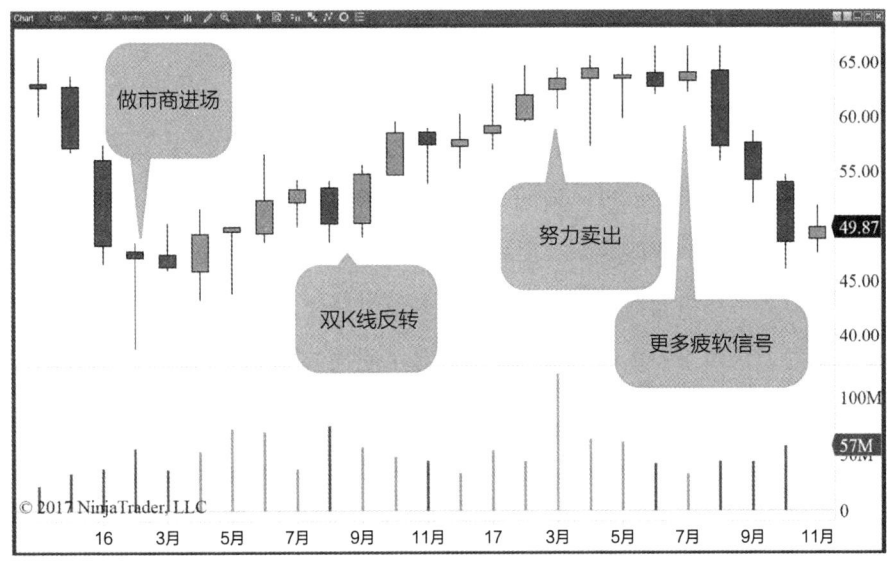

这是另一个非常有趣的公司，图中显示了一些简单而又清晰的量价分析例子。

我们从最左边的第一组K线开始分析。至2015年年底，可以看到价格瀑布形态，K线实体较长，成交量增加，这是一个非常确定的信号。2016年2月出现了第一个明显的信号——长下影线的锤头线和较大成交量，此时做市商买入。请记住，在这一点上，2017年3月的成交量"压缩效应"还不会出现，所以在这时候相对的成交量显得更高。市场开始进入吸筹阶段，2016年5月在更高的成交量下产生了更大的吸筹效应，价格开始反弹进入牛市阶段。

8月和9月很有意思，双K线反转给该股注入更大的动力，将趋势延续至年底。然而，当我们考察这一阶段时，我们要注意价格的走弱出现在2017年1月，并在2月再次表现出弱势。价格行为表现为实体较短的K线且上影线较长，显示市场非常疲软，表明做市商抛售，推动市场走弱。此后我们可以看一下3月的K线形态：成交量极大，K线实体部分很短，在此时低迷的市场上，做市商正全力以更大的成交量抛出股票，他们希望出清库存，为下一次行动做准备。

4月和5月的走势证实了市场内在的低迷，两个月的K线都为吊人线，6月和7月的两个射击十字星进一步巩固了这一趋势。之后股价开始大跌，成交量不断上升，开盘价和收盘价的差距变大，然后在11月，我们开始看到K线上影线的形成，代表弱势反弹。现在要预测该月月底的K线形态还为时过早，但这也是强势下跌之后可以预期到的典型价格模式，因为做市商必须出售在股价下跌时被迫吸收的股票，但目前这一轮的下跌还没有完全结束。所以当他们在弱势市场中卖出时，市场趋势只是暂时停止，但也预示了未来更大程度的下跌。这对于投机性的做空者来说是个绝佳的入市机会，可以与做市商一同卖空股票。

这个例子也凸显了牛市和熊市的不同趋势特征。牛市行情发展得更慢一些，因为做市商喜欢慢慢来，以便在价格走高时获取最大的收益。相反的，熊市的发展更快，因为做市商想尽快补充库存，并重复之前的行为。

11月正在成型的K线走势似乎较弱，如果与较高的成交量联系起来的话，2018年DISH可能会有进一步下跌的势头。

艾灵顿住宅抵押信托基金（EARN）月K线图：
2015年9月至2017年11月

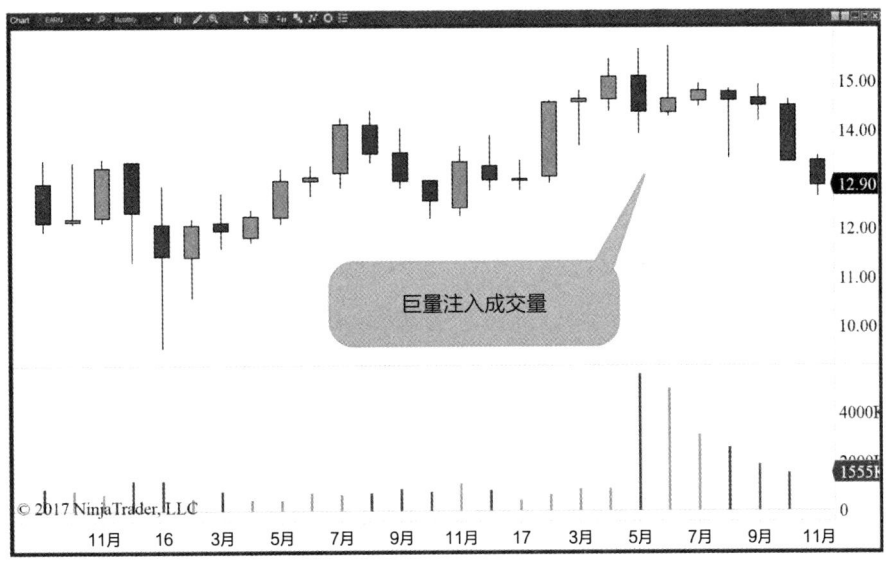

我选择这张图有几个原因。

首先，很明显，这只股票的价格行为和我们之前所分析的例子有非常大的不同，即便该股可以被视为"粉单市场"股票，相同的原理也一样适用。

其次，它也解释了新出现的高成交量如何扭曲过去的成交量，正如我们在这里分析的一样。这是关注成交量的交易者需要应对的问题，但并不意味着之前的分析都无效。事实上，当这类现象发生时，历史上所有的成交量都会被"压缩"。

2017年5月和6月的K线就是这样，超量注入的成交量能揭示很多问题，表明有一个重量级的做市商正在抛售。6月在同等成交量下的另一根射击十字星证实了这一观点。8月出现了一根显示抛售压力的吊人线，市场在10月和11月持续下跌。

从抛售的程度来看，我们可以预测该股在2018年会继续走低，但作为一只低价股，下跌幅度可能有限，关注做市商会在什么位置介入该股票是很有意义的。

艾可菲公司（EFX）月K线图：
2015年9月至2017年11月

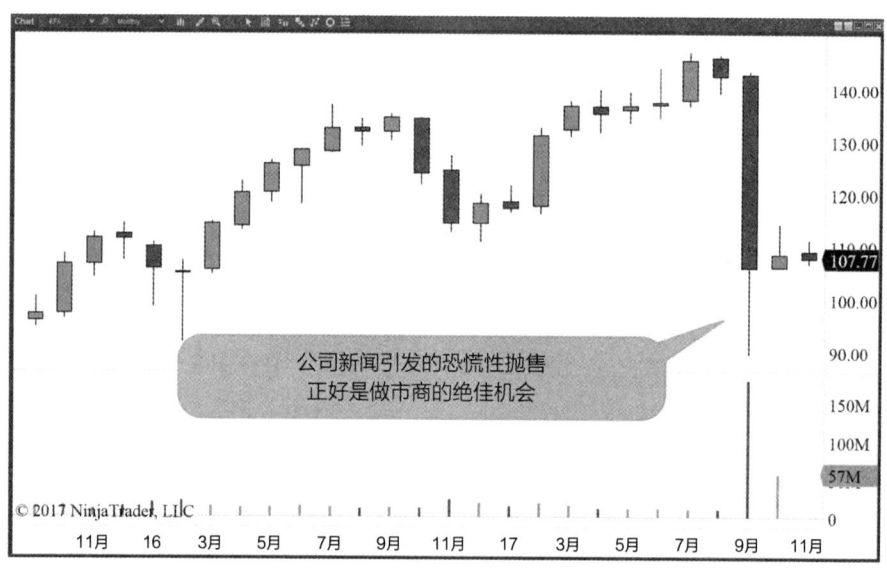

这是另一个极端的例子，但与前一个例子非常不同。如果你熟悉EFX的话就会知道，它是一家提供信用报告的机构，为客户提供有关其信用状况的详细报告。

价格突然大幅下跌的原因是黑客攻破公司防火墙，导致数百万客户的信用记录数据泄露。但随之发生的恐慌性抛售，以及局内人助力下所导致的暴跌，正是做市商进入市场的绝佳机会。你需要注意的是此次价格变动的时间超过了4周，放量止跌和做市商买入股票的行为可以通过K线的长下影线来得到证明。

在这里我们可以看到做市商纷纷买入股票，并将推动价格从90美元的低点回升，在撰写本书时最新的交易价格为107.77美元。

局内人和做市商将使用各种新闻，无论消息大小，以同样的方式制造恐慌和恐惧。要么在易于吸筹和买入股票的时候引发大量抛售，要么使投资者害怕错失机会从而买入股票，这是做市商在市场疲软时卖出股票的理想机会。

在这个例子中,是前一种情况,如果考察周K线图可以很容易发现由恐慌导致的放量止跌和吸筹阶段的信号。

这是一个很好的例子,但也是一个成交量被这种极端情形所扭曲的例子,这意味着我们必须根据价格变动来重新校准我们的分析。

EPAM系统公司（EPAM）月K线图：
2015年9月至2017年11月

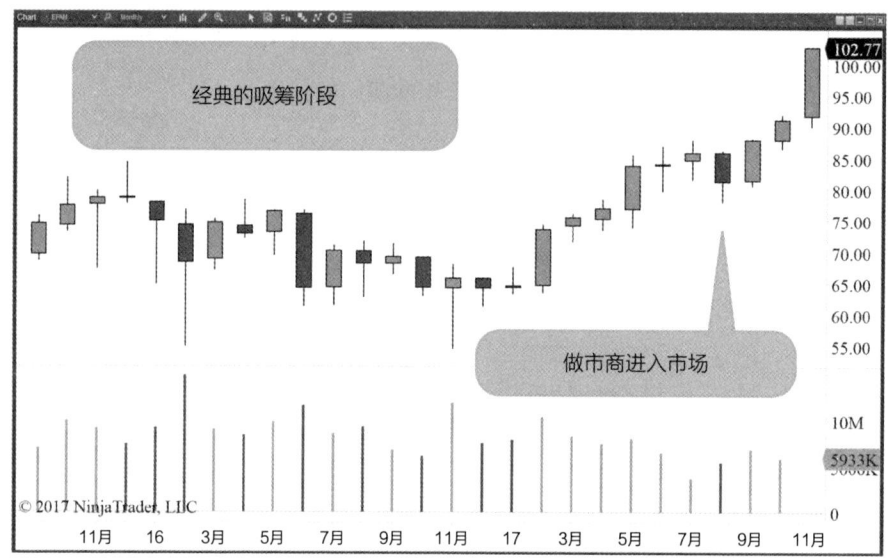

这是价格运动中吸筹阶段的另一个很好的例子，并再次强调了威科夫的第二定律——因果定律，以及在一轮行情中时机选择的重要性。

在这里，我们可以看到从2016年1月吸筹阶段开始，然后2月份的持续买入进一步强化了这一点，2月份的成交量为这一阶段最高。在8月份和11月份吸筹阶段持续发展，随后12月份吸筹完成。还有一件事同样重要，也需要注意，并且能够进一步确认抛售是否被吸收，就是后市价格在何时回到之前的水平，即之前存在大量抛售的价格区域。换句话说，过去我们看到在这个价格区域内存在持续抛售，但此时在同一价格水平上，成交量下跌。这表明市场上的抛售压力消失，吸筹阶段结束。

从图表中可以看出，上涨趋势随后即将开始，在强劲成交量的支持下，从2017年2月开始直至7月份价格持续上涨，而7月成交量的下降预示未来市场走弱，8月份K线的走势确实如此。

然而，做市商利用获利退出形成的下调机会进入市场，并在此后再次推动股价走高直至年底，因此我们可以预计2018年股票价格将进一步上涨。

范柏林特（FN）月K线图：
2015年9月至2017年11月

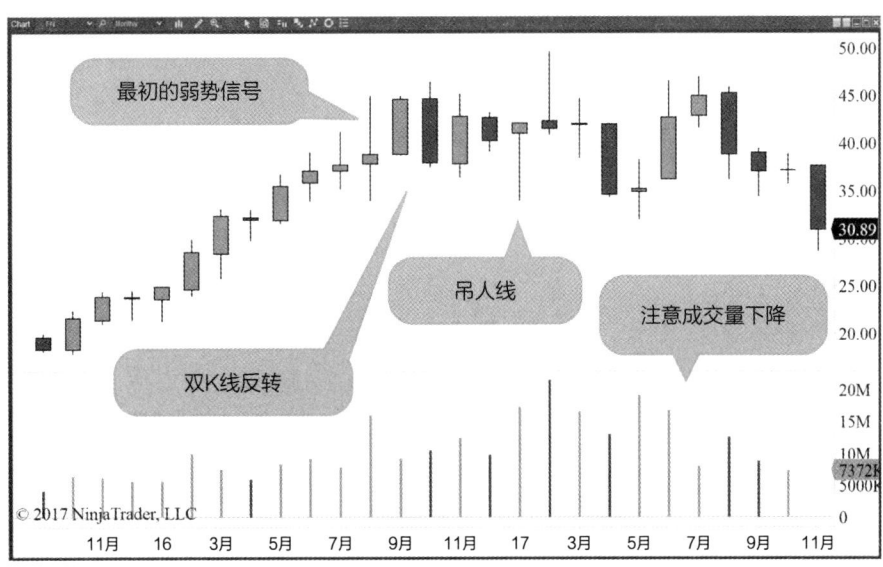

为了平衡前面的例子，我们这里介绍一个关于派筹阶段的典型例子，这个例子再次强调了时间的重要性，因为一波行情的结束，就是另一个阶段的开始。

市场疲软的信号最初出现在2016年8月，这是比较特殊的情况，因为我们通常预计8月份的成交量会因为季节性因素而降低，所以从这个角度来看，市场发出警报。随后的两个月再次发出信号，9月和10月形成双K线反转。2017年1月形成吊人线，2017年2月成交量为图中最高，4月份市场出现抛售。但做市商尚未结束行动，他们推动价格走高，但成交量下降，这是一个典型的异常现象。

然后我们继续分析，一旦市场跌破35美元区域的潜在支撑平台，这就提高了这一分析的重要性，并证实了FN股票的看跌前景。

需要记住很重要的一点是：支撑位和阻力位、K线和K线形态都是量价分析的一部分，并有助于形成完整的技术分析。并且量价分析还包括了其他以成交量为基础的工具，例如价量分布分析或使用描述市场轮廓的指标，如成交量控制点，该指标综合考虑了图表中"Y轴"上的成交量价格和时间。

你可以在量化交易网站http://www.quantumtrading.com上获得更多关于这一指标的相关细节。

通用动力（GD）月K线图：
2015年9月至2017年11月

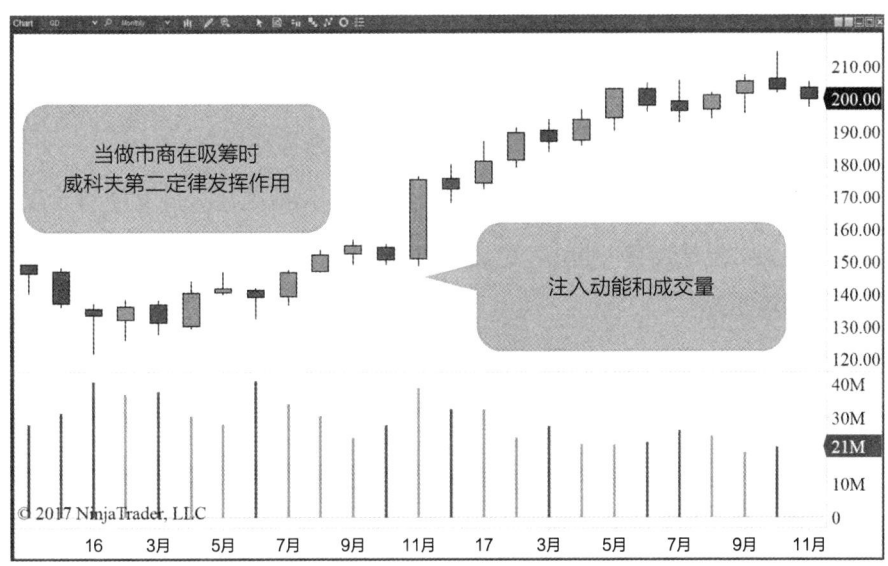

我选择这个例子来说明威科夫第二定律如何反映时间的重要性，特别是在吸筹阶段。

威科夫第二定律规定，原因和效果必须一致，因此引入了时间因素。原因形成的时间越长，那么效果就越大。对于GD股票而言，情况就是如此，该股票于2015年年底开始吸筹阶段，做市商在2016年1月大量买入，形成较大成交量，并形成了经典的锤头线，发挥"放量止跌"效应。

2016年2月的进一步买入重复了这一现象，股票价格被推高，这是做市商总是要应对的问题，也是这些阶段不时地有买入与卖出的原因。换句话说，做市商自己的买入行为推动了价格上升。

这个过程中，买入的成交量的控制非常微妙，不能太多，否则价格会被推升到更高水平。大型机构交易者在交易股票时会遇到同样的问题，当他们在进行大宗买卖的时候，试图避免因自己的交易而使价格出现不利于自己的变化。因此他们需要设法将较大规模的成交量分解成市场可以轻易吸收的、更易于管理的小规模头寸，才不会使价格大幅变动。这是所有做市商每天都要面临的问题。

在趋势走高之前，吸筹阶段仍在继续，6月份做市商进一步大量买入，但仔细观察一下市场是否呈现出疲软态势？确实如此，毕竟此时市场上行而成交量下降。但请记住，现在是夏季，因此我们预期成交量会有所减少，永远不要忘记这一点。随后市场在一个有较长实体的阳线处注入成交量和动量，行情启动了。虽然也有一些小小的疲软态势出现，但没有任何迹象表明GD股票价格即将反转。

2018年的关键是205美元至210美元的阻力区域，该区域的阻力稳定而持久，突破该区域需要以更高的价格收盘，并且伴随较高成交量。如果发生这种情况，支撑平台就会形成，支持市场进一步走高，但对于买入并持有的投资者来说，现在需要的是耐心。

记住杰西·利弗莫尔所说的，"股票价格永远不会高到你无法买入，也不会低到你无法卖出"。

通用电气（GE）月K线图：
2015年9月至2017年11月

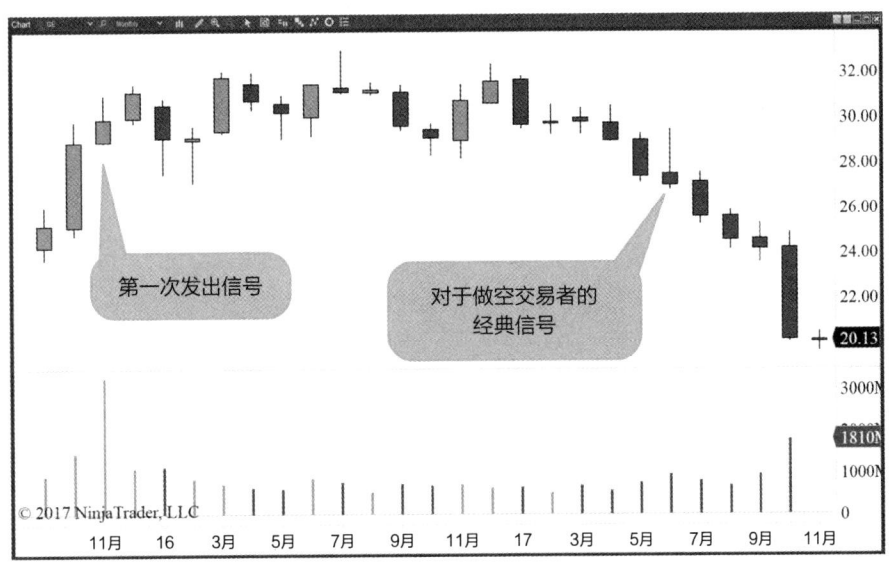

注意GE的股票，是因为它是我在卖出有保护看涨期权时经常选择的标的股票，从这张图表中你可以看到为什么图中的区间震荡期持续了12个月以上。

这也是一个关于派筹阶段，以及该阶段推进所需时间的例子，其次是首次信号开始出现时我们必须保持耐心，图中第一个信号在2015年11月出现，很容易可以看到其中的异常——K线实体较短并伴随着极端成交量。当做市商大量抛售导致市场疲软时，就会发生这种情况。市场不接受更高的价格，因此做市商必须努力在这个水平上卖出股票。还需要记住，这是一只"蓝筹股"，其可流通的股份数很多，因此要推动一波行情，需要付出相当多的努力和相当长的时间。

接下来的市场发展就是经典的价格拉锯走势，股价在一个狭窄的范围内震荡，同时建立了比较牢固的阻力和支撑区域。在这个例子中，一年多以来股票价格的波动幅度在三四美元之内。

最后在2017年4月，价格瀑布开始出现，伴随着K线实体变长和成交量上升，下跌的步伐加快，动能不断累积。2017年6月，再次出现对于空头交易者的经典信号，因为做市商出售他们此前被迫买入的股票，该月股价有所反弹，做市商在此水平清仓，随后价格加速下行。

目前做市商没有任何买入迹象，GE将进一步下跌至2017年年底，直至2018年年初。

吉利德科学（GILD）月K线图：
2015年9月至2017年11月

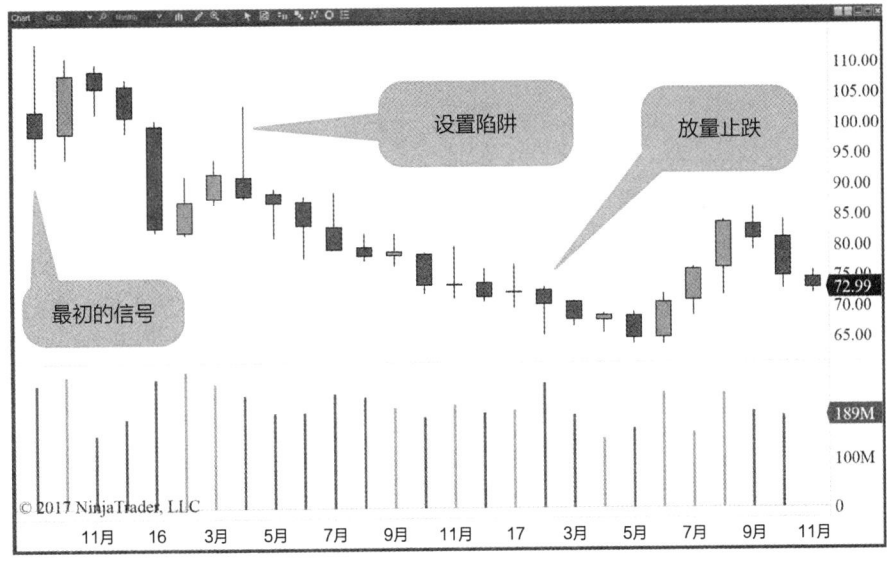

我加入这个例子是因为它提供了更多强有力的启示。

图中的第一根K线发出市场疲软信号。如果这根K线代表市场弱势，那么2015年10月的K线走势更弱，并且验证了最初的信号，因为它的最高价和最低价均没有超过第一根K线，并且成交量更高。接下来伴随着递增的成交量，形成了经典的价格瀑布走势，最后是2016年1月的急剧下跌，做市商被迫在疲弱的市场上出售他们在这个阶段所购入的股票。

2016年2月的股票成交量仍然较高，K线实体较小且上影线较长，发出一个明确的信号，表明这一波下行走势尚未结束。3月份，窄幅K线再次出现，并伴随着较高的成交量，最后在2016年4月K线生成长上影线且成交量较大，形成股价陷阱。

市场开始下跌趋势，期间伴随反弹，这是因为做市商抛售他们被迫购买的股票，使得股票继续走低。这可以在几根K线中看到，特别是在2016年7月、9月、11月和2017年1月。

2017年2月开始出现买入行为，发出放量止跌信号，随后股价从6月到8月走高。之后受到市场阻力使得股价反弹暂停，因此我们可能预计2018年该股票将在这个水平上横盘整理。

高盛（GS）月K线图：
2015年9月至2017年11月

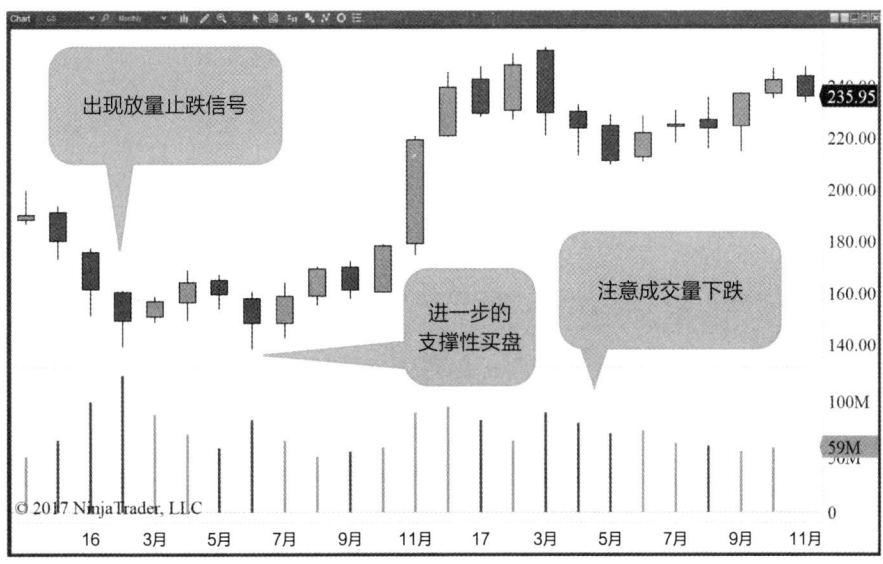

这个例子与上一个相似，但从高盛公司的案例中，我们显然也能得到一些其他经验。在图表左侧，我们看到了经典的放量止跌，在两根K线之间，下行趋势停止。请注意，虽然在这个时间框架下价格下跌幅度看起来不大，但股票价格在3个月内从190美元降到将近140美元。投资者本来会在恐慌中卖出股票，产生巨大的动能，而做市商不得不在市场崩盘时买入。做市商即便拼尽全力，也很难阻止这一趋势。该股票具有巨大的下跌势头，需要巨大的努力才能使该趋势停止。这就像油轮效应——即使发动机突然关闭也还有动力，之后油轮还将继续行驶数英里。这也解释了为什么市场会有洗盘阶段。这种情况一直持续到6月，做市商持续购买直至行情准备就绪，股票价格开始走高并进入上行趋势。

2017年年初的价格走势很有意思。首先，双K线反转意味着市场疲软，但随后4月和5月成交量下跌。此时价格和成交量的下降趋势较为异常，随着价格下降成交量也下降。显然，这一趋势不会进一步发展，只是一个次要趋势。

当进入2017年年底时，主要趋势将重新建立。关键在于如果现在股价突破并保持在250美元区域之上，那么看涨趋势将在下方支撑的基础上继续下去，前提是做市商进一步参与并持有多头。

**克罗格公司（KR）月K线图：
2015年9月至2017年11月**

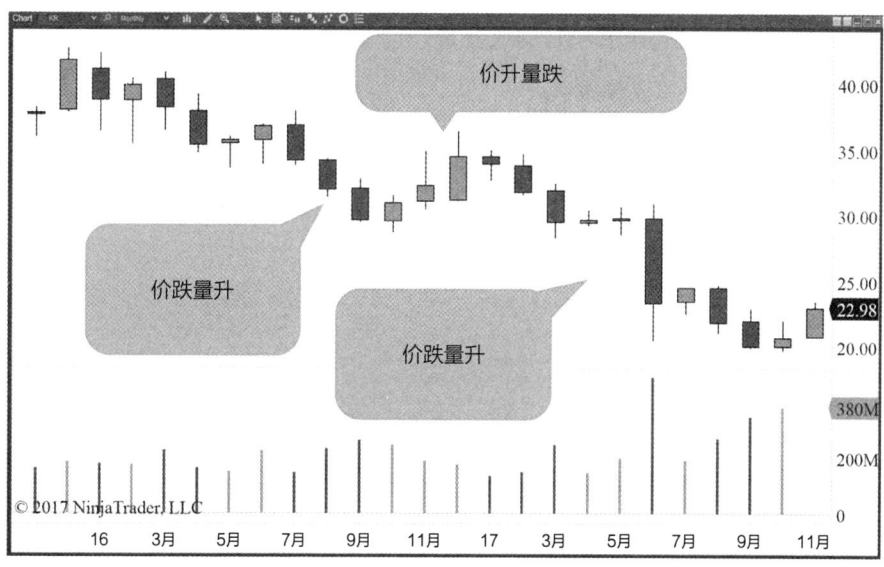

这是长期熊市和在这种趋势中不同价格行为阶段的典型例子，其中传递出许多有关市场疲软或弱势反弹信号的量价关系。

2016年中期开始，7月、8月和9月的三根K线组合显现出股价下跌和成交量上升的现象，这是股票市场疲软的强烈信号，市场可能继续保持这种状态。2016年10月、11月和12月的三根K线的量价关系表明，K线实体部分变长，成交量下降，这是一个异常现象。序列中的第二根K线看起来很弱，并且第三根K线具有较长的实体，成交量理论上应上升而非下降。这是市场未来进一步疲软的强烈信号。做市商并没有参与市场，只是将价格抬高并抛售股票。

2017年开始，KR价格开始反转，随后的三根K线成交量上升而股价下降。看跌情绪在6月份持续，随后股价出现大幅下挫，2017年8月和2017年9月随着成交量上升股价再次走低。

但请注意2017年9月上升的成交量以及更短的K线实体，它发出了一个信号：做市商开始买入。事实上，10月份出现同样增长的成交量，而K线实体甚至更短，这表明做市商已经开始支撑价格以防止价格下跌，11月开始股价表现出一定的上行动能。

如果市场收盘时呈现较好的成交量并且未出现长影线，那么我们可以预期2018年这一趋势将继续发展。

礼恩派（LEG）月K线图：
2015年9月至2017年11月

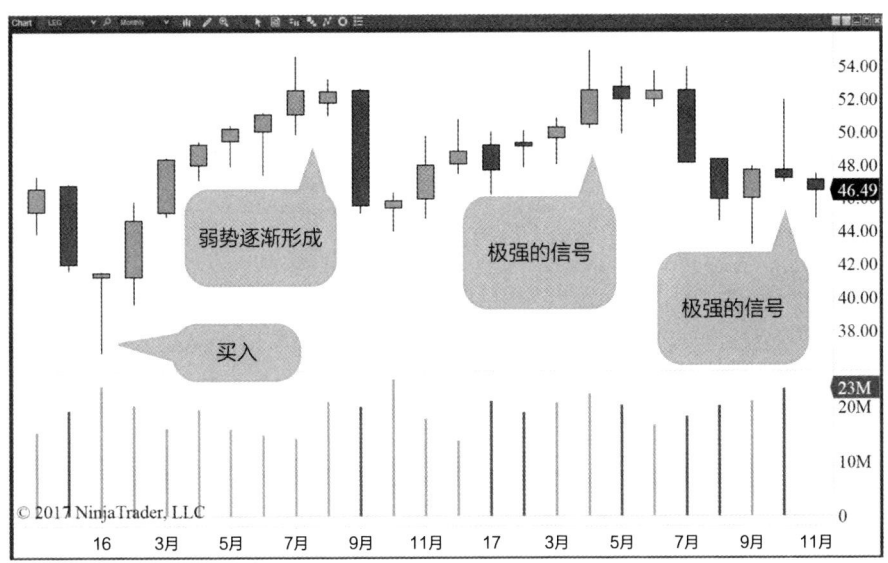

我们可以通过两种不同角度审视这个例子。

首先，注意到价格波动区间相对较窄，整个期间内股价在42美元至54美元左右的区间内波动。因此，我们可以将其视为横盘，波段交易者可以进行相应交易。其次，我们可以考察在这类价格行为中量价分析的启示。吸引眼球的第一个信号是做市商在2016年1月买入，当月的K线为标准的锤头线，在这种情况下，股票立即上涨，而不需等待跌势暂停或更长的横盘吸筹阶段。

然后我们进入接下来几个月的上涨趋势，在2016年7月之前，成交量缓慢下跌。市场看起来有些疲软态势，并且在8月以高成交量和窄实体K线证实了这一点。反弹走高之后，做市商抛售使市场出现疲软。

随后9月市场走低，但请注意2016年10月的价格走势和成交量。10月的成交量为图中最高，但价格走势受到极大限制，没有进一步下跌。看起来似乎做市商此时已经入市购买，事实证明确实如此，但需要注意的是反弹阶段的股票成交量。在最初的三根K线上，成交量下跌，进入2017年，市场出现进一步疲软的信号，2017年4月，出现一根较高成交量的K线，这是一个非常强烈的信号。2017年7月市场正式走弱，并在2017年10月的K线中得到强化，成交量非常高，上影线很长。LEG股票尚未触底，并且2018年还有可能进一步下跌。

梅西百货（M）月K线图：
2015年9月至2017年11月

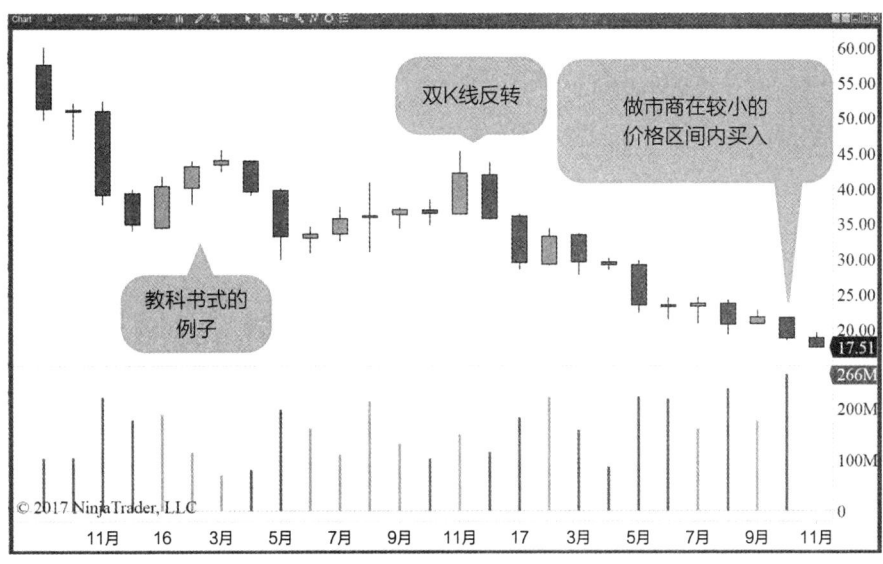

这是一个特殊的例子，一般而言，看跌趋势通常会相对较快地形成动能，因为做市商和局内人通常急于走向周期的底部，以便将其逆转为看涨趋势。然而，这里的情况并非如此，从2015年年底到2017年年底，看跌趋势延续了两年。

2016年1月至2016年3月的涨势几乎是教科书式的例子，因为连续三根K线的实体部分逐渐缩小，而且成交量逐步下降。价格上涨和成交量下降是4月和5月市场疲软的经典信号。

下一个强劲信号出现在2016年11月和12月，双K线反转证实了看跌情绪的回归，2017年M的价格再次走低，且成交量不断上涨。

有趣的是与10月份的量价关系，10月的股价波动很窄，与图表中其他的量价关系相比较为异常，因此这可能是做市商买入的第一个信号。通常，如果做市商"踩刹车"试图让这一趋势暂停，我们预期会看到一根有着长下影线的K线。但此时市场没有什么动能，价格只是温和地走低，因此做市商的任何重大买盘都是在相对狭窄的价格范围内执行的。

这又是一个有趣的启示。做市商的买卖形式和规模不同，动能缺乏导致了这一特殊K线的出现。那么在未来几个月这只股票的价格将如何推进呢？如果我们在2017年10月看到的买盘继续下去，我们可能会看到市场进入横盘阶段，而在吸筹阶段完成后股价会出现反弹。在这个例子中，由于下行趋势缺乏动能，这个阶段可能相对较短。

美泰（MAT）月K线图：
2015年9月至2017年11月

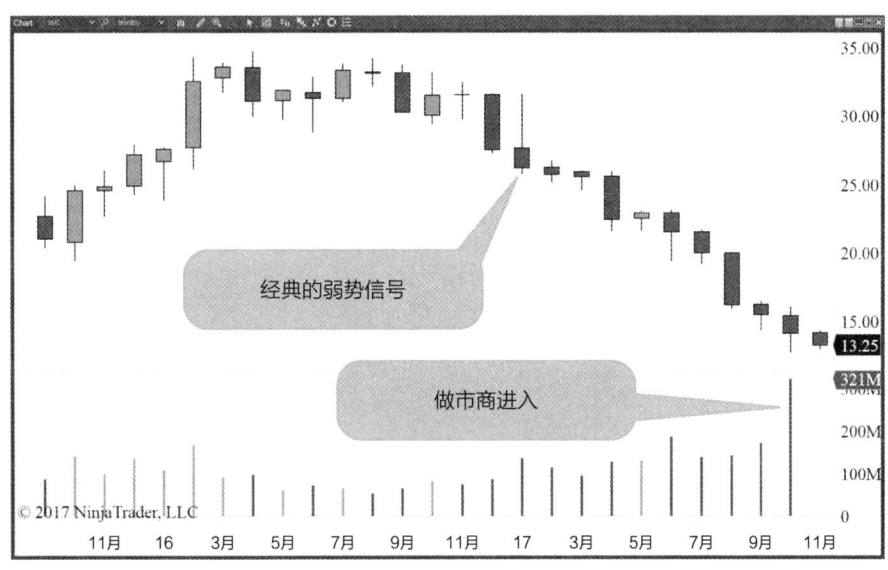

这张图中包含了一些教科书式的经典例子，需要重点关注的是看跌趋势的发展已连续超过12个月。

该图中的突出特点是整个期间随着价格下跌，成交量不断上升。这就是威科夫的经典定律，即所有的表现应该一致。市场上涨与下跌都需要付出相同的努力，随着2017年年底临近，我们现在可以看到做市商在10月进入市场购买股票，因为当月K线实体较小，但成交量超高。经过如此大量的抛售后，市场持续走低并不意外，但在此时，价格走势看起来受到遏制，在窄幅范围内波动。我们预期未来随着横盘阶段的发展，买盘进一步扩大，这种状况可能会持续到2018年。

作为投资者，这是一只可以列入关注列表的股票，投资者通过定期考察可以寻找做市商进一步买入的信号，寻找做市商在哪做供给测试，并最终在做市商发起新一轮行情时买入。MAT股票在上一年交易价格为35美元，并且可以再次达到相同的水平，但前提是做市商参与并且准备就绪。所以耐心是关键。股价吸筹阶段可能持续3个月、6个月、一年或更长时间，可以肯定的是，在某些时刻股票价格将会反弹。问题不在于是否而在于何时量价关系能够发出信号。

我们再次从2017年1月的价格行为中，看到了下跌趋势中经典的市场疲软信号，以及市场上投机者做空的完美进入点。

默沙东集团（MRK）月K线图：
2015年9月至2017年11月

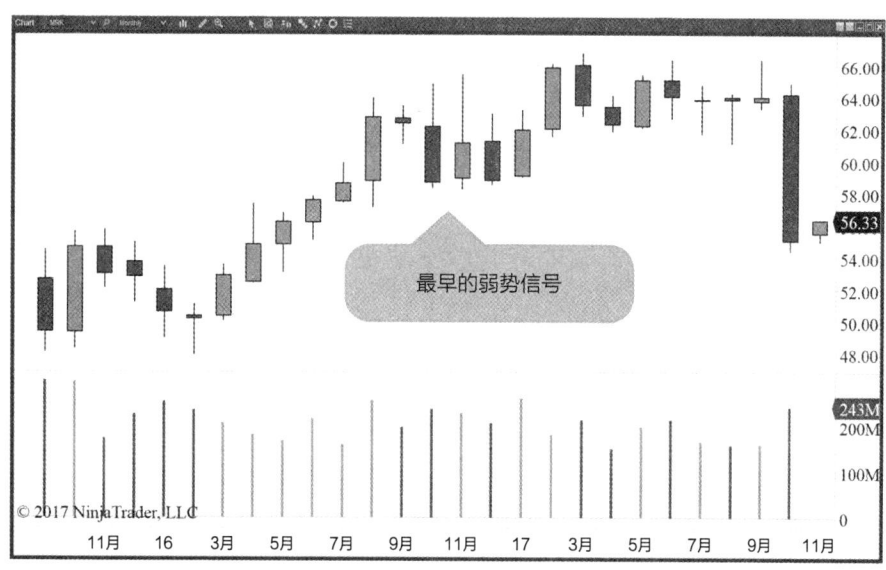

如果我们从走势图的左侧开始，可以看到做市商在2015年年底到2016年年初期间买入股票，2016年2月份的锤头线标志着这一阶段的结束。

市场走高，并于2016年10月和11月首次出现疲软迹象。这两个月的K线都有较长的上影线和良好的成交量。然后，MRK试图在2017年1月和2月反弹，但请注意，2月份的成交量低于1月份，但2月K线实体部分要长得多。因此，非常明显的是，做市商推动价格走高，但没有参与市场交易。因为如果他们参与的话，我们应该可以在这里看到更高的成交量，但我们没有看到这点，反而成交量更低了。这是一个警示信号，当与第一个信号综合考虑时，所有的迹象都指向了未来的疲软趋势。7月、8月和9月的K线应当给予重视，有两根吊人K线和一个射击十字星，随后在2017年10月份股票价格大幅下跌，K线表现为实体较长的阴线。

现在我们预计接下来将是一次小幅反弹，因为做市商会抛售他们在恐慌性抛售中被迫购买的股票。因此，在看跌趋势进一步发展之前，我们可能会看到高成交量和实体部分短小的K线，或者是典型的具有较长上影线的窄体K线。

这样看来，对于2018年，我们可以预计该股票将进一步下行，如果48美元的潜在支撑位被突破，价格可能会继续走低。

**微软公司（MSFT）月K线图：
2015年9月至2017年11月**

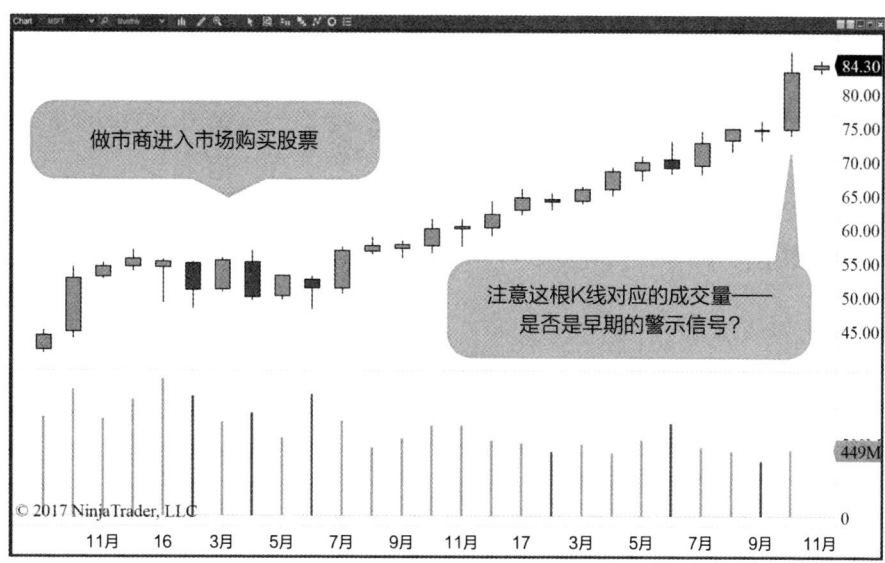

这是一只广为人知的股票，在这个例子中，我们看到，在下一轮股票的上涨行情之前，做市商如何在较长期间内进入市场以支持微软并在盘整期买入股票。

这里的价格反弹始于2015年年底，随着库存股票在2016年1月被清空，做市商纷纷介入市场买入股票，并在2月份的窄幅阴线处重复这一操作。6月进一步确认了市场上强劲的买盘，随后7月份在较高成交量的支持下价格走高。

然后，这种走高的趋势在一系列整齐的步骤中以平静和显著的方式发展。这里没有剧烈的价格波动行为，也许最有趣的是2017年10月的价格行为。我们可以看到一根实体较长的K线，但成交量看起来相当低，可能不符合我们的预期。毕竟，如果我们对比2015年10月的K线实体长度和成交量，就价格行为而言，这是一根大致相同的K线，但请注意成交量，它几乎是2017年10月成交量的两倍。这真是一个相隔两年的有趣对比！

作为一个长期投资者，这可能是未来风险的第一个警示信号。这并不是说微软股票会立即反转，它不会立刻走低的。然而，随着每个月度K线的建立，可能会强化这个初始信号，并确认我们确实正在进入可能的横盘期，并且可能在一个更长的时期内出现抛售高峰。时间会证明一切，所有这些都将在2018年的图表中显示和确认，但是考虑到当前稳定的走高趋势，并没有迹象表明会发生主要趋势的反转，所以我们现在可以期待股价将会继续上行，尽管收益报表不够理想，股票经纪人也并不推荐，但仍要保持谨慎，时刻将最初的警示信号牢记于心。

马特里昂公司（MTRN）月K线图：
2015年9月至2017年11月

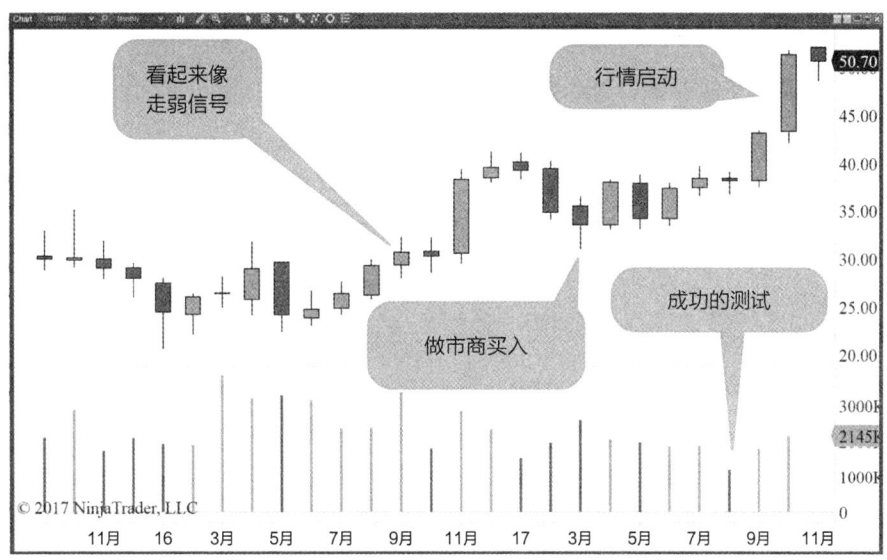

这个例子中有一些有趣的量价关系启示，如果我们从图表左侧的前两根K线开始，这是一个很难错过的经典信号。两根K线都表明市场在尝试反弹，但第二根K线的反弹也失败了，收盘价位于开盘价附近，从而表明做市商正在努力抛售股票，推动市场走弱。

然后价格下跌并进入2016年年初的横盘期。3月份的K线很有趣，当月的成交量在图中最高，但K线实体仍然非常窄，并且也出现了跳空高开。显然，随着4月份疲软趋势的进一步确认，反弹乏力。第二波反弹最终在2016年夏天开始，但鉴于9月份的价格行为——实体较短且成交量较高，因此反弹看起来仍然比较弱势。价格反弹确实是持续的，但从2016年年底开始价格逆转，做市商在2017年3月开始买入股票。

在8月份，我们可以看到出现了低成交量测试，尽管成交量变化有季节性因素，但与去年8月成交量相比，这个数字显得非常低。该测试非常成功，市场立即对此做出响应，MTRN的价格在2017年9月和10月强烈地反弹，并突破了35美元到40美元的价格区域。

2018年该股票预计将进一步上涨，但鉴于2017年10月价格的大幅反弹，现在的价格区域可能会出现横盘和筑底，之后看涨基调可能会再次出现。

挪威邮轮（NCLH）月K线图：
2015年9月至2017年11月

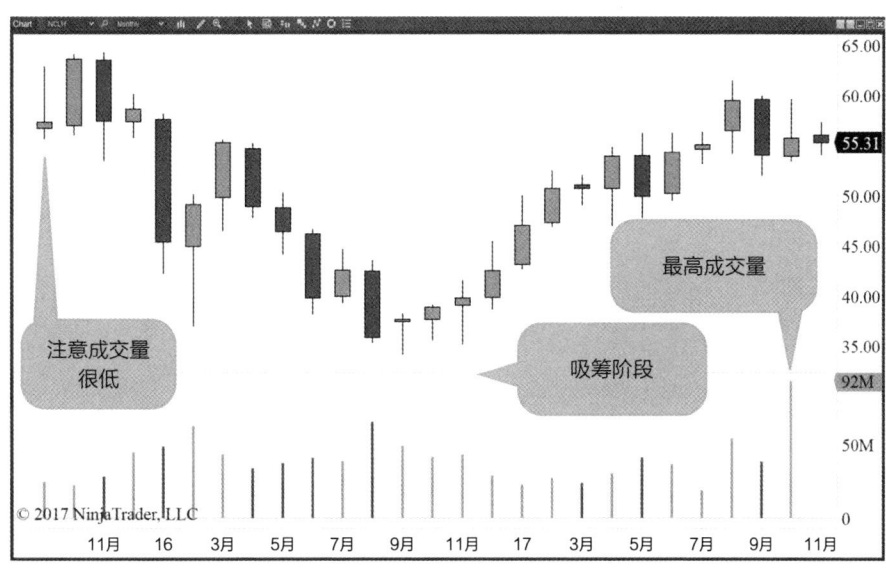

这张图表揭示了一些经典的做市商技巧和陷阱，以及做市商介入市场时的真正行为，我们从图左边的第一根K线开始分析。

请注意这里的成交量非常低。做市商抬高价格并设下陷阱，他们并没有入市买入，也没有卖出股票推动市场走弱。这是一个虚假的行为，在低成交量下的上升趋势中吸引那些紧张的交易者，他们害怕错过在价格上涨前的机会，因此跳进了陷阱。做市商再次利用了投资者对错过时机的恐惧。然后在接下来的两根K线上，我们可以看到双K线反转形态，做市商抛售了他们在2015年11月价格下跌时被迫购买的股票，并在2015年12月份继续卖出股票，此时成交量较高但是K线实体较窄。然后在2016年1月开始大量抛售股票，之后在2月份买入股票，吸收其他交易者和投资者卖出的压力，但是请注意3月份的成交量，在价格上涨时成交量却在下降，所以很明显这一次反弹很快就会结束，随着4月份人们继续抛售股票，出现双K线反转。

随后，在2016年9月、10月和11月份，市场进入了吸筹阶段，之后NCLH股票价格在2017年上涨。

然而，我们现在可以看到一个有趣的价格行为阶段，请注意2017年10月份的K线，它对应着这个图上的最高成交量，同时伴随着经典的射击十字星。这是做市商抛售股票的强烈信号，也是未来疲软趋势的前兆。现在看来这轮价格反弹已经失去动力，在市场疲软时做市商大量抛售股票。如果在2018年能够确认这一点，我们可以预计股票将会走低。

纽威乐柏美（NWL）月K线图：
2015年9月至2017年11月

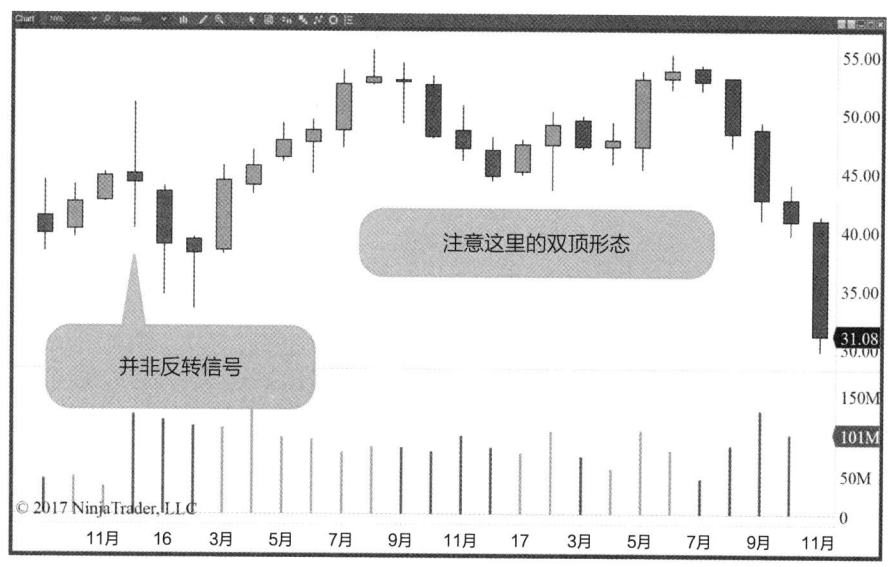

这是一张引人注目的图表，我在之前的例子中也引用过，因为这里有一些我想进一步介绍的好例子。我们还是从最左边即从2015年年底开始。这里有趣的K线是2015年12月的成交量较高的两端较长的长腿十字线，正如我在其他例子中所解释的那样，十字K线不是逆转的信号，而只是一种不确定性的信号。

价格可能反转或者继续横盘，这是一个需要耐心并且等待最终确认信号的情况。这里2016年1月份出现抛售，成交量几乎与前一月相同，随后在2016年2月出现了放量止跌，经典的长下影线K线传递了这一信号。

此后NWL股票适时反弹，但请注意，7月份的成交量下降了，这当然是季节性的，但紧随而来的是8月份的疲软走势。随后9月份的吊人K线确认了这一疲软走势，然后市场下行，直到做市商在2017年2月进一步买入股票，此后市场再次测试了55美元的阻力区域，形成一根较弱的K线。

随着成交量上涨和K线实体拉长，2017年年底形成了典型的价格瀑布，并且在此阶段没有任何买入股票的迹象，我们可以预计未来市场将进一步看跌。

同样有趣的是这里的典型双顶形态，第一个顶部出现在2016年中期，第二个顶部出现在2017年中期。在所有的时间框架内，双顶和双底形态都是值得我们注意的，而如果形成三重顶或三重底，则是对成交量和价格信号的更强的确认。

奥莱利汽车公司（ORLY）月K线图：
2015年9月至2017年11月

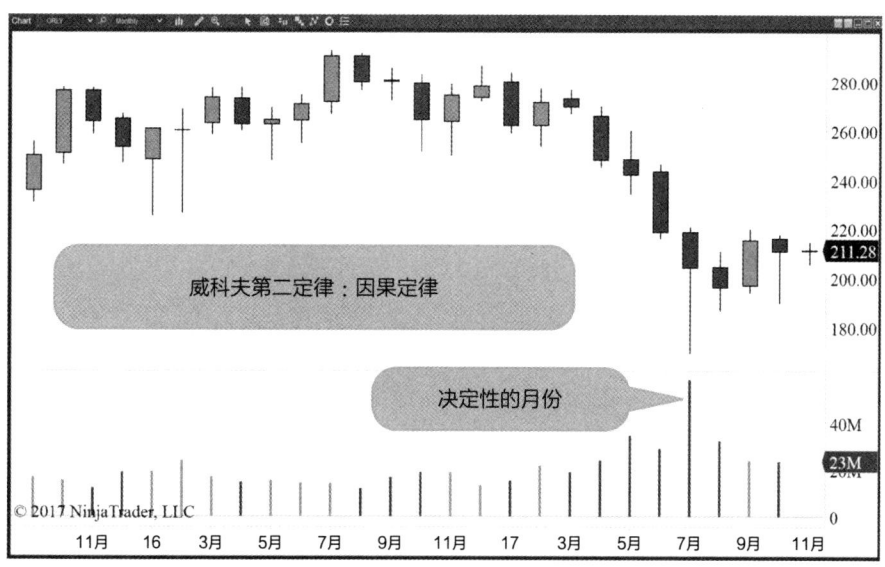

这是我们之前看到过的另一张图，这张图表真实地证明了威科夫第二定律所显示的因果关系和时间的力量。换句话说，建立因果关系所花费的时间越长，结果越有可能是爆发性的，并且与建立因果关系所花费的时间成正比。

这里的横盘期持续了18个月，在此期间，该股票价格在240美元至280美元之间波动，并伴随着微弱的反弹和下跌行为。最后在2017年4月，这一横盘阶段突然结束，由于ORLY价格的崩溃，股票价格在4个月内跌至7月中旬的170美元的低位。事实上，2017年7月是决定性的月份，因为这也是做市商介入市场并重新在恐慌性抛售时买入的时间，他们将该月的股价从最低点拉回，收盘价在200美元以上。

自那时以来看涨势头已经恢复，并且随着2017年10月做市商进一步买入股票，我们可以预期在进入2018年时ORLY股价会进一步反弹。在这种情况下，需要考虑的价格行为的另一个方面是股票何时会到达2016年和2017年横盘期形成的强劲阻力位。

在横盘期中，花费的时间决定了价格下跌的程度，这里的下跌幅度很大，但威科夫的第二定律同样适用于价格行为的任何吸筹阶段，在这里花费的时间将与接下来看涨趋势的程度有直接关系。并且考虑到2017年的最后几个月买入股票的程度，一定会有较好的上涨。

猫途鹰（TRIP）月K线图：
2015年11月至2017年11月

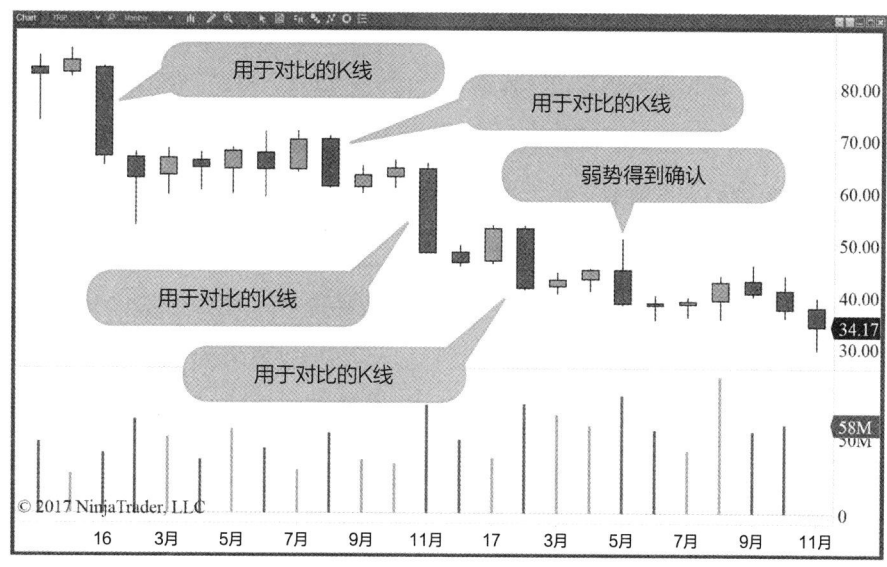

我出于一个特殊的原因将这只股票纳入书中，因为它指出了在投资和交易中没有"永远"适用的规则，该公司就是一个恰当的例子。通常情况下，当我们看到看跌趋势发展时，它通常会快速推进，因为做市商会迅速拉低价格，从而导致恐慌性抛售，让卖家释放他们的看跌情绪，然后买入股票以补充库存。然而，在这里我们看到一个未来趋势走低的股票，其发展速度与我们看到股票走高的速度相当。向下的动能突然爆发，然后停止。所以从这个意义上讲，它具有特殊性。

这张图中显示的是一些非常简单的价格和成交量相对性质的例子，这有助于为我们提供考虑各种K线和成交量的基准。

在这个序列中，我们有四根实体部分较长的K线，这些都有助于为我们提供价格行为和成交量的相关性。如果我们从图表左边的第一根K线分析，也就是把它设定为标准。在2016年1月份我们可以看到一根实体部分较长的阴线和相关的成交量，这就是我们后续分析的基准。

然后在2016年8月份的K线上，我们可以看到一个实体稍短的K线和略低的成交量，所以两者看起来是一致的。考虑到我们的基准K线，也许我们应该看到成交量更低。然后2016年11月的K线的实体部分与我们的基准K线相似，但成交量较高。这表明抛售压力正在增加，比以前更高。最后，在2017年2月的K线表现出相同的成交量和较短的实体，但确认了抛压的强度。当然在最后，但不是从比较的角度来看，2017年5月的成交量和疲软的价格行为证实了看跌情绪仍然是稳定存在的。

从长期投资的角度来看，过去几个月的有趣价格行为发生在2017年8月。在正常情况下，基于季节性因素，我们预计会看到较低的成交量。然而，我们看到了相当大的成交量，这清楚地表明了做市商正在介入市场并购买股票，随后在接下来的几个月中出现进一步的证据证明了这一点。因此，对于2017年年底和2018年，我们可以预计TRIP将会反弹并呈现一波主要的看涨趋势。

联合银行（UBSI）月K线图：
2015年9月至2017年11月

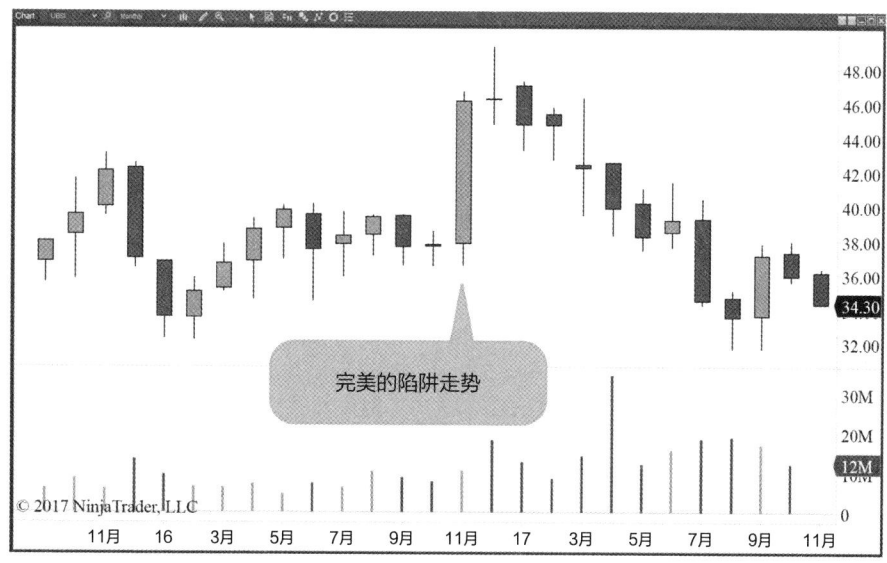

我无法找到一个比这个图表更好的例子来描述做市商的行为，因为他们创造了完美的陷阱行为！

我们不难看出这个陷阱出现在哪里，它对应着2016年11月份的实体部分很长的K线。当月的K线实体部分长度接近10美元，按百分比来看的话，这是一个巨大的价格变动，但看看与价格变动相关的成交量。我们预计会看到与这一K线相关的显著的成交量，但实际上我们看到的是平均水平成交量，显然，这是与威科夫第三定律（努力和结果）相违背的明显异常现象。换句话说，努力和结果应该是一致的。但是很明显，在这种情况下，它们不是，因此这给我们敲响了警钟。做市商显然没有参与价格变动，只是将走高的价格作为陷阱，来吸引那些害怕错过上涨时机的交易者。

在接下来的2016年12月份，做市商出售了从早期获利退出者那里获得的股票，这些早期获利者在股票强势走高后退出了市场。2017年6月的K线证实了将要到来的疲软趋势，伴随着成交量的增加，价格瀑布随后出现。

这是展现量价分析方法的能力的一个很好的例子，也说明了观察到做市商没有参与是十分重要的。陷阱行为很常见，而量价分析方法能够将其揭示出来。我们需要做的就是跟随做市商的脚步。换句话说，在做市商购买时买入，在做市商卖出时卖出，在他们不参与市场时退出市场，就像这里的例子一样。

尤他美容产品公司（ULTA）月K线图：
2015年11月至2017年11月

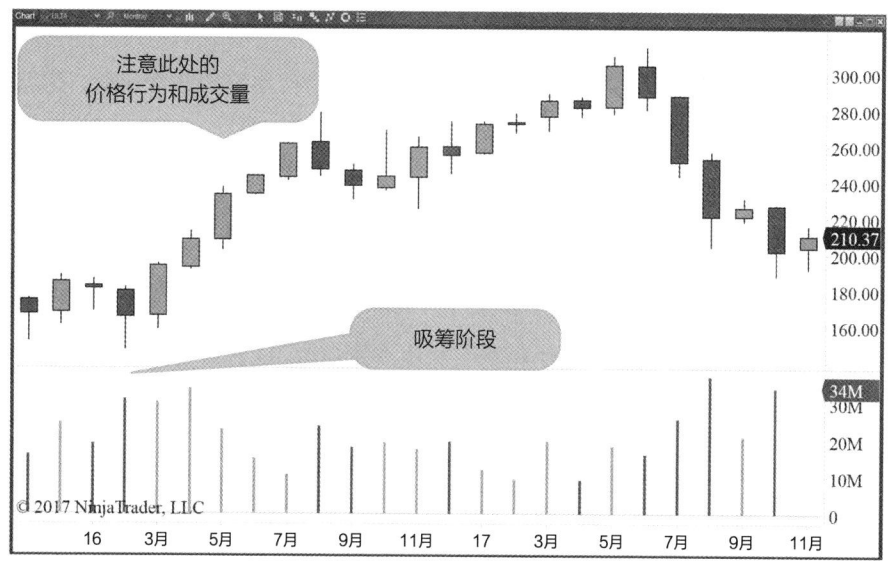

这张图表乍一看似乎并不那么令人兴奋，但要注意其间的价格变动，股票在一年多的时间里从160美元涨到300美元以上！

吸筹阶段从图左侧的第一根K线开始，一直延续到2016年，在2月份我们可以看到做市商在买入股票，随后，市场趋势走高。但这里有几个有趣的地方需要注意。

我们看到五根连续的阳线，但差异很大。如果我们从2016年3月开始，也就是把它设定为K线实体长度和成交量的"基准"。

然后我们注意到下一根K线，即4月的K线。这根K线的实体部分较小，但成交量较大。虽然不是瞬时的信号，但鉴于我们的基准，这肯定应当引起关注。随后我们注意到5月份的K线实体长度与3月相同，但成交量较低。这是一个令人担忧的迹象，毕竟我们期望看到与我们的基准K线相同的成交量，但事实并非如此。

然后6月份来临，K线实体狭窄并且成交量很低，但价格和成交量至少是一致的。当然，在价格走高时成交量在下跌，会引发某些担忧。到了7月份，这时的成交量甚至低于6月份，但K线的实体部分变长，所以这是一个非常令人担忧的迹象。

毕竟，将7月份与4月份进行比较，两个月份的价格行为非常相似，但是成交量截然不同，虽然7月份是夏天，有季节性因素的影响，但两者之间的差异太大了。8月和9月份市场走低，但是在2017年5月和6月的双K线反转之前，虽然市场上涨动力减弱，但价格反弹仍在继续。随着恐慌性抛售的开始，做市商猛烈地抛售股票，成交量不断上涨，股价下跌幅度接近100美元。

但是请注意8月和10月的价格行为和成交量。两根K线都有下影线，暗示有人在此时买入股票，并且两者成交量都非常高。11月份的K线尚未完成，但这再次暗示了下跌趋势的停止和逆转的开始，因此现在可能会出现横盘期或价格反弹。

威士卡（V）月K线图：
2015年11月至2017年11月

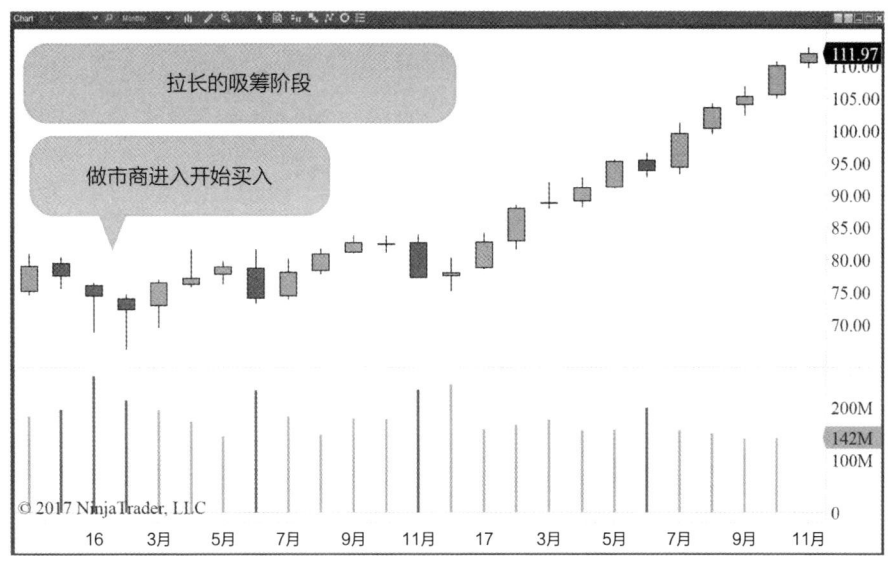

这只股票证明了威科夫的第二定律——因果定律的应用。

这里的吸筹阶段相对漫长而持久，这个阶段从2016年1月开始直到2017年2月结束，之后市场开始上涨趋势。

在2016年1月和2月份，做市商买入股票的行为非常明显，接连出现了多根锤头线，随后在2016年6月和11月以及12月做市商进一步买入。注意这里的高成交量和短实体K线，这清楚地表明做市商正在买入以支撑价格。因为如果不是这样的话，K线实体部分应该会更长一些。成交量高，价格小幅变动，显然存在买入行为。随着市场开始走高，随后在2017年6月做市商纷纷介入市场支撑价格继续走高的趋势，现在没有任何迹象表明这种趋势很快就会停止。

成交量和价格在整个过程中大体达成一致，并且没有证据表明做市商抛售股票，这只股票可能会在2018年持续走高。

**威讯通信公司（VZ）月K线图：
2015年11月至2017年11月**

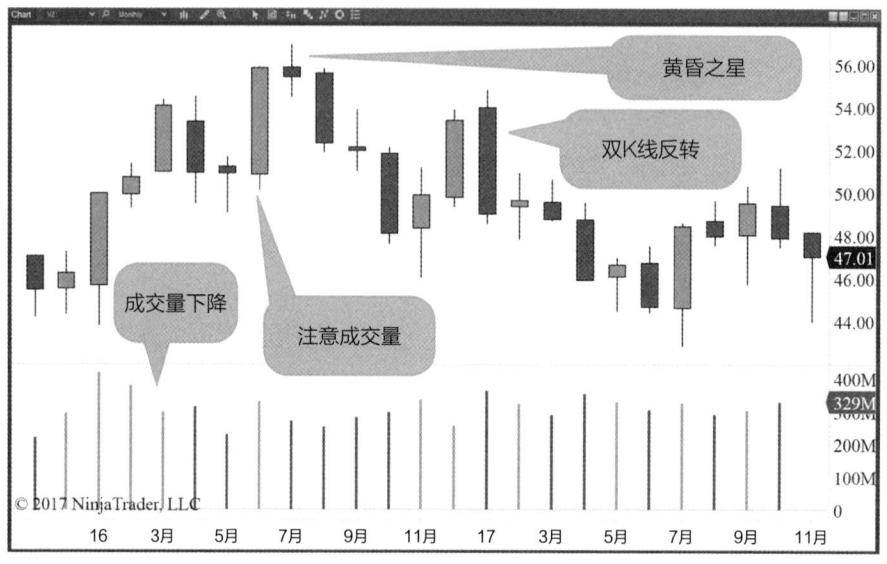

对于任何长期投资者或趋势交易者来说，这都是一张可怕的走势图，而且可以看到人们期望在顶部看到的那种高峰期价格行为的特征。这里的不同之处在于没有在抛售高峰中可能出现的极端成交量，因此这里得出的结论是，我们仅仅处于"长期"趋势下的横盘期。

从价格图表中可以看出，价格波动区间很小，大概在10美元的范围内，因此需要极大的耐心。这只股票肯定会在投资者的关注列表中，因为没有股票可以永远在一个价格区间内交易，关键是支撑位和阻力位。随着价格上下波动，图中出现了几个信号。

首先注意2016年年初从1月到3月，价格上涨，成交量下跌。这不是一个非常强烈的信号。然后我们看到了2016年6月的长实体K线，但是看一下成交量，这个成交量仅略高于3月的K线。很明显，如果3月份是我们的基准K线的话，那么做市商此时并没有参与市场。

然后我们可以看到2016年6月、7月和8月份的逆转，这是一个黄昏之星在市场顶部的很好的例子。

2016年12月和2017年1月的双K线反转再次表明了市场的疲软状态，2017年6月和7月份价格走势的再次扭转也同样表明了这一点。

这时的关键是要有耐心，等待由成交量确认的一个更长期内的突破。

沃博联（WBA）月K线图：
2015年11月至2017年11月

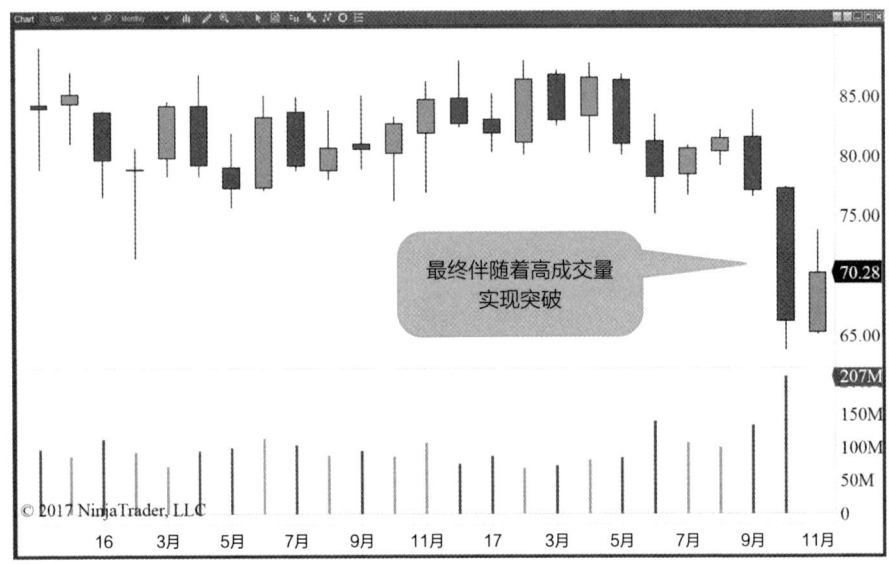

这个例子强调了无论是作为投机交易者还是长期投资者，都必须足够耐心。

我们可以看到这只股票在近两年的横盘期内，交易的价格范围很窄。然后，最终在2017年10月份以非常高的成交量跌穿了原来的价格区间，我们能在周时间框架上清楚地看到这一点。潜在的支撑位已经被突破，并转化为阻力位。注意从2017年11月到目前为止的价格行为，如果当月K线收于目前的价格，生成长上影线并伴随着高成交量的话，市场的弱势状态将继续下去。

这表明看跌情绪将持续下去，而长期来看，下跌趋势将继续发展。在经历了这么长时间的横盘期之后，包括时间在内的威科夫的第二定律预示着这正是我们应该预期的结果：WBA在中期和2018年都会走低。

Stock Trading
&
Investing Using
Volume Price Analysis

第三章
期货市场走势实例分析

第三章 期货市场走势实例分析

这章的内容包括2016年我在伦敦给一个由投资者和交易者组成的私人团体做演示时使用的一些例子。这些例子来自股票之外的其他市场。

在这部分还是会展示周K线图,并且结合更新的月K线图来看市场后续的发展。这些例子都来自期货市场,包括商品期货、指数期货、债券期货和外汇期货。然而,正如你将看到的那样,量价分析的原则在这里同样适用。

唯一的区别是,在股票市场中我们把做市商视为"局内人",但在期货市场上指的是市场主力。其他的分析都是一样的。

原油期货（Oil）周K线图：2015年10月至2016年8月

（编者注：在本书中，深色实体表示下跌，浅色实体表示上涨）

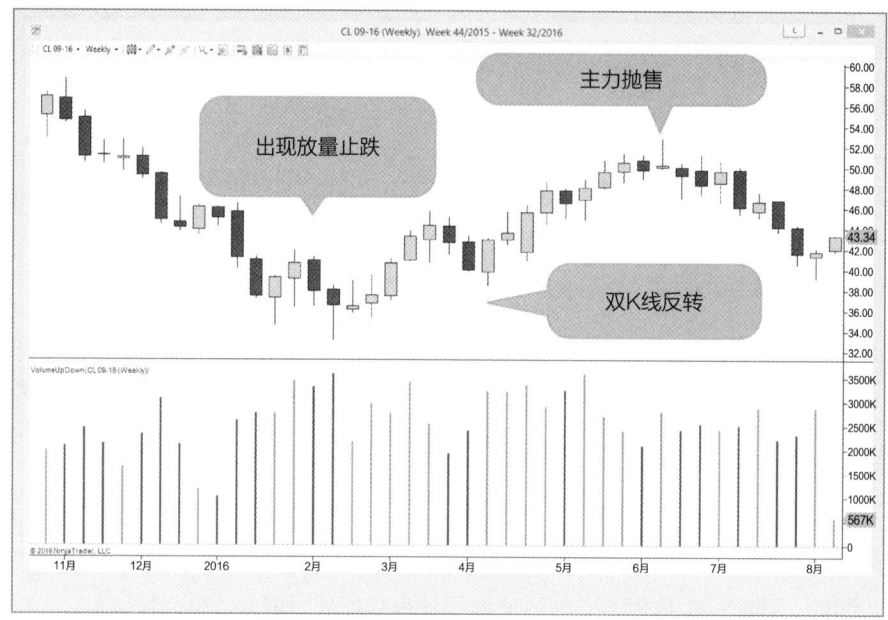

原油期货价格从每桶100美元持续下跌，这是一波巨大的商品价格下跌趋势，这一趋势是由多种基本面因素、技术因素和价格战等共同推动的。在这种趋势下，最难的事情之一也许是确定市场何时触底，并有可能实现长期趋势的反转。这里量价分析将再次显现出威力，随着市场主力纷纷大举买进，1月底和2月初的放量止跌信号提供了回答上述问题的线索。在4月初他们再次入市，价格走出双K线反转形态，推动原油价格再次走高，随后在高成交量下的射击十字星K线发出主力抛售和市场即将疲软的信号，随后原油价格开始下跌。图中还可以注意到7月中旬的大量抛售导致市场走弱。

8月第一周的K线标志着局内人再次买入，市场在短期内可能出现反弹。

原油期货（Oil）月K线图：
2015年9月至2017年11月

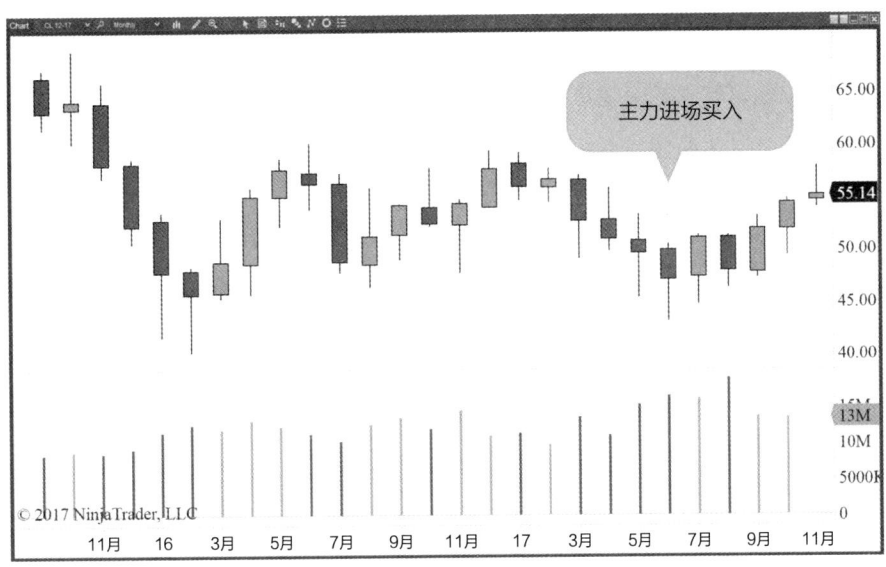

确实，我们所看到的原油期货价格在2016年剩下的时间里有所回升，从8月份周K线图上的每桶43.34美元上升到当年年底的接近每桶60美元。

到目前为止，2017年的价格走势可以划分为两个阶段，上半年价格下跌，而下半年则出现反弹，原油期货价格又回到了2016年的高点。

在这一阶段，主力的买进十分明显，他们在2017年5月和6月伴随着高成交量入市，8月市场反转价格跌至每桶50美元左右时，他们进一步买入。

然而，请注意在11月份正在形成的弱K线，并且如果此处的成交量很高，这可能意味着反弹结束，因为在这一时间框架内市场遇到了阻力。

当然，原油在许多方面都是独一无二的，尤其是在过去几年的市场管理方面，石油供应过剩压低了价格，作为应对，石油输出国组织（欧佩克）为成员国和非成员国都设定了产量目标。在这样的背景下，其他的替代能源供应商变得越来越重要，对原油市场的长远发展方向和价格产生了重要影响。

即便如此，在这里，量价分析也是非常有效的，有助于原油期货交易者和投资者跟随主力及时做出决策。

并且从技术分析的角度,上方存在比较明显的阻力,大概位于每桶60美元的区域,而且从长期来看市场似乎越来越有可能测试这一阻力。如果这一阻力价位随着较大成交量被突破,再加上石油输出国组织继续控制石油供应,那么我们可以预期2018年的原油期货价格会进一步提高。

黄金期货（Gold）周K线图：
2015年10月至2016年8月

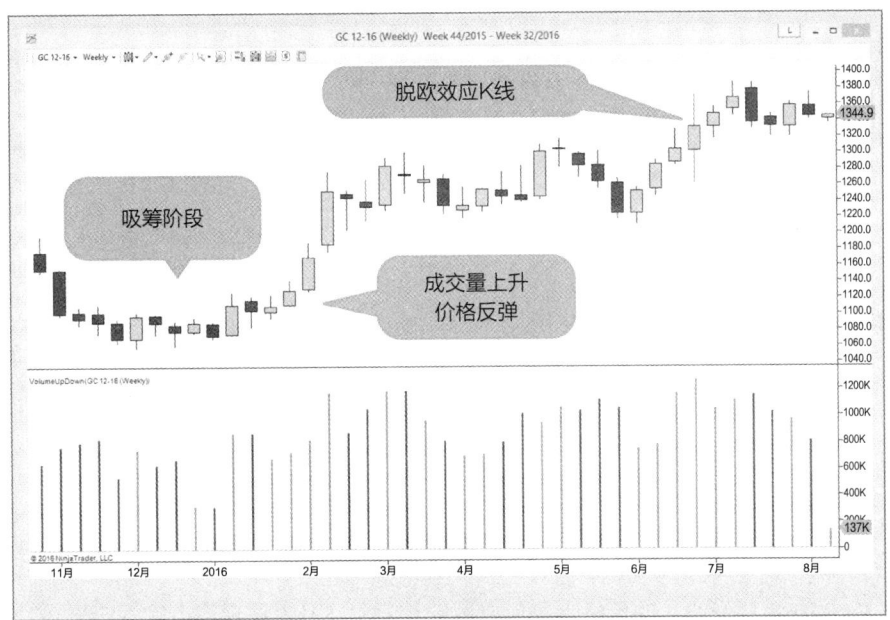

当然，黄金价格有很多驱动因素，但成交量再次揭示了这种商品价格的下一步走势。

11月、12月和1月份吸筹阶段市场表现活跃，随时准备好走高，1月下旬和2月初成交量稳步上升。

随着横盘阶段的发展，3月初出现了支持力量，之后成交量上升，价格向上突破。作为对英国脱欧的反应，在6月份出现了长腿十字线。请注意后续市场持续走高，但是K线实体缩小。市场看上去很弱，因为主力卖出而使得市场疲软。

倒数第二条K线的成交量确认了市场的弱势，并暗示在某个时候存在反转的可能性。

**黄金期货（Gold）月K线图：
2015年8月至2017年11月**

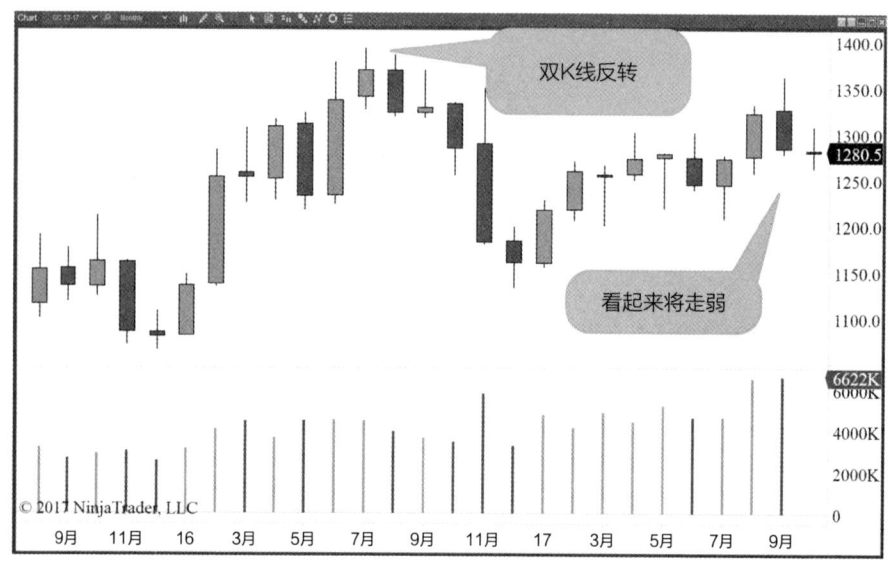

2016年7月和8月的价格走势形成双K线反转，8月份出现熊市鲸吞K线，9月份的K线随后证实了市场的弱势，当月K线实体部分较短，上影线很长并且成交量很大。

随后，黄金期货进入熊市，10月份黄金期货价格迅速下跌，11月份价格下跌速度更快，K线上影线说明了这一点。12月黄金期货价格进一步跌至每盎司1150美元，成交量下降，随后2017年开始回升。

而最近几个月中的价格反应更加有趣，特别是2017年8月和9月的成交量大幅增长。市场上再次出现了双K线反转，这一次的成交量比2016年相同的双K线模式高出许多，但由于11月份的K线也显得疲软，黄金的长期前景正变得越来越悲观，如果美元恢复其看涨势头，这很可能会给2018年的贵金属带来进一步的下行压力。

此外，9月份K线形成上影线并伴随着图中的最高成交量，显示出特别疲软的状态，因此对于黄金投资者来说，未来将是有趣的一年，但是我怀疑这对他们来说不是很愉快的一年。

白银期货（Silver）周K线图：
2015年11月至2016年8月

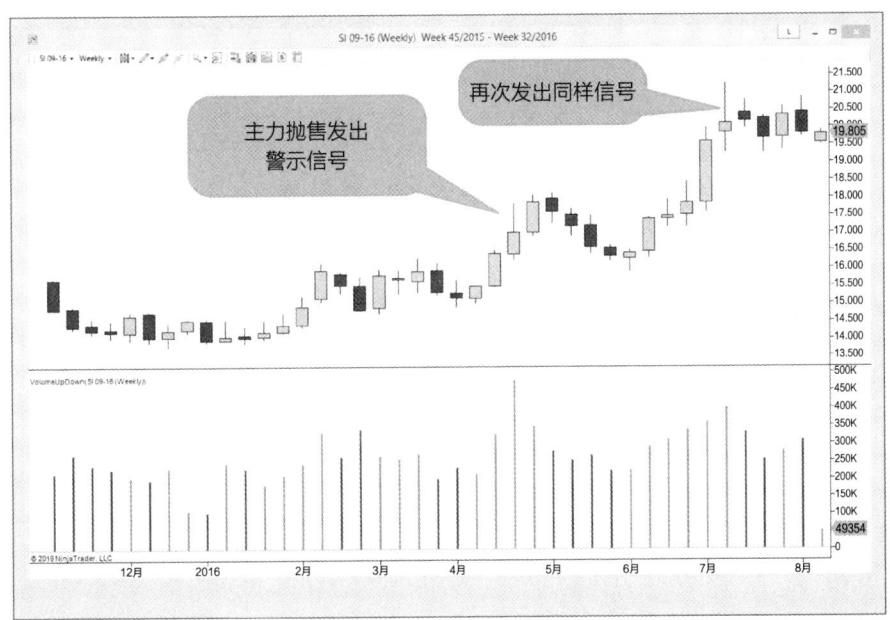

上面白银期货的走势图中同样给出了两个很好的例子，说明了量价分析的应用以及基于这种方法显示出的预警信号。

第一个信号是随着趋势的走高而出现的，此时4月中旬的阳线传递出相关的信号，换句话说，这时的K线上方有一根很长的上影线，并且此时的成交量是图表中最大的。

显然，市场处于弱势态势，市场主力也在抛售，尽管市场在下周的确还在走高，但最终在6月初找到支撑之前市场连续下跌了4周。

第二个信号出现于7月初，当时成交量有所上升。此时我们再一次看到，在前景暗淡时出现的高成交量之下的射击十字星。

在上图的倒数第二根K线中，这一现象再一次出现。不用多说，这就表明了白银期货很可能跟随黄金走低。

**白银期货（Silver）月K线图：
2015年9月至2017年11月**

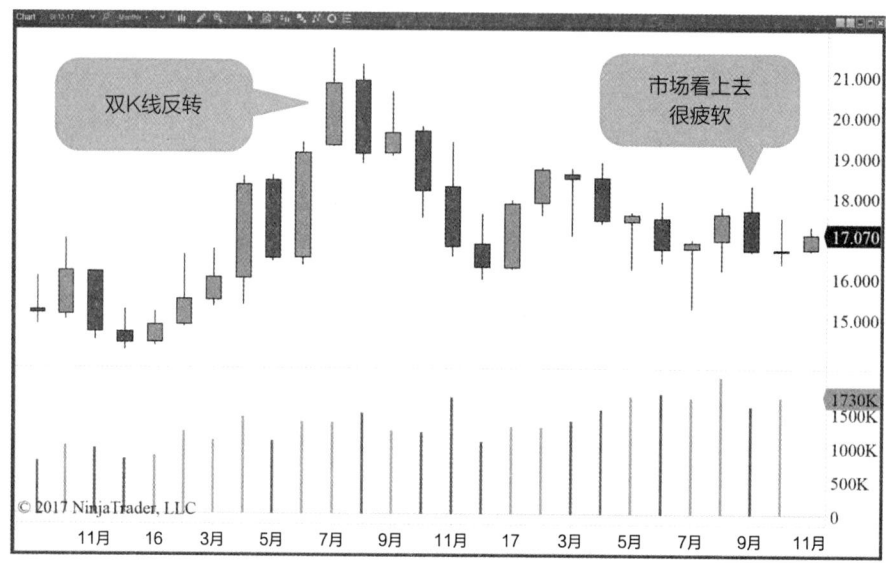

又一次，正如预期的那样，白银跟随黄金以同样的方式下跌，但在月K线图上表现为更温和的价格走势。

如果我们从2016年7月和8月的价格走势开始，就会再一次看到双K线反转形态，9月弱势的K线进一步加大了即将出现的趋势的可能性，白银在2016年10月和11月都被强势抛售。

在那以后，我们看到2017年黄金价格的上涨，但白银价格并没有上涨，其价格基本上仍保持区间震荡的态势。

可以确定市场主力在5月和7月买进，但是这两个月，反弹均未能成为现实。事实上，9月份和10月份白银的价格走势与黄金的前景保持一致，而黄金的前景在这个较长期的月K线图中看上去越来越悲观。

从技术角度看，现在的关键是在每盎司16美元时建立的支撑平台，如果这一平台被突破，那么预计白银价格将在2018年随着金价下跌而进一步下跌。并且，美元可能会在适当的时候发挥关键性的作用。

玉米期货（Corn）周K线图：
2015年10月至2016年8月

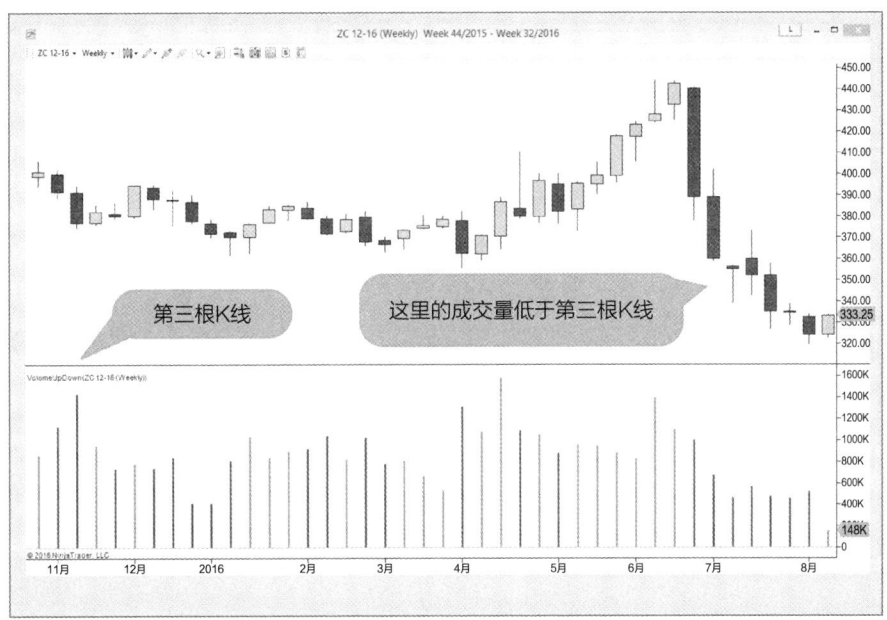

我之所以引用这张图表，是因为我想强调相对成交量的重要性，以及当我们将两个区间的成交量进行对比时可以发现什么。

现在看图的左侧，第三根K线对应的成交量很高。这实际上为抛售行为设定了成交量的基准，同时也为我们提供了未来的指南，因为其他每一区域的卖出和后续买入都能以这一成交量为参考。这就是它在7月和8月初的分析中发挥作用的地方。确实，受季节性因素的影响，这期间的成交量会减少，但并不会减少这么多！

一根长阴线应该伴随着很大的成交量，虽然图中长阴线对应的成交量很高，但2015年11月对应K线的实体部分长度只有2016年7月的1/3，成交量却几乎是它的两倍，这意味着2016年7月的走势可能是陷阱。市场下跌，且成交量相对较低，同时成交量还在下降。

我们可以预期市场从这时开始反弹。

**玉米期货（Corn）月K线图：
2015年11月至2017年11月**

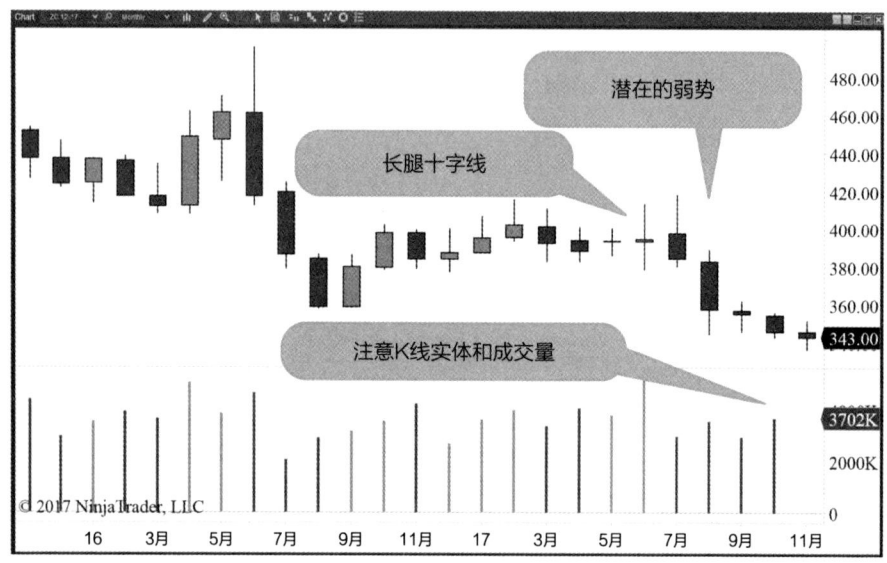

玉米期货的价格几乎立即反弹了，9月和10月都以上升的K线收盘，到年底价格从每蒲式耳3.33美元上升到每蒲式耳4美元以上，市场主力在11月份采取进一步的价格支持措施，直到2017年年初。

2017年上半年，玉米期货价格呈区间震荡，但2017年6月的长腿十字线和高成交量表明市场还在寻找方向，7月的K线预示着未来市场可能走弱，尽管这里的成交量只是平均水平。

然而，这足以预见该商品期货在下半年的强劲抛售，但注意到10月份的窄实体K线和相关的成交量，K线实体部分较短意味着主力此时正重新开始买进。

还请注意11月份的K线图，尽管它的价格和成交量还不完整，但它暗示着一个停顿点和未来可能出现的横盘，而且在适当的时候可能会发展成一个吸筹阶段。

此外，在每蒲式耳3.8美元的区域，现在形成了一个强大的上方阻力位，因此如果反弹要突破这一区域就需要伴随着强劲的成交量和价格走势。

请记住，大宗商品，特别是软商品，是真正的供求定律仍然发挥作用的市场，并且供求关系能直接影响价格，而市场主力基于这些驱动因素进行买入或卖出。

大豆期货（Soybean）周K线图：
2015年11月至2016年8月

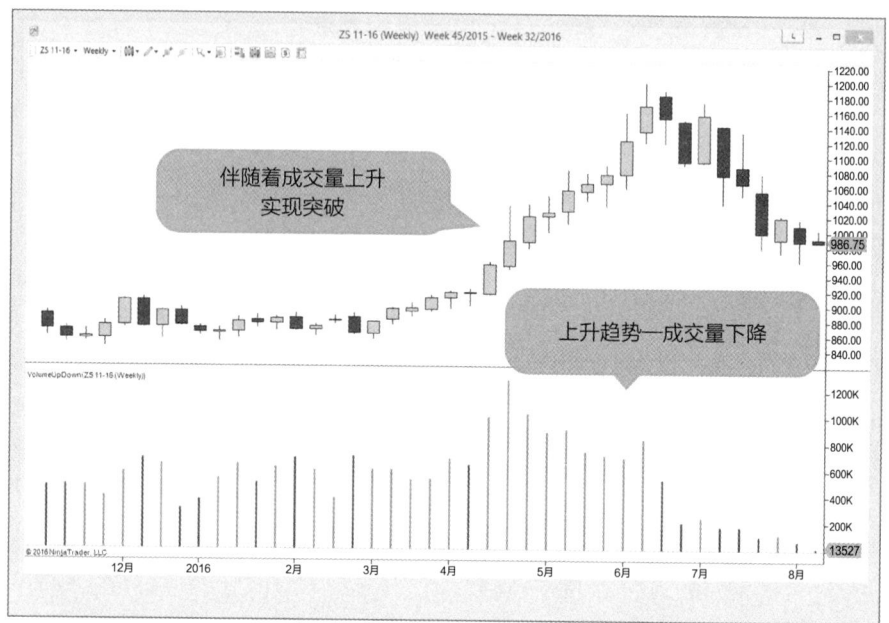

这是我在2016年4月的一次商业演讲中重点介绍的一张图，当时我认为大豆将强劲反弹。我希望与会者都认真做了笔记！当时，我们正等待着市场突破图上显示的漫长盘整阶段，随着主力的加入，成交量大增，证实了这一突破，尽管在4月中旬市场依然疲软，但涨势持续了几个星期，在此过程中，成交量略有下降，市场在6月份达到峰值。

然而，请再次注意成交量的下降，尽管一部分原因可能是季节性因素，但我们本来预计会看到在价格大幅上涨的同时成交量也会有大的增长。这也许是在警示我们有些不对劲！

**大豆期货（Soybean）月K线图：
2015年12月至2017年11月**

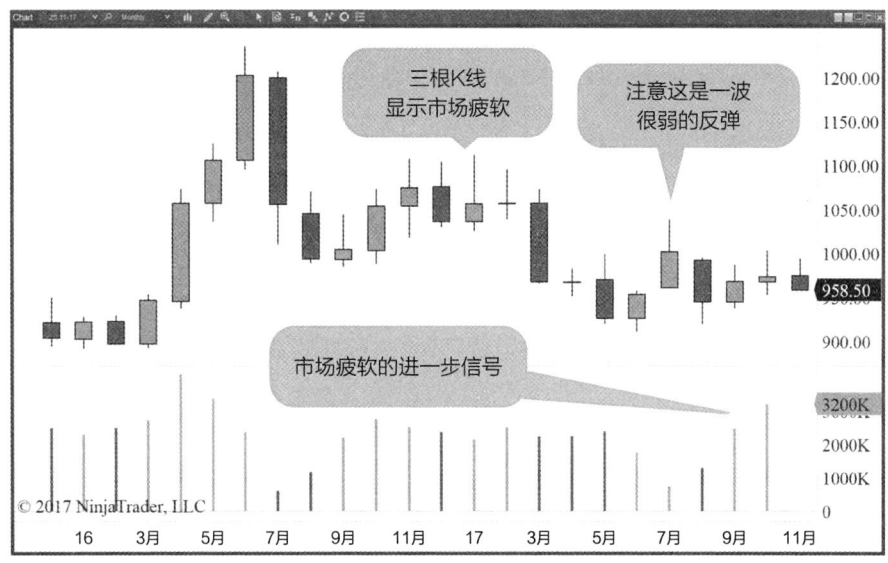

的确如此，也许我们可以在对应的月K线图上更清楚地看到这一点，这张月K线图呈现的是2017年年底之前的市场走势。

我们可以看到，2016年7月和8月的成交量非常低，虽然8月成交量相对于7月上升，但仍远低于预期水平。换句话说，以任何基准来衡量，无论是阴线还是阳线，这些成交量都可以说是奇怪的，7月的市场明显表现得非常反常。因此，预计2016年剩余时间里大豆期货价格将从9月份上涨至年底，但同时也显示出日益疲软的迹象。

2016年12月、2017年1月和2月的三根K线成交量远高于平均水平，发出了一个强烈的疲软信号，2017年3月市场大跌。请注意6月和7月价格上涨的微弱反弹，以及非常疲软和下跌的成交量。这一疲软在10月份的K线图中得到了进一步证实，尽管市场再次试图走高，高成交量意味着主力在这里抛售，推动市场走弱。而且由于每次反弹看起来都比较弱，所以看跌的前景十分强烈。从技术的角度来看，2018年大豆期货的前景看上去很不妙。

同样，在考察像这样的软商品时，供需机制会起一定的作用，而这又会反映在主力的相关买卖中。然而，如果价格突破了900美元的支撑区域，这种看跌情绪和势头可能会增加。

2年期国债期货（2 year note）周K线图：
2015年11月至2016年8月

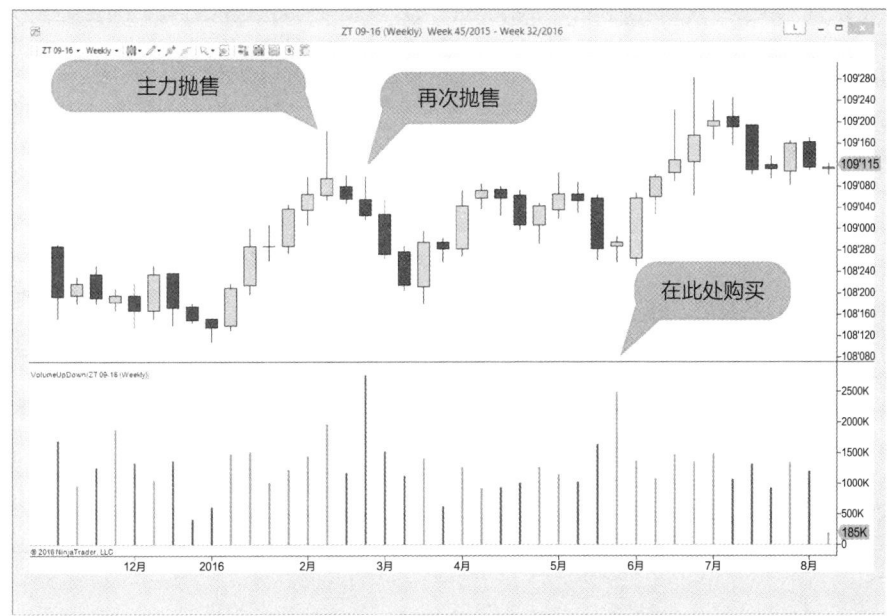

上图是2年期国债期货走势图，图中也显示了对应的成交量。

我以前也提到过季节性因素，在图中总是很容易看到低成交量的柱体，通常假设这可能是一次测试或代表需求不足。所以，查看日期是很重要的，在新年开始的时候，我们看到一根较低的成交量柱体，但这纯粹是季节性的。1月市场走出一波漂亮的反弹，2月初射击十字星上沉重的抛压表明市场走弱。后续两根K线证实了这一点，其中一根K线的成交量甚至还更大。

在买方入场前，市场的横盘状态一直维持到5月底，随后市场再次走高，但在6月中旬出现了疲软信号，随后又进入一个较长的价格盘整阶段。

考虑到6月份K线上影线的长度，我们可以预期价格将在这一水平上进一步整固，并且在更长期会发生反转。

2年期国债期货（2 year note）月K线图：
2015年9月至2017年11月

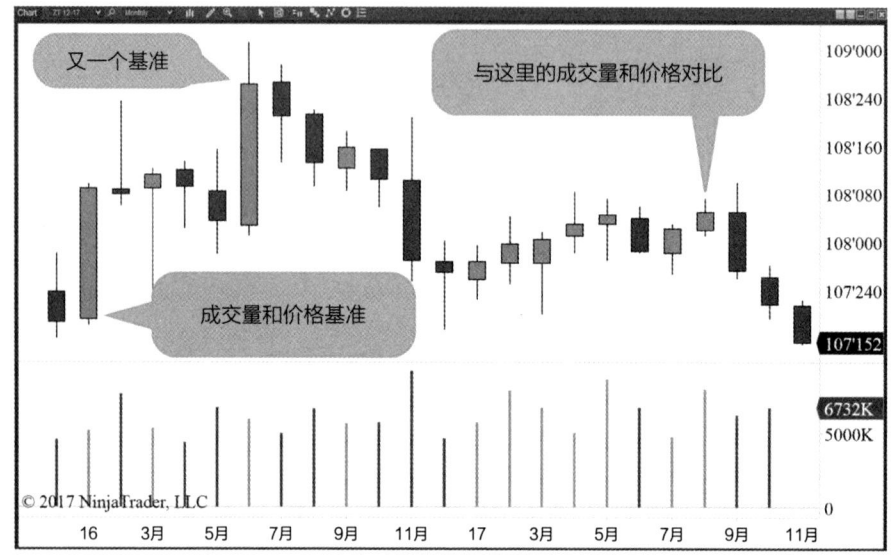

正如我们从月K线图中看到的那样，情况确实如此。

从相对的角度来看，这里有一些重要的启示，首先是2016年1月和2016年6月两根十分重要的K线。注意到这两个月的成交量十分相似，且价格变动也差不多。现在把它们与2017年8月的阳线相比较。8月的阳线实体部分很小，成交量几乎是之前两根K线的两倍。很明显，这是一个非常强烈的信号，因为这里的成交量很大，因此我们可以与前面提到的两根K线图进行比较。我们本应该预期市场会大幅上涨，但事实并非如此，因此可以得出结论，主力正在大举抛售，使市场陷入弱势。

8月的K线是一个很好的例子，就好像在一条陡峭的结冰道路上开着一辆汽车上山。在某种程度上，尽管车轮的旋转越来越快，但增加的动力并没有发挥作用，因此没有前进的动力。随着市场在2017年9月、10月和11月崩盘，行情可能在2018年进一步走弱。当然了，这在很大程度上取决于美联储（Fed）。

5年期国债期货（5 year note）周K线图：
2015年11月至2016年8月

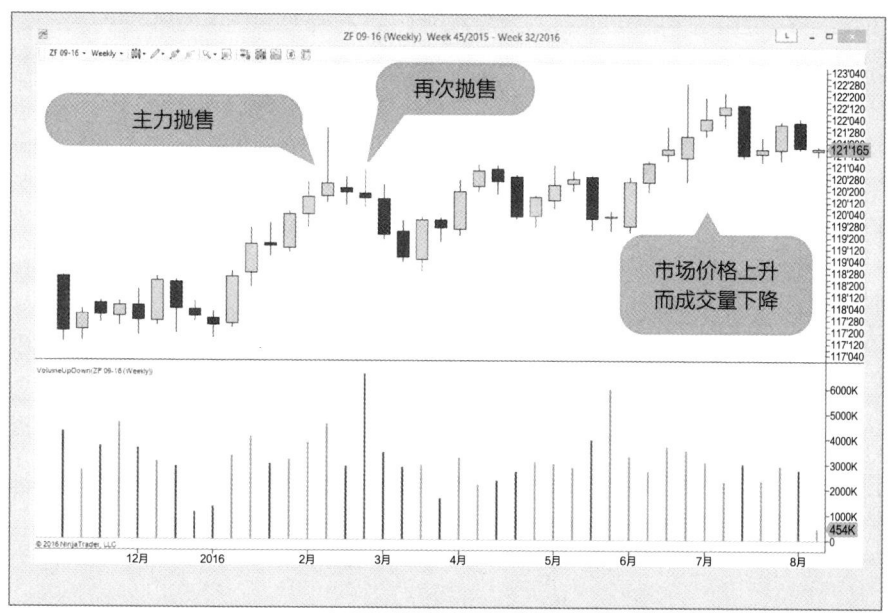

我们这里还有一张类似于两年期国债期货的技术图片，图中并没有太多惊艳的内容，添加这个例子是为了让本部分内容更加完整。

我们看到最初弱势的信号发生在2月初，此时射击十字星出现在顶部，且成交量很大，之后出现两条有极高成交量的K线，进一步验证和确认了这一弱势的状态。

5月底出现主力买入的信号，但随后市场再次走弱，表现为6月中旬的长影线的K线。这再次证明无论市场或工具是什么，量价分析都同样适用。

5年期国债期货（5 year note）月K线图：2015年9月至2017年11月

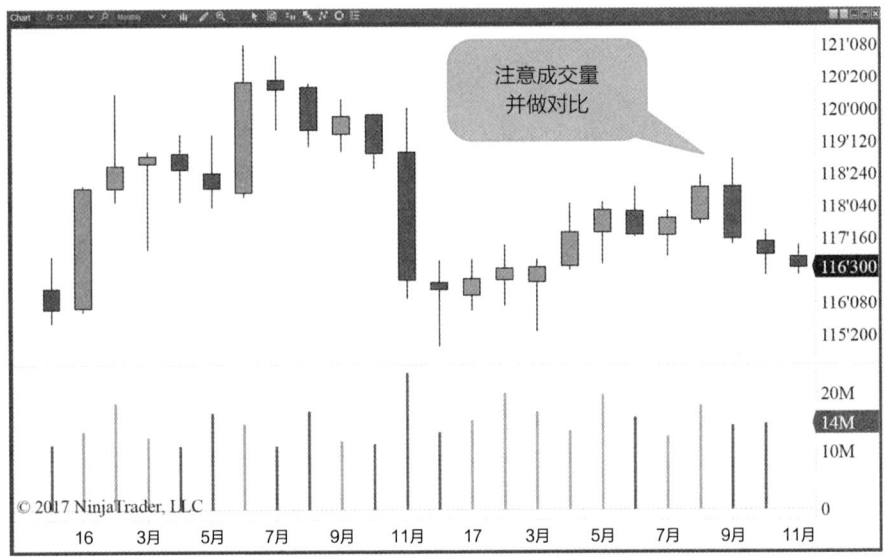

在这里，成交量和价格的相对特征对于分析量价关系非常重要，2017年8月的K线和成交量与其他K线及成交量表现不一致，特别是对比2015年12月K线和2016年6月K线的时候。

鉴于图上早些时候的成交量和价格关系，我们本来预料市场会有更大的变化。但正如我们所看到的，这样的情况并没有发生，从而发出了明显的异常信号，预示着市场即将走弱。

道指电子迷你期货合约（YM emini）周K线图：
2015年11月至2016年8月

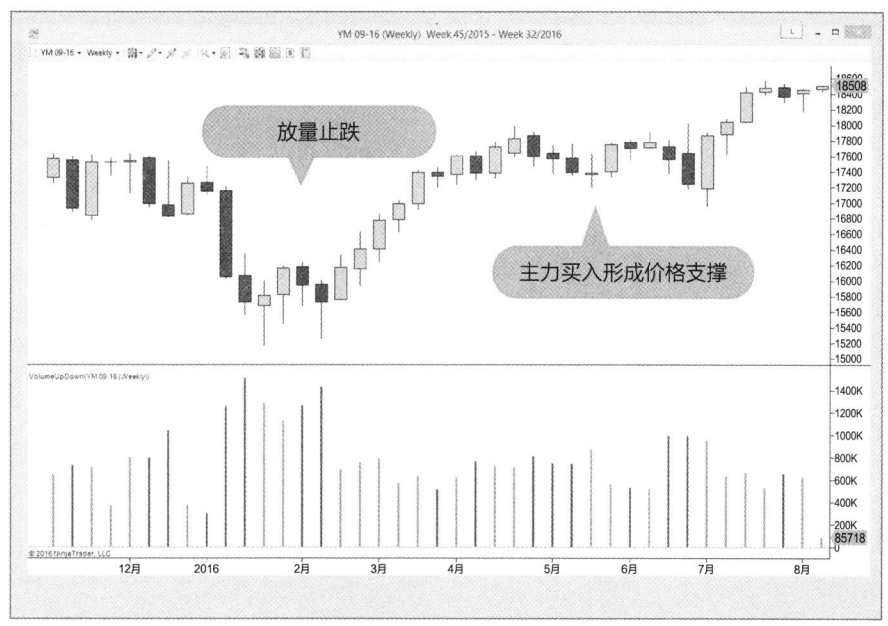

回到股票市场，我现在想看看三个主要的美国股市指数，首先是道琼斯指数（DOW 30）的电子迷你期货合约，这是一个非常受欢迎的合约。当然，指数期货交易的好处之一是它让我们有机会见证股票现货市场对应指数的成交量，股票市场正是本书一开始研究的对象。

在YM走势图上，1月初到2月份的放量止跌信号非常明显，随后市场走出一波不错的上涨行情。5月底和6月底再次出现了主力支撑股市上涨而买入的迹象，随后在7月初伴随着成交量持续上涨而出现突破。

此后，该指数期货在更高的位置进入盘整阶段，但随着倒数第二根K线的支撑，该指数似乎将在目前已经形成的强势支撑平台上进一步走高。这一技术面现象在前面分析股票时也有所体现，价格突破当前水平，然后进一步延续看涨趋势。

道指电子迷你期货合约（YM emini）月K线图：
2015年9月至2017年11月

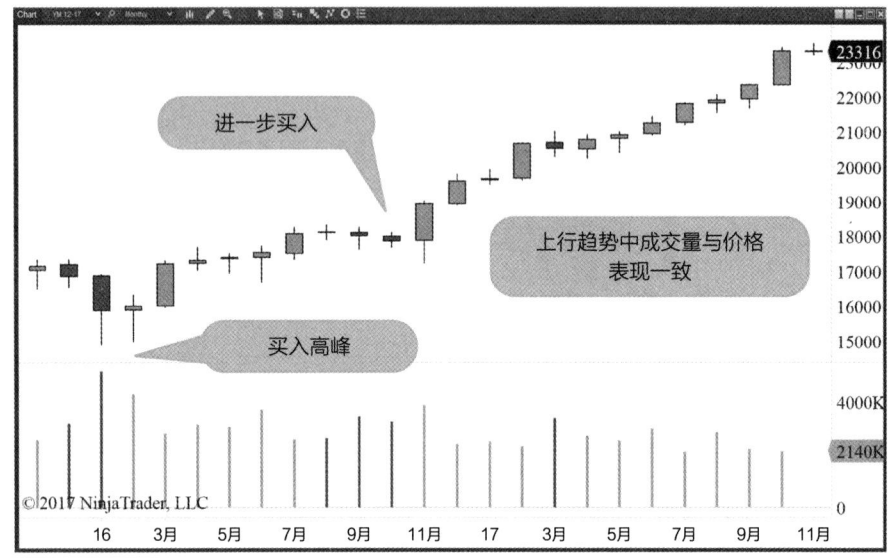

事实证明确实如此，股票现货市场和期货市场都将这一牛市趋势延伸至2017年，到本书写作时还没有出现放缓的迹象。正是在这一点上，投资者和投机者变得非常紧张，他们认为市场"不能再高了"，但当然还可以更高。

在此期间，不断有分析师和专家提出"大空头"的观点——换句话说就是市场达到顶部，但在每次市场出现调整时我都持有和他们不一样的观点，事实上你可以在我的个人网站http://www.annacoulling.com上阅读我的所有分析。在这里，你会看到，每一次调整发生时，主力的买入行为是非常明显和清楚的。

就月K线图而言，随着趋势的发展，2015年12月和2016年1月的买入高峰是不言而喻的。2016年9月和10月是关键的月份，因为主力进场买入，在小幅反转下跌时对市场提供了支持，然后11月市场注入成交量和动力，回到之前的趋势上来。

随着我们进入2018年，成交量仍与价格走势保持一致，没有任何主力抛售的迹象。当抛售高峰到来时，它将表现为波动性、成交量激增，而且可能会持续一段时间。从那时开始，"大空头"将会逐渐形成，但在目前的图中还没有到来。当它发生时，我将在我的网站http://www.annacoulling.com上详细地对其进行分析。

目前，当我们接近2017年年底至2018年年初时，看涨情绪依然存在，并助推所有行业的许多股票走高。

标准普尔500指数电子迷你期货合约（ES emini）周K线图：2015年11月至2016年8月

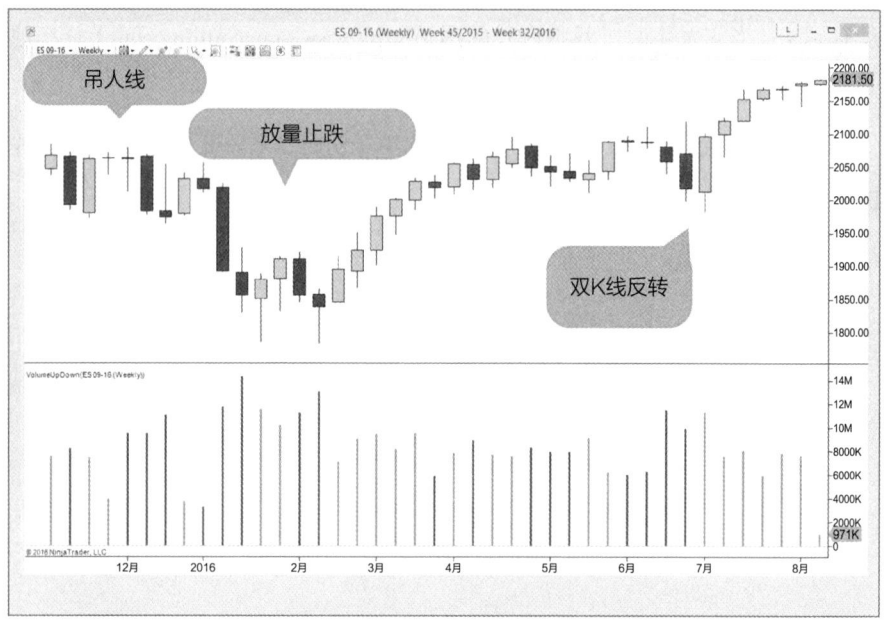

标准普尔500指数电子迷你期货合约是所有美国指数期货中成交量最大的，它是标准普尔500指数的衍生品，和大家所想的一样，该指数期货也呈现出与道指电子迷你期货合约类似的技术特征。

这张图中一个有趣的地方是12月中旬两根吊人线之后出现的高成交量。

随后，买盘在1月份和2月初出现，价格走势和成交量情况相似，随之该指数期货呈上升趋势，目前的第二阶段形成了更高的平台。

特别值得注意的是，6月底和7月第一周的双K线反转，其长阳线及高成交量证实了局内人的参与，从而推高了市场。

标准普尔500指数电子迷你期货合约（ES emini）月K线图：2015年12月至2017年11月

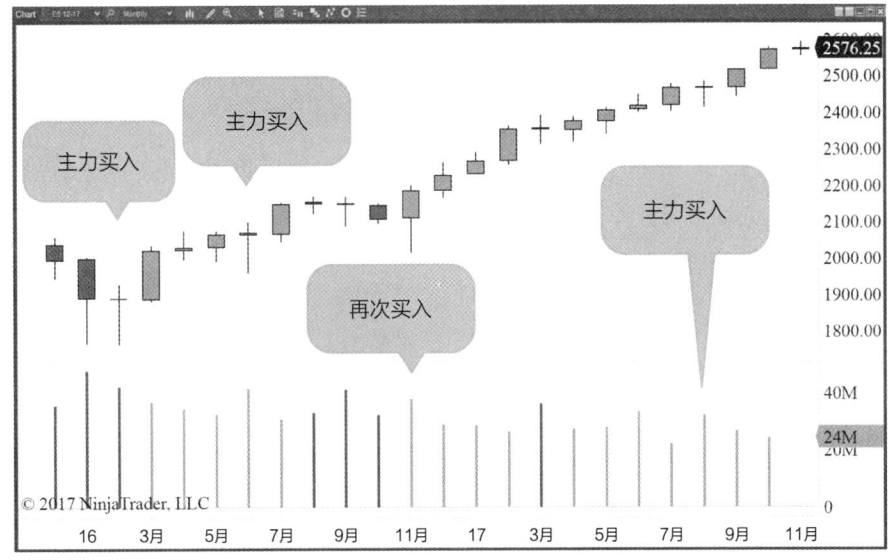

正如你所料，以标普500指数为标的的标普指数期货合约展示了与道指期货合约相同的总体趋势和形象。在这里，随着买入高峰的发展，在2016年1月和2月的K线处可以清楚地看到主力买进的迹象。随着牛市趋势开始形成，市场主力在2016年6月和2016年11月再次进场买入。

从那以后，上涨的趋势一直保持不变。2017年8月又显示进一步买入的迹象。在撰写本书时，我们将迎来圣诞节，随着时间接近2017年年底和2018年，圣诞节反弹即将出现。

这张图表强化了一个事实，即"大空头"尚未到来，看跌股票的人还需要更长一段时间的耐心。

当然，VIX指数①是市场情绪的最终表现，虽然它继续在更慢的时间框架内不断测试单一数字区域，但长期看"风险提高"的情绪依然普遍存在。

---

① VIX是由芝加哥期权交易所（CBOE）在1993年推出，是指数期权隐含波动率加权平均后所得之指数，后来指数又经过数次修正。当VIX越高时，表示市场参与者预期后市波动程度会更加激烈；相反，当VIX越低时，则反映市场参与者预期后市波动程度会趋于缓和。——译者注

纳斯达克指数电子迷你期货合约（NQ emini）周K线图：2015年11月至2016年8月

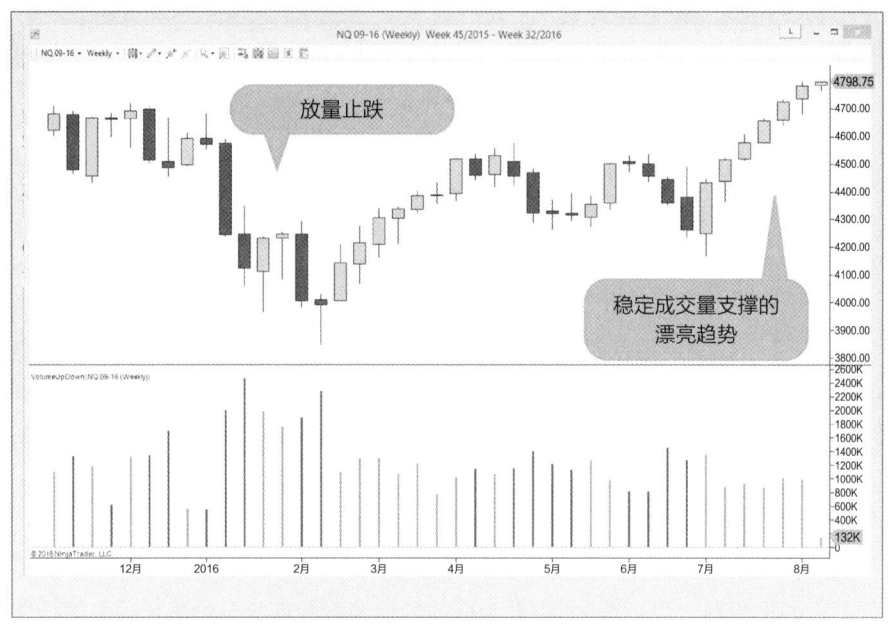

对NQ期货来说也是如此，这是纳斯达克100指数的衍生期货合约。为了使本章内容更完整，我增加了这个例子，我们又看到了类似YM和ES的图形。顺便说一句，观察它们在一天内的并行情况总是很有趣的，因为有一些细微之处可以帮助确认三个市场之间的价格行为和情绪。

这些指数通常表现出相同的走势，但有时它们也会存在分歧，实际上经常会出现其中一个滞后而另一个领先的情况。

但是，再一次在这张图上，在年初，我们看到了比较强劲的持续买入，7月和8月份行情的演进，非常清楚地表明了趋势的发展。这两个月的价格稳步上升，成交量保持稳定，价格向上移动突破图中左侧形成的阻力位。

正如我在图中突出显示的那样，稳定成交量上的这种奇妙趋势是一个典型的例子。这里没有波动，只是稳定而且均匀的价格行为推动市场逐步走高。

纳斯达克指数电子迷你期货合约（NQ emini）月K线图：2015年12月至2017年11月

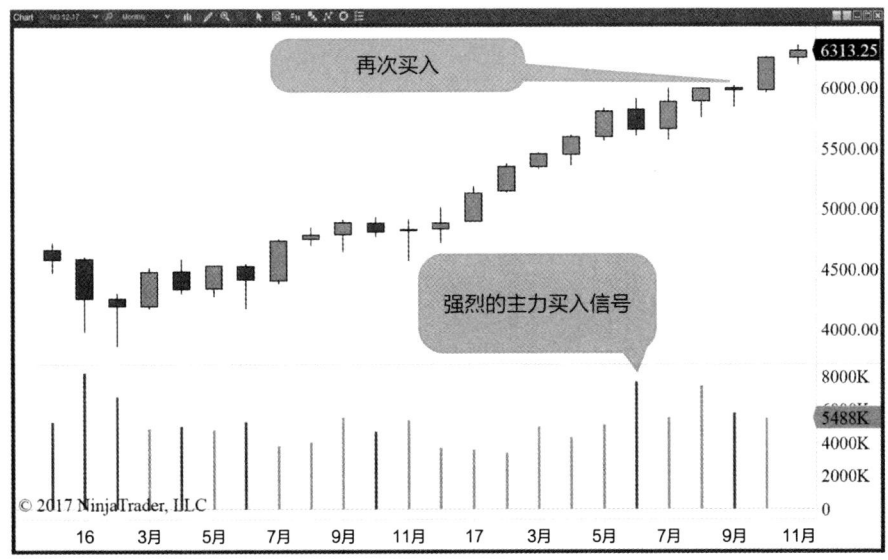

这里是纳指期货合约的月K线图，作为对上述分析的补充。

请注意2017年6月、8月和9月强劲的主力买入信号，这对当时的趋势提供了支持，有助于将这一趋势延续到2018年。

这里同样有趣的是2017年8月的成交量，我们通常认为，考虑到所处的时间，该月的成交量应该相对较小，低于平均水平。然而，我们在这里看到的几乎是图中的最高成交量，这再次证实了主力的看涨情绪。2017年9月，市场上再次出现强势的买入，10月份该指数在稳定的成交量的推动下强劲上升。

澳元/美元期货合约（6A AUD/USD）周K线图：2015年11月至2016年8月

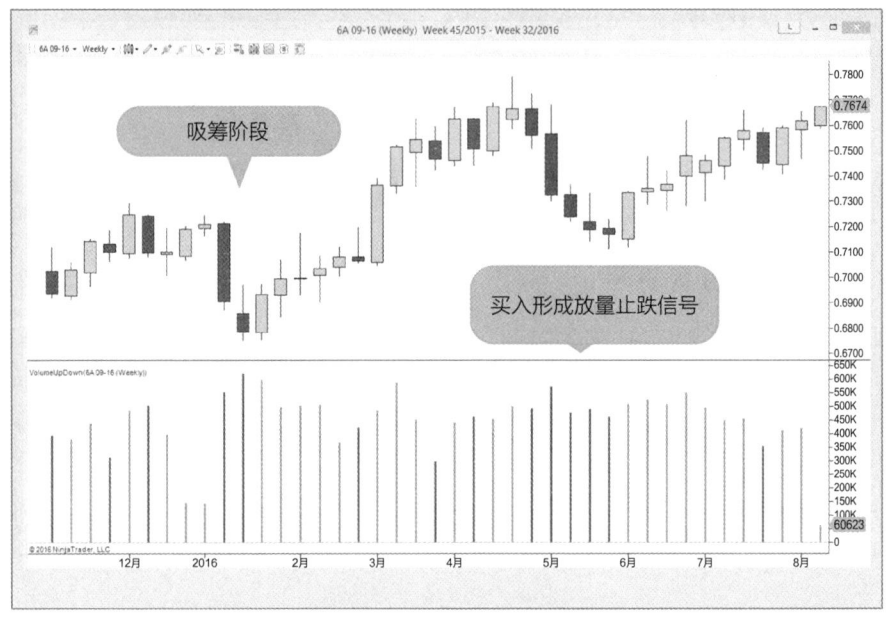

许多交易者在进行即期外汇市场交易时忘记了，期货市场可以提供对价格行为和成交量的极好验证，在这个例子中，我们考虑交易澳元期货合约。

这里我们有几个实用的量价分析的好例子。首先，注意到2016年年初的吸筹阶段，它开始于最初在高成交量上的长实体阴线，但下一周的成交量更高，对应K线实体部分较短。

尽管K线有上影线，但这依然是买入的信号，随后成交量几乎相同的阳线也确认了这一点。3月初伴随着高成交量，长实体阳线实现向上突破。

4月中旬市场走弱，但请注意5月中旬的买入和放量止跌，随后在7月中旬市场从偏弱状态转而走强继续反弹，图中出现了双K线反转形态，价格再次向上测试阻力位。

澳元/美元期货合约（6A AUD/USD）月K线图：
2015年10月至2017年11月

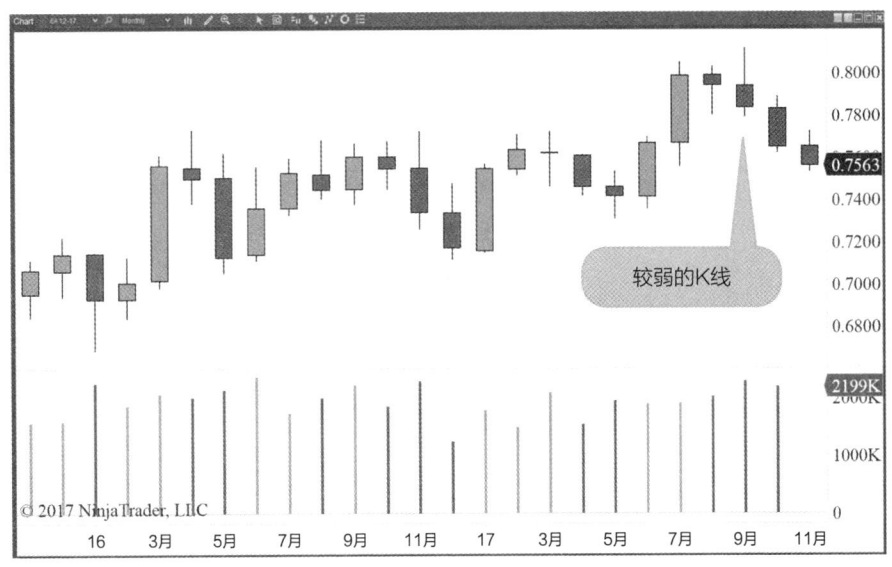

对于月K线图上的澳元而言，主要趋势表现为横盘整理。

2016年全年，阻力位0.7750曾被多次测试，并最终在2017年7月被突破，但成交量只有平均水平，随后价格几乎立即重新回落至之前的交易区间。

2017年9月的弱势K线是10月和11月进一步抛售的信号，这两根K线使澳元在2017年年底之前都保持看跌态势，而价格似乎将重新回到过去两年的交易区间。

短期前景依旧看跌，但随着图表左侧的深度盘整区域现在发挥作用，这可能会在澳元期货报价进一步走低过程中提供潜在支撑。当然，这在很大程度上将取决于美元及其在2018年的表现。

英镑/美元期货合约（6B GBP/USD）周K线图：
2015年11月至2016年8月

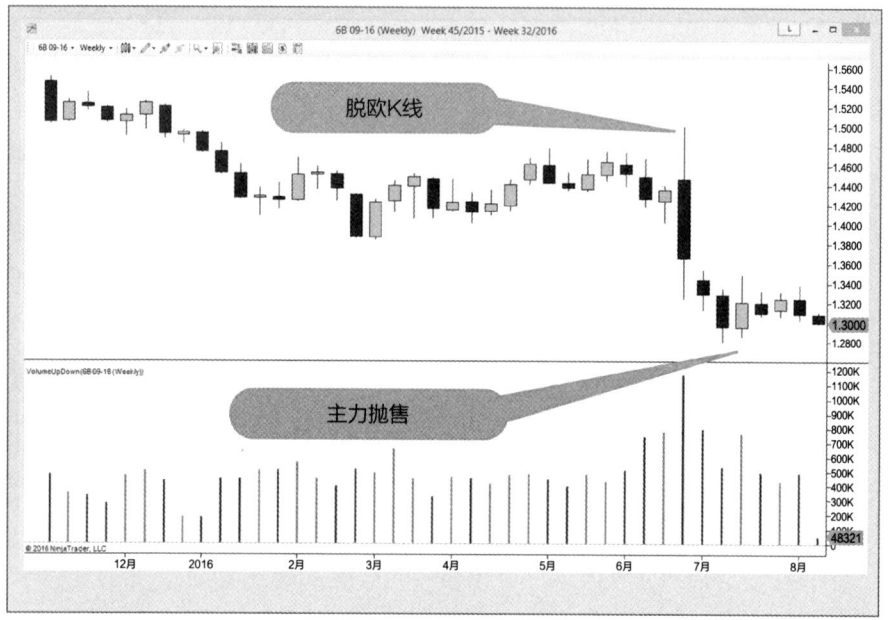

英国脱欧的K线在英镑的图表中占主导地位，而这种极端价格行为是我们作为成交量交易者必须考虑的因素，因为它会产生扭曲效应。

然而，这也表现出价格行为的另一面，价格通常与新闻发布和经济数据相关。正如我们在这里所看到的，在公投之前，市场已经进入了一个盘整阶段。投票结束后，英镑继续承受压力，在7月中旬的阳线到来之前，连续3周大幅抛售，但注意此时的市场反应，市场非常弱势；这根K线上影线很长且成交量非常大。

显然，市场主力并没有完成对英镑的抛售，并且在投机性反弹走高的情况下随着抄底交易者的买入而进行抛售。随后的两根K线表明市场上涨的力量很微弱，此后的看跌成交量再次表明市场的弱势状态。1.2950的支撑位被突破表明未来市场还会进一步看跌。

英镑/美元期货合约（6B GBP/USD）月K线图：
2015年11月至2017年11月

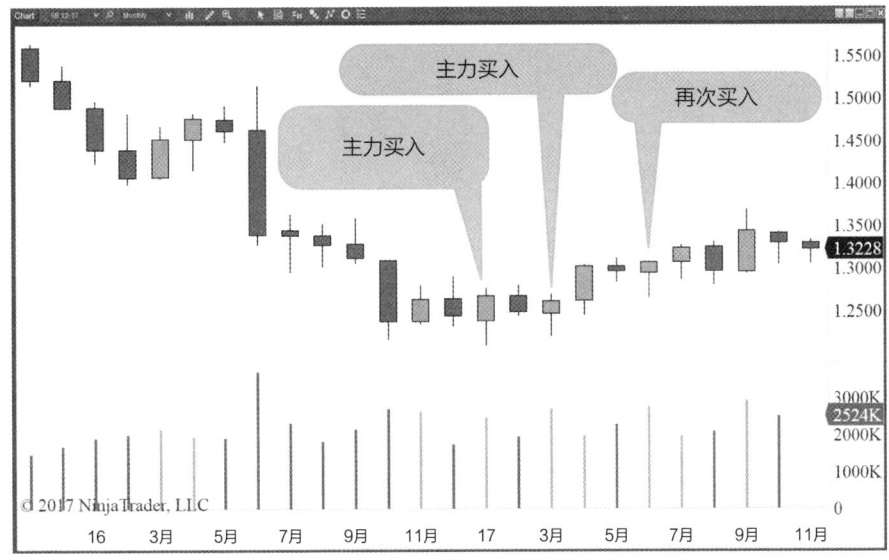

情况正如我们从如上截至2017年年底的月K线图中所看到的那样。

2016年9月的成交量上升，K线上影线较长，发出市场进一步疲软的强烈信号，这一疲软态势于2016年10月如期到来，长实体阴线以及很高的成交量，也暗示着局内人的一些支持和买入。

这是一个漫长的盘整阶段的前兆，11月份和12月份上涨的努力看上去很弱。然而，随后是2017年1月的局内人交易，2017年3月又再次出现了这种情况。

4月出现了在该区间持续反弹的初步迹象，并得到了2017年6月主力进一步大力买入的支持，随后该外汇期货价格在9月份随着良好的成交量而上升。然而，注意这时的卖压，K线实体的上影线证明了这一点，市场在10月和11月出现了轻微的逆转。

然而再次注意，10月的大成交量意味着主力的买盘和支撑，并暗示这只是英镑期货价格走势的暂时停顿，因为看涨情绪看起来更强，推动价格在2018年突破1.3500区域，并在下方形成了强大支撑平台。

加元/美元期货合约（6C CAD/USD）周K线图：
2015年11月至2016年8月

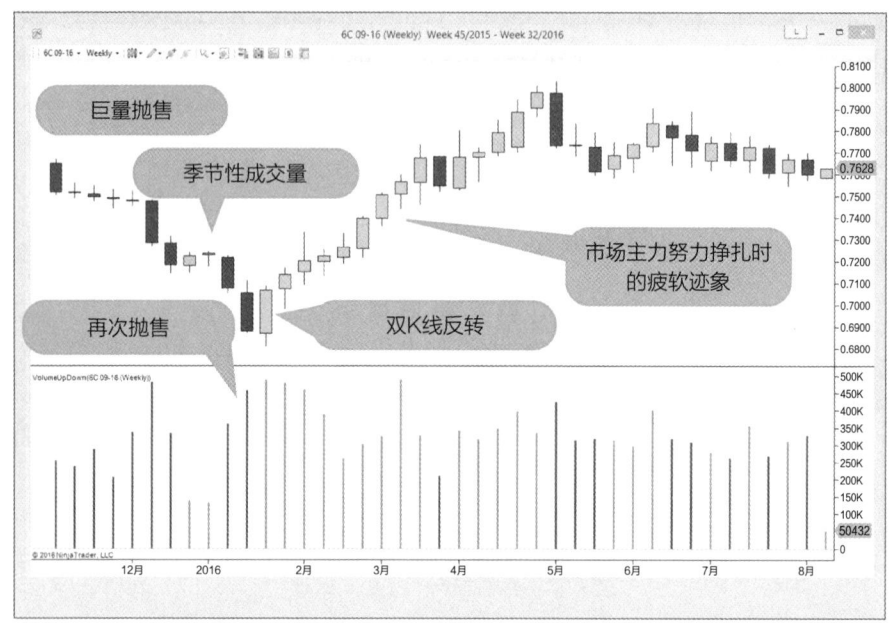

这里我们使用的是加元/美元的报价，而不是美元/加元，因为在期货市场，所有的货币都是对美元的报价。这张图表中2015年年末的价格瀑布是一个很好的例子，在一个不断下跌的市场中，成交量不断上升，但这里的一个重要问题是假日期间的季节性成交量。

在研究图表时很容易忘记这一点。在夏季和圣诞节等主要节日前后，以及一些市场休市的日子前后，成交量确实会下降。卖盘在1月份再次出现，这个例子也说明了代表下跌趋势逆转的双K线模式——实际上把两周合并的话，正好是高成交量上的锤头线。

随后的涨势是强劲的，但在3月初的高成交量低实体K线处市场陷入疲软。市场主力正努力支撑市场走高，而卖方则在采取相反的操作。这使市场出现暂停，但由此产生的阴线成交量较低，随后市场恢复上涨。

最后，熊市鲸吞K线意味着涨势走向疲弱，市场跌至较低水平，支撑水平能否保持成为市场向哪个方向发展的关键，但现在看上去越来越悲观。

加元/美元期货合约（6C CAD/USD）月K线图：
2015年12月至2017年11月

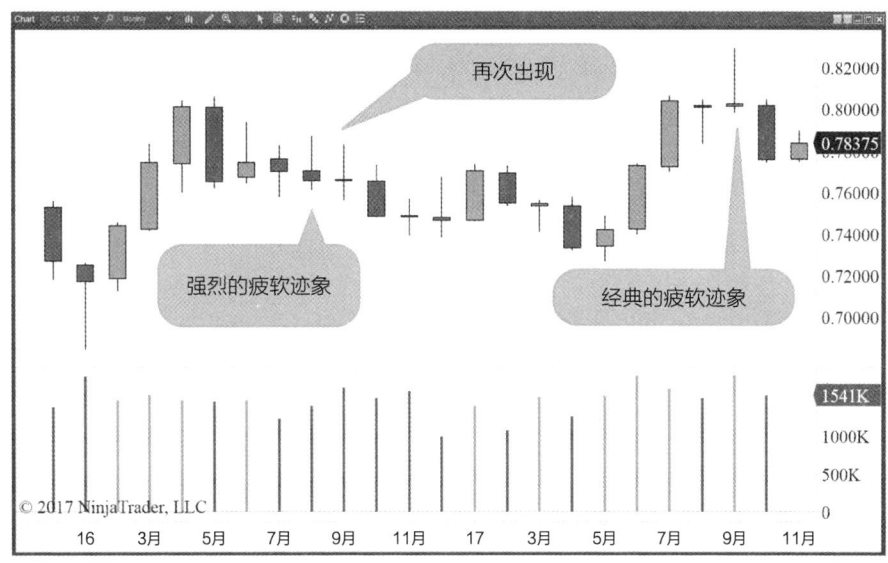

确实看跌势头加快了步伐，8月份K线发出了一个非常强烈的信号，而9月成交量显著增加，进一步确认了这一信号。这也强调了在任何分析中使用多个时间框架的重要性，通常更快的时间框架的图表可以提供清晰且明确的价格运行和成交量的信号。

2016年10月加元/美元的看跌势头开始加强，尽管2017年1月小幅走高，但市场持续走低，直到2017年5月主力进场买入，5月该外汇期货成交量强劲。

现在我们看到一些有趣的价格走势，2017年9月由于主力大量抛售，出现了经典的射击十字星，而且伴随着非常高的成交量。10月份，主力抛售导致市场走弱，出现了高成交量下的长实体阴线。目前11月反弹的尝试看起来有点弱，但现在有了非常强大的潜在支撑平台，这可能足以为复苏提供技术平台，我们建议长期内购买加元，这在很大程度上取决于油价上涨趋势下加拿大经济的基本面。

欧元/美元期货合约（6E EUR/USD）周K线图：
2015年11月至2016年8月

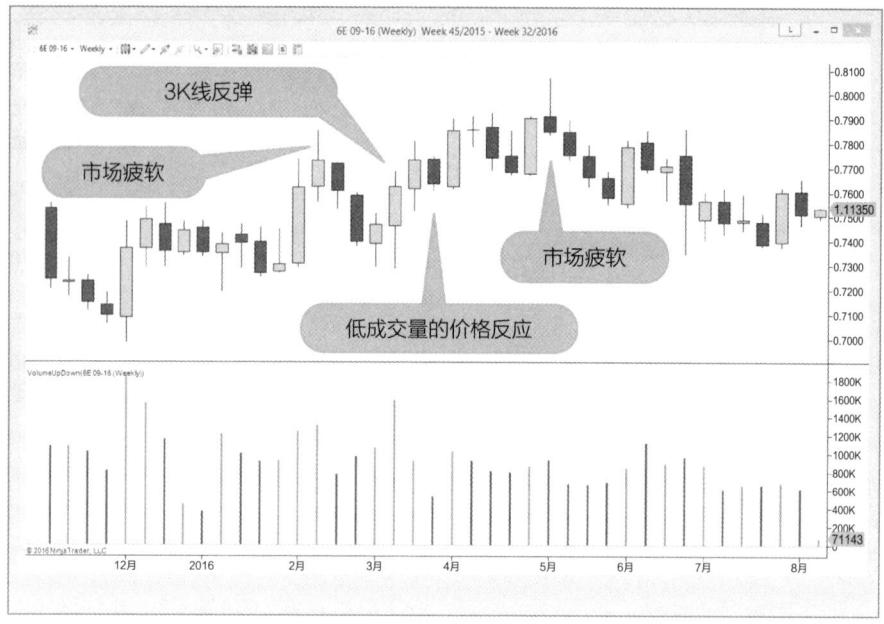

考虑到欧元在此期间的价格走势，这并不是最容易读懂的图表，因为欧元在一段时间内一直处于被压制状态，而且处于较长期的盘整阶段。然而，从中总是可以得到一些启示。

首先是在3月份的上涨，从市场走出三根阳线开始。其中第二根阳线的成交量很大，下影线较长，表明卖盘被吸收了，市场被推高，因此我们可以预期价格将达到更高水平。

下一根阳线推动价格上涨，但随后的阴线成交量较小，告诉我们在这里抛售的主力力量不足，下一周将继续上行趋势。

最后，我们看到趋势反转，欧元走低，但注意没有大量抛售作为前兆，成交量也不是很高。由于没有得到成交量的确认，所以我们只能推断，市场将进入整合阶段，而进一步走弱的可能性更大。

欧元/美元期货合约（6E EUR/USD）月K线图：2015年12月至2017年11月

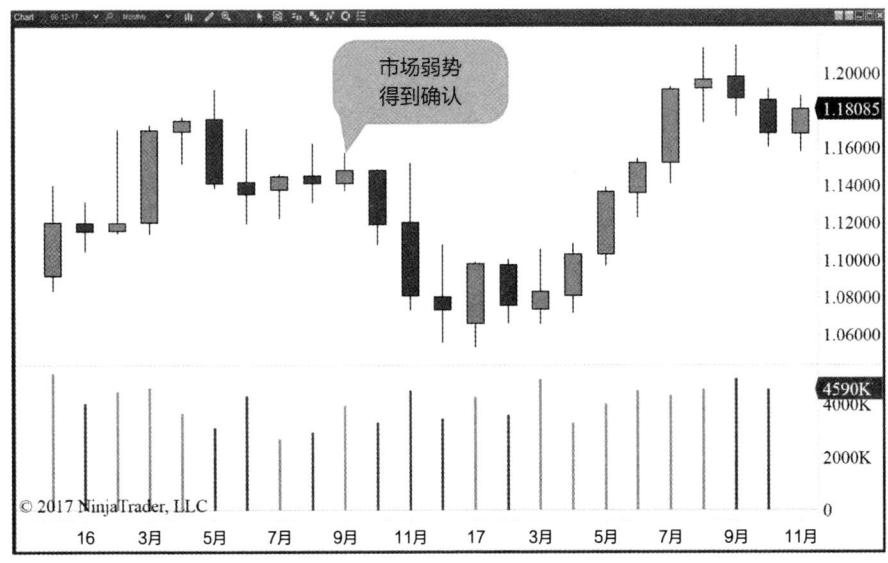

情况正如我们从月K线图中看到的那样。8月收于一根非常弱的K线，2016年9月证实了这一疲软状态，因为主力抛售推动市场进一步走弱，当月成交量较大，K线实体较短。10月和11月发出了主力买入的信号，随后2016年12月出现长腿十字线。

这一模式在2017年3月再次出现，成交量甚至更高。2017年4月，市场终于开始反弹，成交量稳步上升，并且在此期间将欧元兑美元报价从1.0800的低点推升至超过1.2000。

8月份，长腿十字线出现，表明市场犹豫不决，随后9月的K线和成交量证实了市场再次回归看跌情绪，长上影线和高成交量表明这一波反弹结束了。

那么，我们对2018年欧元的预期会是什么呢？目前，这在很大程度上将取决于11月和12月的价格走势，以及在当前的价格区域内，能否获得主力的支持，以及是否有可能出现双K线反转。

日元/美元期货合约（6J JPY/USD）周K线图：
2015年11月至2016年8月

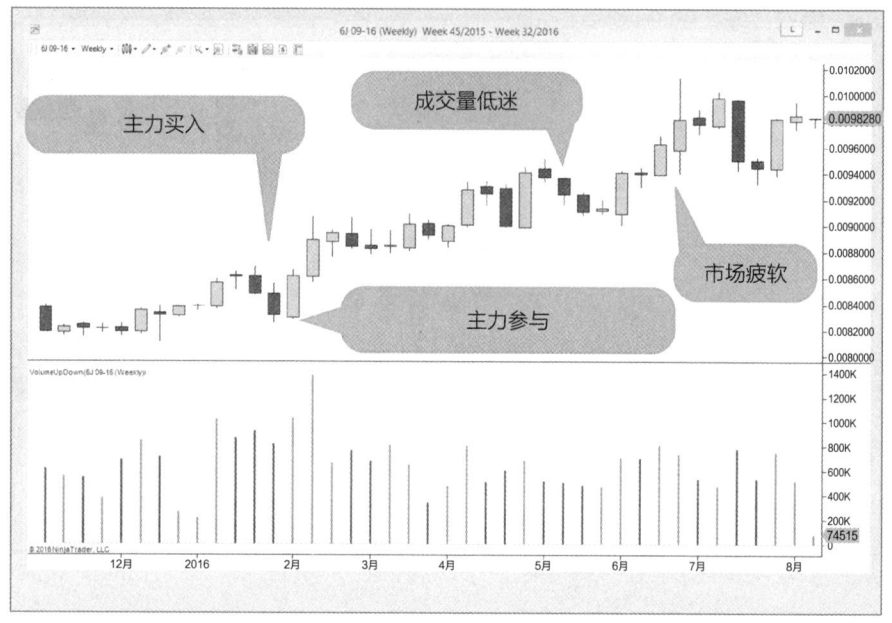

在此类期货市场中考虑外汇兑换价格的重大好处之一就是可以提供现货市场的对应视图。现货和期货之间的镜像关系有助于为量价关系提供不同的视角。

1月份日元期货市场上的局内人交易可以作为成交量分析的基准，而2月份的价格上涨也得到了高成交量的确认。

随后盘整阶段在3月初出现，但注意到3月下旬的成交量较低，实际上这种上行趋势中的反转的确反映出这一点，每一次反转都只有平均成交量，并没有得到强大抛售压力的支持，这给我们一个强烈的信号，即上升趋势保持不变。

请注意6月下旬发出的疲软信号，随后市场成交量下降。即使7月中旬的抛售相对温和，并且在一个短实体K线后价格立即获得支撑，日元期货价格再次走高，但市场仍然长期看空。

日元/美元期货合约（6J JPY/USD）月K线图：
2015年12月至2017年11月

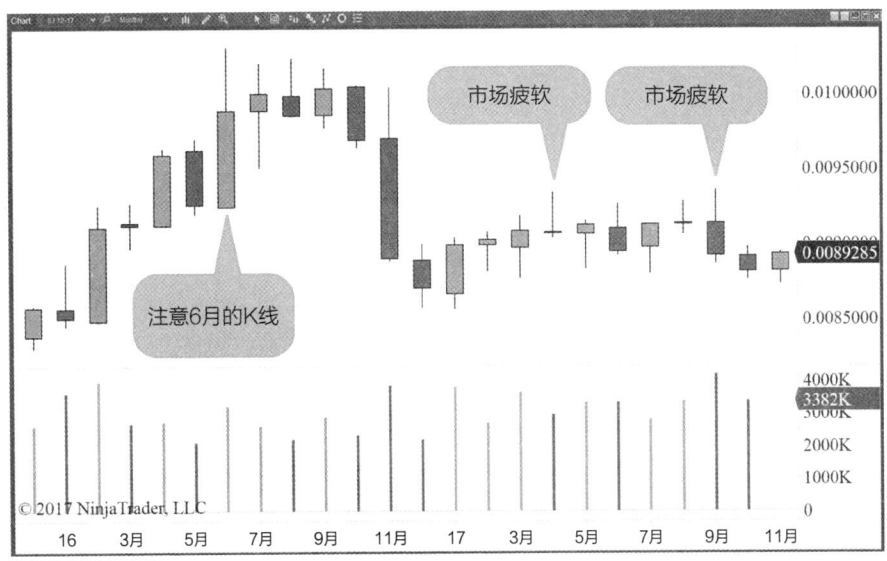

正如我之前多次说过的，在不同时间框架内观察价格走势总是很有趣的，尤其是在日元期货合约的月K线图上。特别要注意的是2016年6月的价格走势。

在周K线图上，这一点也许不太清楚，但一旦我们观察月K线图，日元相对于美元的疲软状态就会变得更加明显。6月K线实体有长上影线，这意味着大量抛售，在接下来的3个月里市场趋向疲软。

首先是7月的吊人线，然后是8月的射击十字星，最后是9月的短实体K线，成交量大且上影线长。当年最后一个季度，价格暴跌，随后市场进入2017年的较长的价格盘整阶段。

有趣的是4月份和最近9月份的疲软信号。在整个横盘期间，日元多次尝试反弹，但每次都以失败告终，价格走势较弱，成交量强劲。9月的K线伴随着图中最高的成交量，反映了日元/美元汇率走低的看跌情绪。

现在的市场可能在为2018年设定基调，而预期日元兑美元可能进一步走软，现货市场报价方式与期货市场相反，但也同样会表现出日元的疲软走势。

日元疲软或下跌通常与情绪风险和股市上涨相关。这是许多股票投资者和交易者忽视的一种关系，然而它是如此有效，尤其在分析日经225指数时更是如此，其中"追逐风险"和"逃离风险"的资金流动通过日元的棱镜清晰地揭示了市场情绪。

Stock Trading
&
Investing Using
Volume Price Analysis

第四章

基于日K线图的股票交易实例分析

在本章中，我们基于日时间框架来分析一些股票交易的例子。

无论你是股票的日内交易者还是长期投资者，日K线图都可以提供许多线索和信号，指示短期和长期的方向。然而，无论是作为投机交易者还是投资者，使用多种时间框架方法都是必不可少的，并且无论时间范围如何，量价分析的经验都是普遍适用的，它将有助于交易者建立长期信心并获得成功。

这里我们采用的还是选自美国主流市场的案例。

前进汽车零部件公司（AAP）日K线图：2016年5月至2016年8月

（编者注：在本书中，深色实体表示下跌，浅色实体表示上涨）

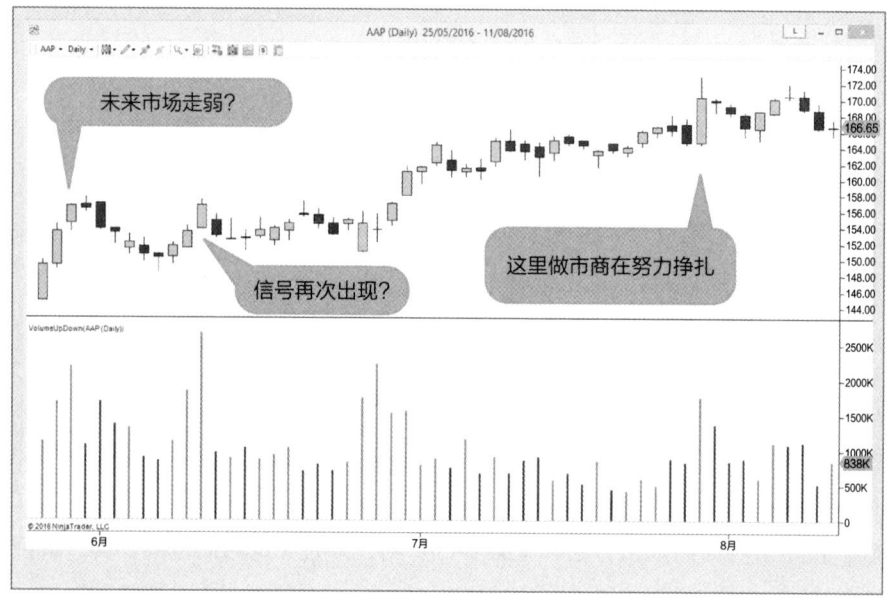

本章所有股票日K线图均基于2016年5月下旬至2016年8月中旬大约3个月期间。

这里我们有一张有趣的图表，其中有几个成交量分析信号。第一个信号是最左边的三根K线，对应的三个交易日成交量上升，这里的关键就是成交量。

第三根K线对应的成交量最大，但K线实体比前两日小得多，因此，这也许预示着未来的疲软，因为我们本来应该看到第三根K线的实体部分比其他两根要长得多，因此这是一个市场走弱的信号。这里的关键点是K线实体长度，而在第三根K线上，我们看到其实体长度最短，但成交量最大，所以我们至少会看到市场进入短期弱势状态。

这种价格行为和成交量告诉我们的是，做市商在这里苦苦挣扎，并且大力抛售推动市场走弱。这是威科夫的第三定律，也就是投入产出定律。如果前两根K线和成交量是我们的参照基准，那么第三根K线的价格行为所需的成交量应该要低得多，接近平均水平。事实并非如此，因此这是一种异常现象。

随着成交量下降，市场反转，但这只是暂时的走低，这又是一个异常现象。然后我们再次看到三根阳线。这次第三根K线对应的成交量更大，实体较窄。市场再次出现暂时的疲软，随后进入横向盘整状态。最后，价格向上突破，上涨并形成一个较长的价格盘整阶段。

7月下旬的阳线形成上影线，表示市场出现了一些温和的疲软特征。做市商在这里挣扎，这又强化了价格行为的脆弱性。请注意最后三根K线。前两根对应的成交量正在下降，因此在这里卖压正在下降，但第三根短实体K线伴随着合理的成交量，表明对AAP价格的支持。

苹果公司（AAPL）日K线图：
2016年5月至2016年8月

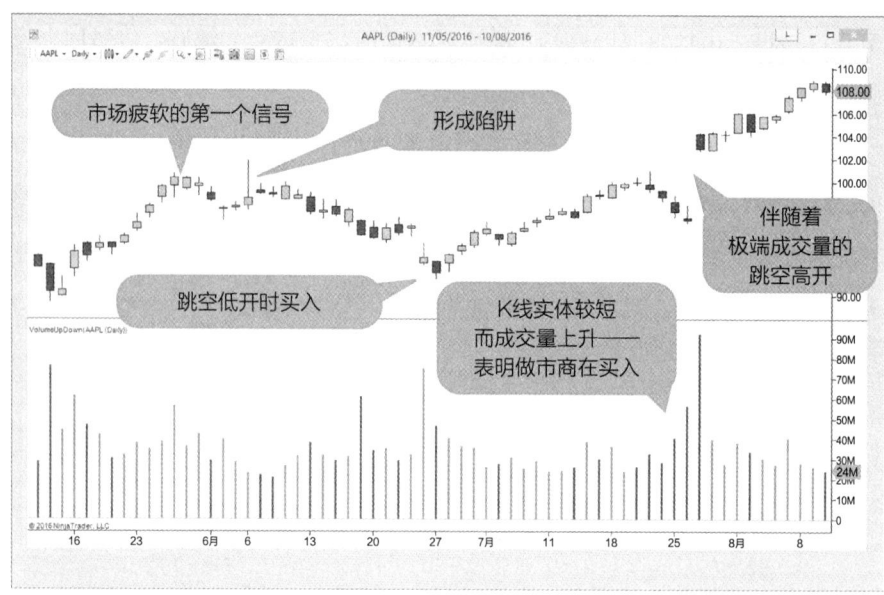

这里有一些有趣的价格行为。5月份成交量上涨时，价格上涨了。然后我们看到了一根短实体K线，它的成交量远高于平均水平，随后是一波小的反转。然后我们就看到了一个为投资者设置的陷阱。

在成交量较低的一天内价格迅速走高，K线有一根长长的上影线。这是一个经典的陷阱形态，吸引交易者和投资者因为担心错过机会而买入。这个典型的陷阱，只有在考虑到成交量时才会发现。显然，做市商还没有参与其中。

随后，苹果公司股价走低，6月底出现了一根跳空低开的K线，当天有买盘进入，随后价格又恢复了上涨的趋势。

7月份的回落同样值得关注。在下降的趋势中，成交量上升，但K线收窄。这很反常，因为理论上K线实体应该变长，原因不言自明。做市商正在准备跳空高开！跳空高开伴随的成交量确认了做市商的意图，市场又开始上升趋势。

许多交易者和投资者发现很难理解这种跳空向上和向下的价格行为，这是因为他们几乎没有或者根本不理解成交量，以及成交量在揭示局内人和做市商的确切意图方面的重要意义。

跳空现象经常会出现，特别是在日K线图上，股票传统的现货市场要努力和电子盘的隔夜交易价格变动保持一致，因此为做市商提供了许多机会来欺骗投资者和设置陷阱。市场上的一句老话"缺口会回补"，其实是有其意义的。

缺口确实会回补，这通常也是做市商没有参与其中的原因。也就是说，他们很多时候都会参与其中，这可以从成交量上看出来；反过来，如果做市商没有参与市场也可以通过成交量看出来，这一点同样重要。

美源伯根（ABC）日K线图：
2016年5月至2016年8月

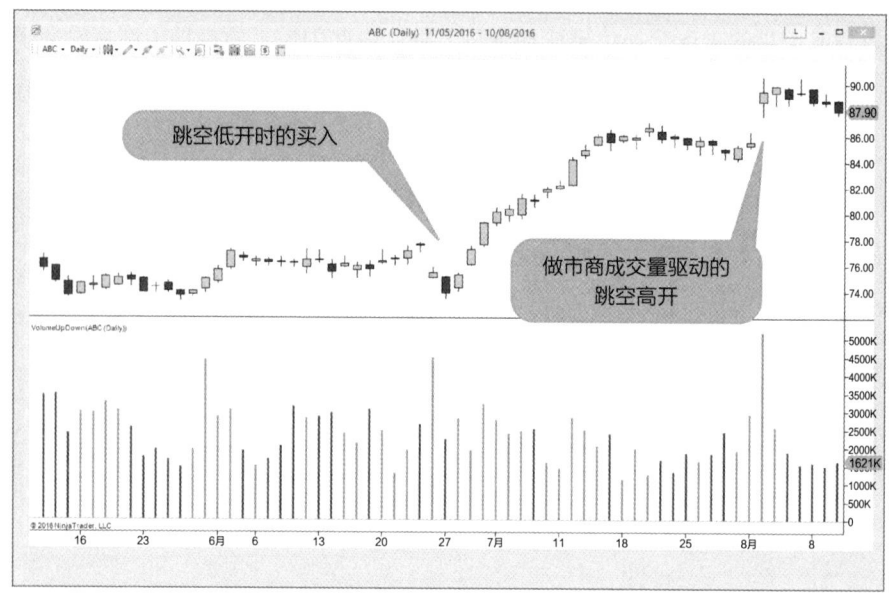

跳空是股票走势图上经常出现的情况，现货市场的价格迅速赶上了电子交易指数的隔夜走势，要正确地解释这一现象有较大难度。有时解释是显而易见的，而在另一些时候则不那么明显，下面是几个例子。

正如我已经提到的那样，市场指数往往会提供一定的线索，但盈利披露季是另一个经常引发跳空价格行为的因素。而且，股票走势图上的跳空缺口确实可能出现在盈利披露季，在经纪商发布投资建议或盘后交易之后发生。

图中第一次跳空是在6月底，我们看到一个向下跳空的缺口，当天的阳线短实体很短。也许此时信号还不太清楚，我们必须耐心等待第二天的价格表现。第二天的阴线伴随着平均成交量，这表明卖压已经被吸收了，市场上买盘力量较大，进入回升趋势。当你不确定时，就等待一下。在这个例子中，一旦趋势上行突破阻力，那么这就证实了做市商在买入。

第二个例子是在8月初，在走势图的最右边。此时市场已经形成了一个趋势，然后伴随着极端的成交量，市场跳空走高。形成这一价格走势需要付出努力，很明显做市商正在参与，才能把价格推高到这样的水平。

不过，请注意最终形成的K线图。这是一个十字星，显然基于这一点还不足以判断后市。事实上，第二天的成交量很大，但K线实体很窄，这表明做市商抛售推动市场走弱。在接下来的几天里，我们看到了随着股价下跌而出现疲软的迹象，并且似乎开始回补在此前价格运行中出现的缺口。

现在需要谨慎，因为这看起来非常可疑，同时也需要耐心，这种情况确认了"缺口可能并且确实被回补"的古老说法。

安进公司（AMGN）日K线图：
2016年5月至2016年8月

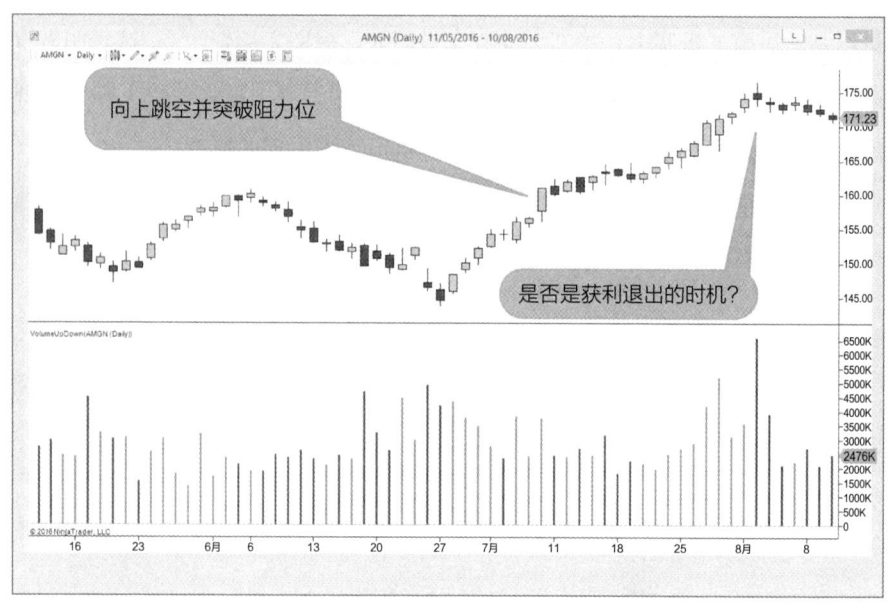

在上面安进公司的日K线图中有几点需要注意。

在图中间位置，我们再次看到高成交量伴随着向下的跳空缺口。接下来第二个交易日市场依然下跌，成交量依然很高，但K线实体很短，这意味着市场上的做市商正在买入。向下的跳空缺口令投资者陷入恐慌性抛售，做市商随后趁机买入为日后的反弹做准备，价格随后填补了这一缺口。

有趣的是，这一过程伴随着成交量的下降，但随后通过动能的注入向上突破了阻力位。请注意这里的K线，实体部分很长，没有上影线并且成交量较大，这看起来非常令人鼓舞，并且表明做市商正在积极参与市场。

当我们突破阻力区域时，这是另一个积极的信号。所以两个积极信号结合在了一起。

在7月下旬触及趋势的顶部之前，随着成交量的增加，趋势走高，并且在图表右侧的一根短实体K线上出现了巨大的成交量。这是一个难以错过的警示信号。市场看起来非常疲软，所以是时候获利了结了。

这样的信号通常是第一个信号，然后在实际下跌开始之前，在盘整阶段还会与其他信号一起重复出现，在这种情况下，我们认为价格在一定时候可能会大幅下跌。

请记住，派筹阶段需要时间，一般不会在一天内完成，所以从这里我们可以预期盘整会持续，而进一步的信号会验证最初的弱势迹象。

阿默普莱斯金融（AMP）日K线图：
2016年5月至2016年8月

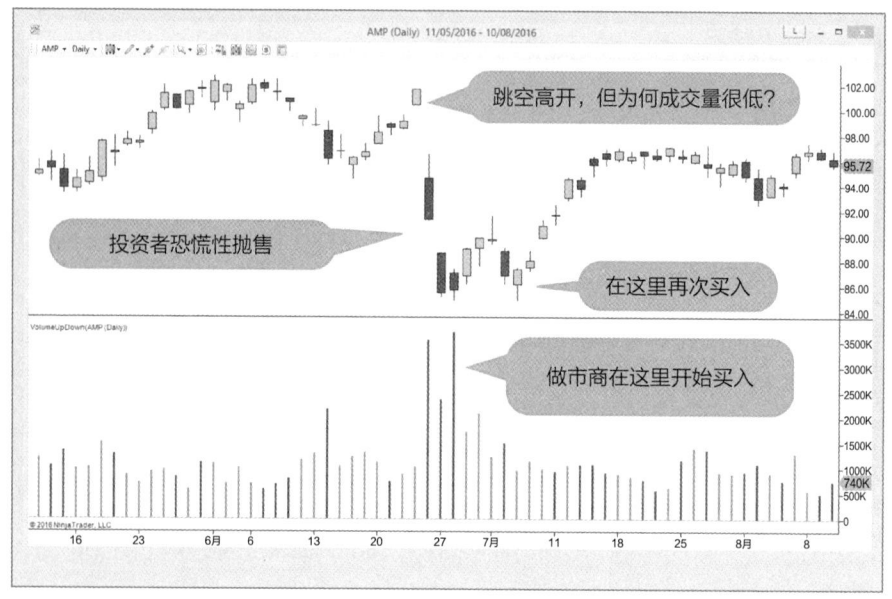

这是一张我无法拒绝的图表，因为它揭示为什么投资者需要始终保持警惕。但问题是，我们需要如何寻找线索？

图中又出现了跳空，在这个例子中，6月底出现的低成交量下的跳空高开。这也是一个很大的缺口！真的是上涨的趋势吗？答案是否定的。第二天的行情揭晓了这一答案。

这是一个拉高价格而设置的陷阱，以吸引投资者和投机者对价格上涨产生错误的预期而买入，随后价格不止一天而是连续两天大跌。

注意第一根下跌K线的上影线。在这里，做市商已经使投资者受惊抛售，这种抛售必须被吸收，重新被市场上的其他人买入，其中一些人会认为自己捡了便宜。这使做市商有机会将他们已经获得的股票卖给这些自愿的买家，这一点可以从K线的上影线中得到证明。

但这还没有结束。

第二天类似的情形再次重演，但请注意成交量，它比前一天要低。然后真正的买盘出现在做市商第三天介入的时候，K线实体很短，当日成交量为图中最高。做市商正在大力买入以阻止股价进一步下跌。

接下来的几天里，市场仍处于吸筹阶段，伴随着洗盘行为，做市商进一步购买，在这之后市场开启上涨趋势，因为做市商的库存已经填满。

这就是做市商如何计划和实施一波行情的过程，他们运用了一种简单的方式，吓唬投资者使弱手出售手中股票并转让到强者手中。

安诺电子（APH）日K线图：
2016年5月至2016年8月

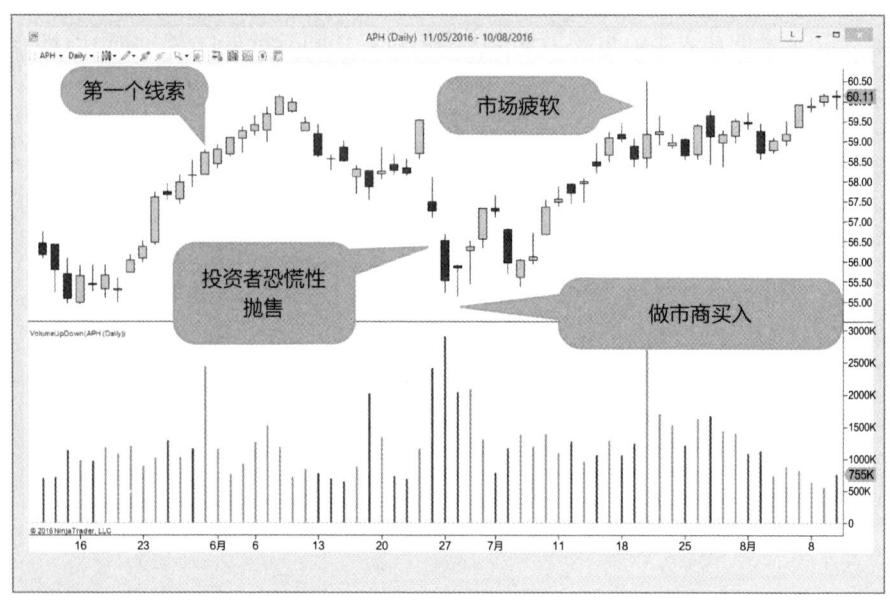

这个例子和前一个非常相似，你可以再一次看到跳空的力量。做市商利用这些陷阱和伎俩取得很大效果。它们简单而迅速，而且由于各种原因不断出现，因此提供了很好的操纵市场的机会。

第一个线索——高成交量但实体很短的K线在5月下旬到来，这是市场疲软的信号。做市商正在做准备并且在市场上抛售股票来制造疲软的状态。显然这是一种反常现象。根据威科夫的第三定律，投入和产出应该是一致的。在这里显然不是。投入很大（成交量），但是价格反应（产出）相对很小。股价持续上涨几天后，市场进入疲软状态。

随后市场在7月中旬进入吸筹阶段，我们再次看到在平均成交量上的一根跳空高开的阳线。正如我们在上一张图表中看到的一样，在市场急剧下跌后，伴随着两根连续的锤头线市场上出现了买盘。

7月下旬的高成交量柱体和长上影线的K线表明市场更加疲软，并再次形成了上方的阻力位。在涨势似乎即将结束之际，未来需谨慎行事。然而，请注意本月末K线的下影线，这表明做市商的支持以及买入，所以这可能只是在看涨趋势形成之前的暂时停顿。

同样有趣的是，随着我们向图右侧移动，"弱势"K线的成交量普遍下降，这通常是疲软的迹象。但是，在这个例子中，对应的价格行为发生在7月底和8月初，因此必须考虑季节性因素。

成交量会受季节性因素的影响，并且也会有相应的变化，很容易导致错误的结论。

阿瓦隆湾社区物产公司（AVB）日K线图：2016年5月至2016年8月

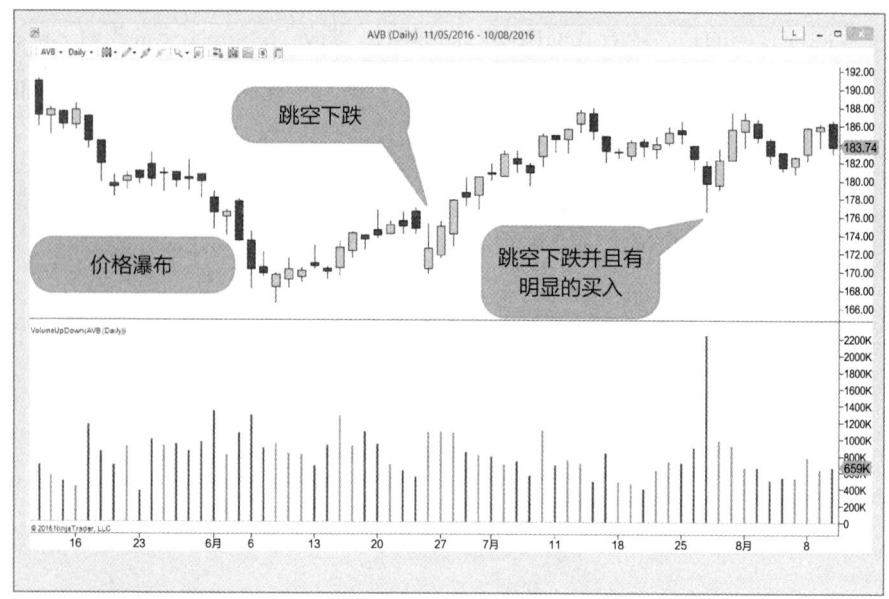

这也许是应用量价分析的一个更巧妙的例子。

从图左侧开始，5月的价格瀑布推动价格走低，此时出现放量止跌信号，市场进入吸筹阶段，然后价格开始反弹走高。这时的成交量成为后续分析的基准。

随着反弹停滞，我们看到6月底出现低成交量的阴线，随后是第二天跳空低开的K线，并形成上影线，但收盘时价格上涨，这里有两点需要考虑。

首先，前一根阴线是近期大量抛售的区域。如果你看一下图表左边进行比较，你可以看到在这个价格区域，我们有很高的抛售成交量，而现在同一区间，我们的成交量相对较低。

那么结论是什么？卖压很弱并且已经被吸收。这在一定程度上解释了当天开盘跳空低开但收盘价上涨的K线。结论是，做市商可能只是在途中"加油"。

另一个更明显的例子是在7月底，阴线伴随着极高的成交量，做市商进入市场并在市场跳空下跌时买入。

现在的关键是目前的阻力水平,正如我们所看到的,近几周来,阻力水平已经经受了3次测试,因此,这肯定会引起人们越来越多地关注牛市趋势的长期发展。

如果这种阻力被打破,那么就会形成一个坚实的支撑平台。如果没有,那么该股在短期内很可能会在这一水平上横盘。

美国水业（AWK）日K线图：
2016年5月至2016年8月

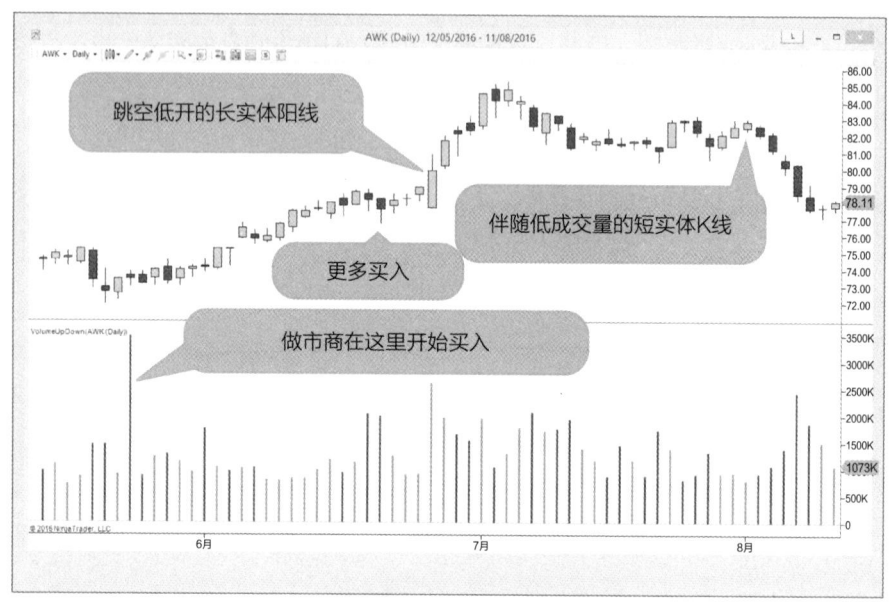

这是一个更简单的例子，这里没有重大的冲击或意外。

做市商的买入非常明显，最初是在5月中旬至下旬，在图表的左边出现了一根高成交量柱体，然后再到6月中旬，价格走势发展得很好。做市商买入对应着图中两个高度相等的成交量柱体，图中标有"更多买入"，这为上涨趋势提供了支撑。

然后我们看到伴随着高成交量出现了一根长实体的K线。当日股票跳空低开，收盘价格位于阻力区域上方，从而发出了关于未来趋势的强劲信号。

首先，K线结合成交量确认了做市商的支撑和买盘，其次是收盘价高于潜在阻力区域，因此给了我们看涨趋势将进一步推进的强烈信号。

到7月份，趋势开始减弱，未能突破上方阻力位。市场开始显得疲软，并注意到阳线的成交量普遍下降，而7月下旬的K线实体也在缩小。

由于成交量的季节性，预计成交量会下降，因此这不是成交量"真实"的信号。然而，价格随后横向发展并且走低，因此市场显得比较疲软。

请注意图右侧的反弹,三根阳线的实体较短,且成交量低,因此可能是一个预警信号。随着成交量的上涨,价格下跌形成经典的价格瀑布,但似乎在下方的平台上寻找支撑。

我们对后市的预期是,目前市场在图左边形成的支撑区域上横盘,如果实现向下突破,那么未来就会出现走低的趋势。

汽车地带（AZO）日K线图：
2016年5月至2016年8月

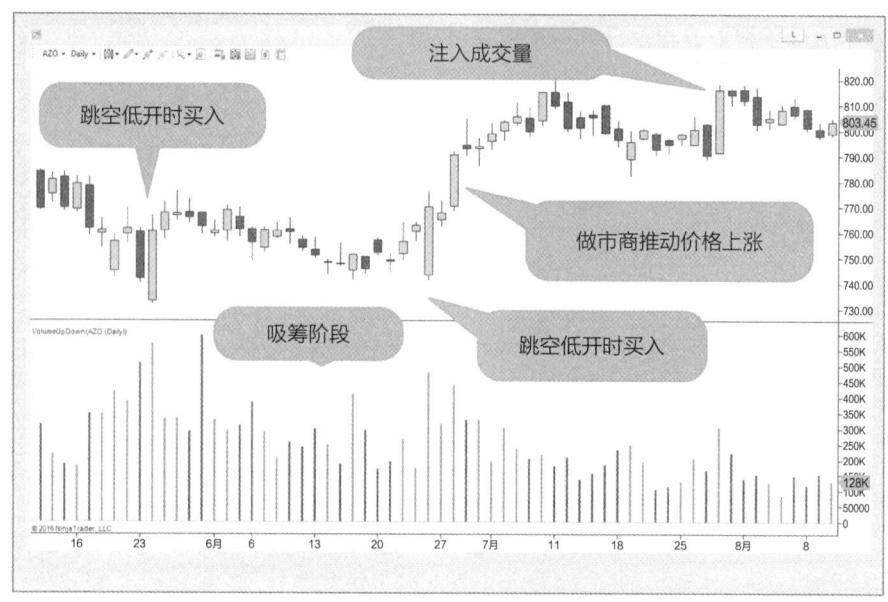

这也是一个做市商积极参与市场的经典缺口价格行为。

第一次是在5月下旬，在图左边的阴线上有大量抛售，随后向下跳空开盘，而当天强势反弹，收盘时伴随着高成交量形成长实体K线以及牛市鲸吞形态。

这是一个巧妙的操作——首先将那些不坚定的对手洗出市场，然后入场买入。这种冲击策略能够产生很显著的效果。随着吸筹阶段的继续，后续的抛售也被吸收。然后在6月下旬做市商重复这一操作。

股票开盘跳空，然后在当天以一根长实体的阳线收盘。请记住，在日内实时走势图上，你会看到这表现为在开盘跳空低开后，伴随着高成交量的强劲上升趋势。

随后的第二根K线价格再次走高，因为成交量很大，实体很长，没有上影线和下影线，因此确认了当天的看涨情绪，并表明做市商参与其中。

最后，市场进入了盘整阶段，对应着图中后半部分的行情，这似乎正发展为高峰期，并可能出现抛售高峰。

成交量的注入也很典型，价格快速移动会提高波动性，表现为与行情高峰期相关的锯齿状价格震荡。这可以让做市商卖出使得市场走弱，而交易者和投资者被吸引到弱势位置并买入股票。

一旦这一趋势持续较长时间，如果进一步波动的价格行动随着成交量的猛增而发展，这就证实了抛售高峰，而市场在一段时间后会出现猛烈的下跌。

波尔公司（BLL）日K线图：
2016年5月至2016年8月

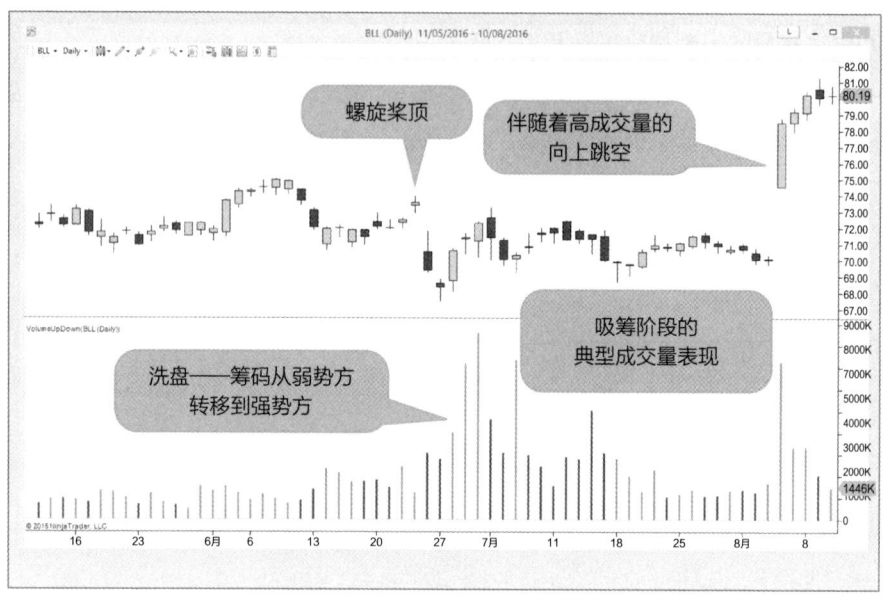

这个例子中，局内人耍了更多的鬼把戏，但通过分析成交量我们同样可以揭示真相。

注意6月下旬的螺旋桨顶部K线和向上跳空的K线。现在看一下相关的成交量。这个跳空有意义吗？不，很明显这一定是陷阱。跳空需要有投入，不管是向上或向下，但是这里没有，所以结论很清楚，这就是一个陷阱！

接下来第二天的行情就证明了这一点，这是一种当股票从弱势走向强势时，将市场参与者震出市场的机制。随后，做市商在吸筹筹码阶段进一步买入，因为他们要为8月初的行情做准备。8月初的行情可以通过高成交量的缺口和长实体K线来确认。

这个例子中，价格运行中的吸筹阶段非常典型，并且持续了一段时间，做市商将部分市场参与者震出市场并出手买入。这段时期成交量的表现也十分有趣，这里看到的情况也经常在市场上出现。

最初的成交量通常很高，发出放量止跌信号，伴随着做市商开始买进，我们看到成交量急剧增长。然后吸筹阶段开始，做市商进一步购买，但随着时间的推移，抛售压力逐渐减少，最终市场上的抛压全部被吸收，市场随后开始反转。这里也是一样的，你可以把它想象成船周围的水波，近距离的水波很大，然后随着距离变远而逐渐减弱。

这就是行情准备和推进的过程，通过量价分析方法可以揭示整个过程。

**波士顿地产（BXP）日K线图：
2016年5月至2016年8月**

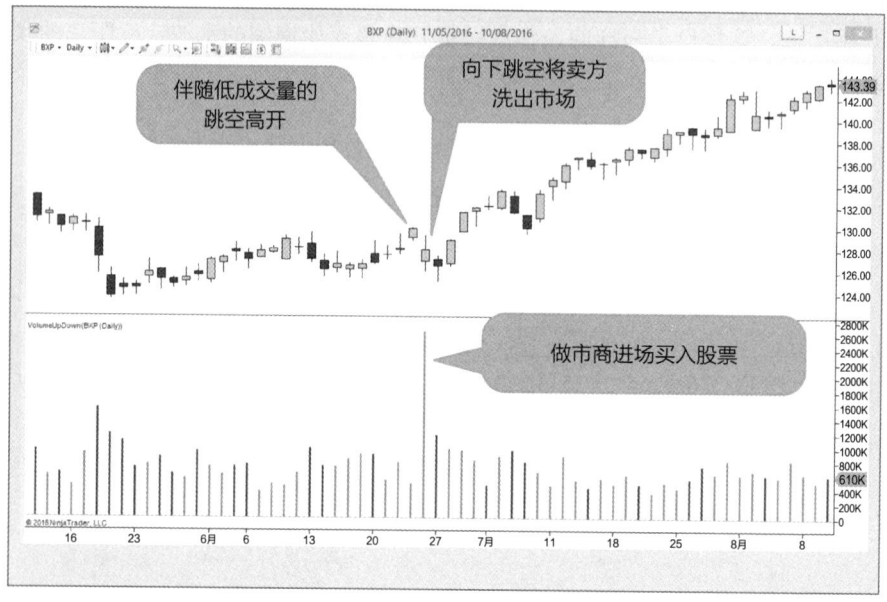

这也是一个关于向下跳空的市场机会的例子，这里的跳空是用来引发市场抛售，然后做市商将其全部吸收，为下一波行情做准备。

他们又一次玩这类把戏。

在5月底的大量吸筹之后，市场已经经历了漫长的盘整阶段，在6月底BXP向上跳空高开，形成一根短实体K线，但成交量很低。

这立即发出预警信号，因为这是一个明显的异常现象：这样的价格行为应该对应着较大的成交量。显然，陷阱正在形成，而做市商还没有参与其中。

第二天，价格跳空低开，伴随着超高成交量的买盘推动价格上涨。这是做市商经常需要应付的情况，因为他们的买入往往会推高价格。随后的交易日，也可以发现做市商进一步大量买入产生高成交量。

这一趋势发展得很好，价格逐步攀升，而卖盘成交量很小，进一步证实了趋势能够维持。这是一个简单而有效的技巧。

跳空被用在许多不同的地方，在这个例子中，做市商设置了一个陷阱，并欺骗交易者相信价格将突破盘整阶段。

这也是许多交易者和投资者谴责这种交易策略的原因之一，因为他们经常陷入这种陷阱而被"淘汰出局"。但成交量总是能揭示真相，没有成交量的虚假交易是非常容易识别的。

随后价格跳空下跌的真正的意图变得明显，做市商开始入场购买。

**卡特彼勒（CAT）日K线图：
2016年5月至2016年8月**

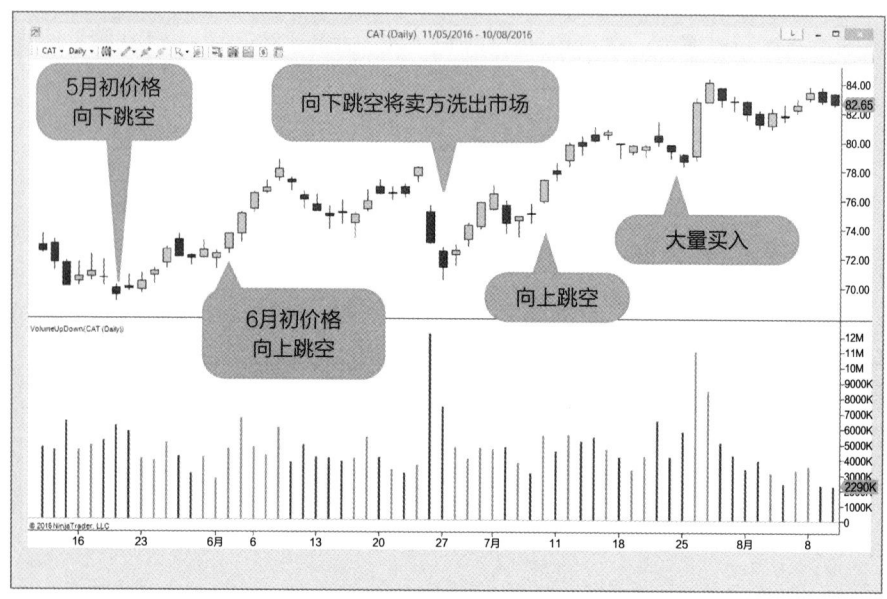

虽然我不想在这里强调，但是在股票交易和投资时，缺口是经常会出现的现象，而理解做市商如何使用这个简单的机制将极大地帮助你把握时机并且避免落入他们所设下的陷阱。

也就是说，它们确实出现在所有市场中，甚至在外汇市场上也不时出现。

本书中还有更多的例子，图中的公司是我最喜欢的股票之一，也是我在这本书的其他地方引用过的股票，在我的个人网站上也提到过。因为我曾经说过如果唐纳德·特朗普当选的话，这只股票会表现很好。

第一次跳空出现在5月初，在高成交量的情况下，K线的实体部分很窄，看起来很清楚，这证实了做市商正在买进。

6月初，我们看到伴随着高成交量向上跳空的K线。后续K线中出现很多向上和向下的跳空。

然后，主要的买进出现在图上巨大跳空和最大成交量对应的交易日，第二天的K线实体部分相对收窄，但成交量同样非常高。这就是洗盘，让投资者因害怕而卖出。

这是最快速和最简单的"摇树叶"的方法，然后就像收集落地的树叶一样，很轻松地买入股票！

我们往右侧看，随着做市商进一步买入，市场走出了漂亮的行情，做市商向市场注入动能，再加上一根长实体K线，这使得趋势更加坚挺并进入价格运行的下一阶段。

美国塞纳（CERN）日K线图：
2016年5月至2016年8月

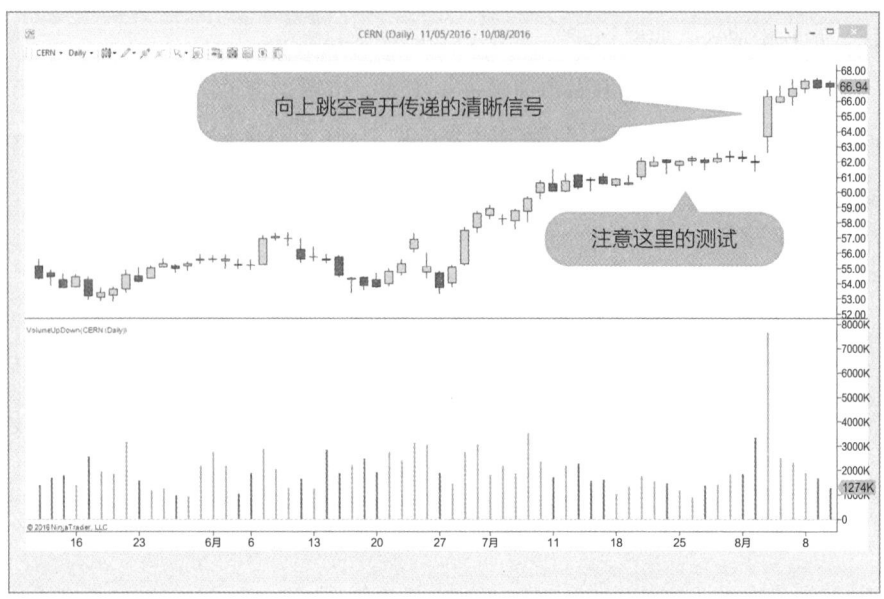

每当出现缺口时，你需要问自己一个问题——这个缺口有意义吗？这里的投入与产出相符吗？

过去发生了什么事，我是否有衡量价格和成交量的基准？支撑位和阻力位也是其中的一个关键因素，在全景不太明确的时候，也可以为投资者提供信心，美国塞纳的例子很清楚地说明了这一点，所以我选择了它。

由于成交量低，股票价格一直处于盘整状态，这正是我们预期应该看到的情况。注意那些低成交量的测试。然后我们看到市场向上跳空高开，伴随着高成交量，价格在接近当日最高点的位置收盘。这看起来很好。

在这样的价格上涨之后，总会有一些获利退出的情况发生，所以我们应该预期此时会出现一个停顿点，如果股票价格运行至真实波幅（ATR）之外，那么这种情况更容易发生，因为不管何时出现，价格往往回到K线的实体范围内移动。

我在这里唯一关心的是与价格相关的巨大的成交量。毕竟，虽然这是一个向上的缺口和一个坚实的长实体K线，比较在图表上类似的K线，我们想知道为什么成交量是如此极端。

这是陷阱的另一种形式？还是价格下跌之前的高峰期价格行为的开始？这肯定是产生巨大成交量的一个原因，认识到这一点，我肯定会保持谨慎，而不会过早入市。高成交量和剧烈波动的价格行为往往预示着抛售高峰的到来，这可能是这一阶段开始的第一个预警信号。

康西哥公司（CNC）日K线图：
2016年5月至2016年8月

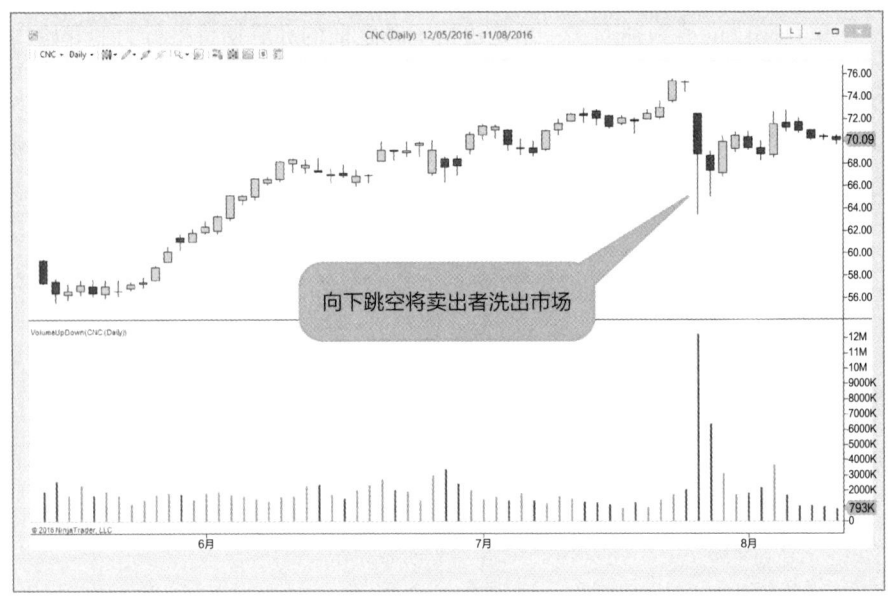

在7月我们再一次发现了一根跳空下跌的K线，在此之前是一根低成交量的向上跳空K线，这预示了7月底的市场大方向。而且，到现在为止，我相信你已经可以对上述图表做出很好的分析了。

在这里，我们看到做市商大规模买进，因为出现了向下的缺口，但像往常一样，这种野蛮的举动可能会吸引那些想要买进或卖出股票的反向交易者。这里的触发因素要么是盈利公告，要么是经纪商给出下降的评级，或者是公司新闻。无论是什么催化剂，其影响都是爆炸性和极端的，股价相对于之前的收盘价暴跌超过20美元。投资者陷入恐慌性抛售。

注意K线的影线的长度，以及做市商买入股票阻止价格进一步下跌的努力程度。在随后的交易中，进一步的买入是显而易见的，但市场未能突破高点，并继续在72美元的价格区间形成一个强大的上方阻力位。

这里的关键是等待进一步的证据，比如局内人是否卖出推动市场走弱，或者价格上涨而形成陷阱。任何低成交量上的长实体K线以及高成交量上的射击十字星都是此类例子。

在如此剧烈的下跌之后，我们可以看到一段时间的整合和进一步的吸筹，做市商利用这种震荡策略再次筹集更多的股票，然后市场走出上涨的行情。

在这个例子中，耐心同样很关键，要耐心等待市场趋势形成之前的确认信号，此后我们才能看清楚市场的方向。

中点能源（CNP）日K线图：
2016年5月至2016年8月

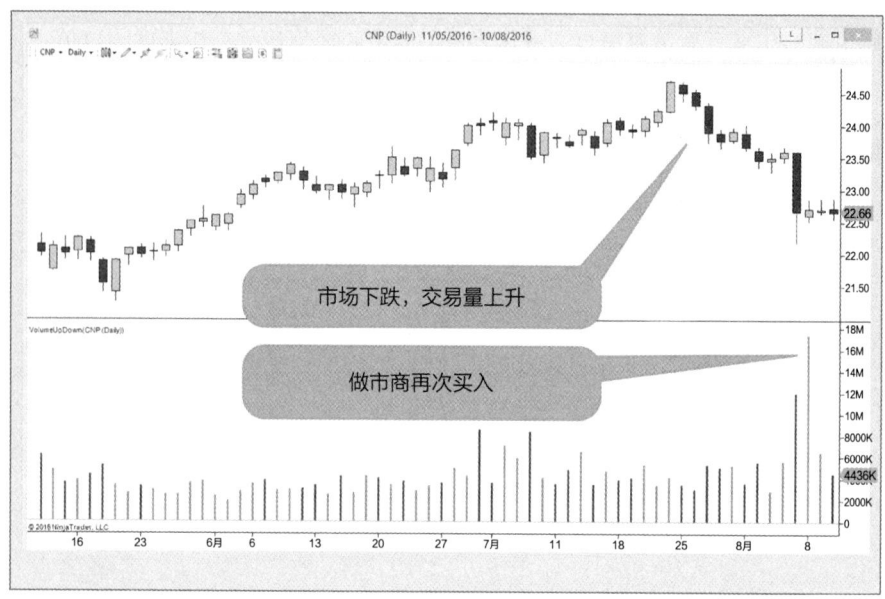

这是一张更"传统"的价格走势图，图中仍然出现缺口，但并没有那么夸张。

在这个例子中，5月中旬的双K线反转之后，市场走出了一波稳定的上涨趋势，向上强势突破，开始第二阶段的盘整行情，随后伴随着6月底向上跳空的短K线上升到更高的水平。

市场上的卖压从7月底开始增加，在成交量上升的情况下市场下跌，看起来还会进一步下跌。情况确实如此，最后，我们分析上图右边的超常成交量。第一根K线伴随着远高于平均水平的成交量，并收出长下影线，发出了一个明确的信号，表明做市商已经入场。第二天的成交量甚至更加极端，但K线实体部分非常短，鉴于前一天的下跌，这意味着做市商再次买入。

然后，成交量恢复到正常水平，表明市场已经达到停顿点，很可能发展成为进一步的盘整和吸筹阶段。

陶氏化学（DOW）日K线图：
2016年5月至2016年8月

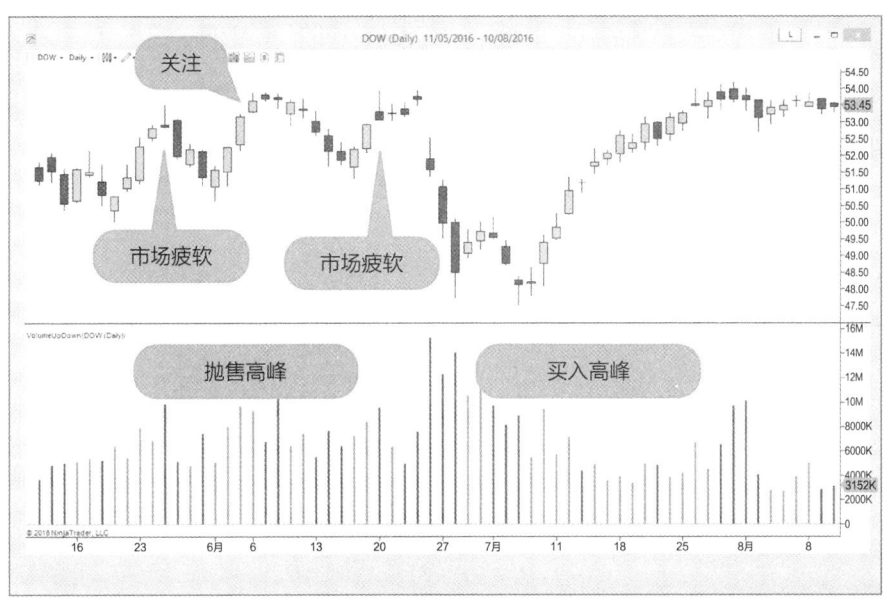

陶氏化学的K线图中有一些很好的例子，特别是基于日K线图，无论是日内交易者还是长期投资者，每日的时间框架可以为未来几天的价格走势提供指导和线索。

5月卜旬的一个高成交量射击十字星发出市场疲软的信号，价格随之逆转。但我们并不预期会出现严重的疲软状态，而仅仅是一个趋势的停顿点。伴随着四根阳线，股票价格上升、成交量增加，市场再次反弹至6月初。但是，请注意其中的最后两根K线。

第一根K线成交量很大且实体较长，接下来的K线实体很短，但是成交量几乎一样。这显然表明此时市场疲软。如果前一天的成交量足以推动市场上涨形成长实体K线，那么第二天也应该会有同样的情况发生。

然而这样的情况并没有发生，所以这是一种异常现象，我们可以从中推断做市商在这里抛售股票推动市场走弱，随后市场的震荡下跌也证明了这一点。

虽然价格在此后有所回升，但是射击十字星显示出市场的疲软状态。价格走势的图形看上去越来越弱，似乎形成了因做市商卖出使得市场走弱的抛售高峰模式。这也与形成的阻力位相互印证。

这一弱势最终得到确认，并跌至6月底和7月初，并在此时形成买入高峰。从这两次买入高峰开始，下一阶段的价格行为逐渐成型，因为一旦洗盘完成，牛市趋势就会启动。

澎泉公司（DPS）日K线图：
2016年5月至2016年8月

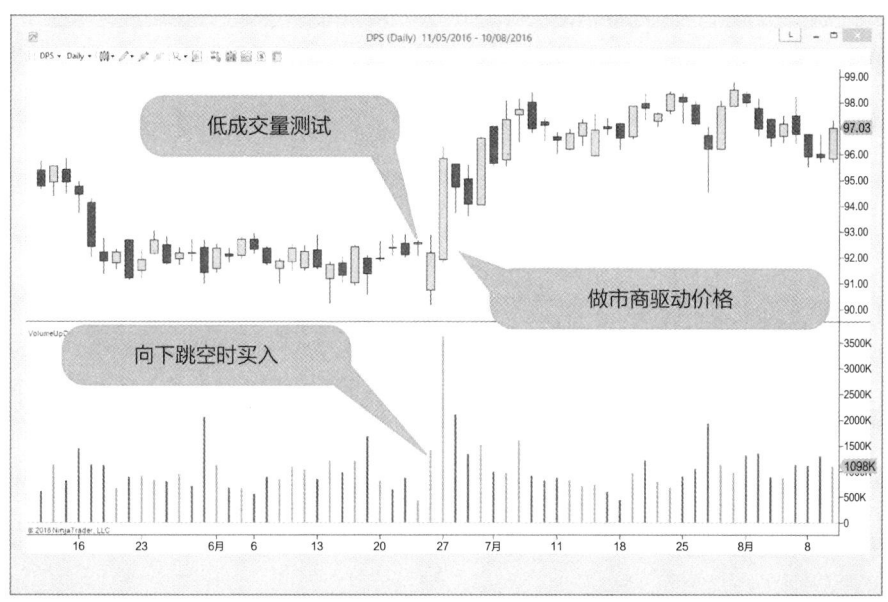

5月和6月，盘整阶段形成，而更高的成交量和更短的影线的K线是买入的迹象。然后市场向上突破。第一根K线是小成交量的测试，做市商已做好准备。接下来的K线跳空低开，收盘价格回到开盘价格上方，并伴随着较大的成交量，这是一个强劲的支撑信号。

做市商已经入市并买入，并且只是利用跳空来引发恐慌性抛售，从而使部分投资者在股价下跌时将股票出售给他们。

接下来股价伴随着高成交量向上突破，这里的长实体K线没有影线。两根阴线代表有投资者获利退出，同时成交量下降，意味着做市商吸收了获利退出的抛售压力，市场已经为下一波上涨做好准备，于是我们看到下一根上涨的K线，而成交量也维持在适当的水平。

市场进一步上涨，之后进入一段较长的反弹与反转交织的盘整阶段。市场看上去并不令人鼓舞，尽管有做市商的支持，但已经显露出疲软的迹象。

现在是需要耐心的时候，等待上方的阻力位或下方的支撑位被突破。

达维塔保健（DVA）日K线图：
2016年5月至2016年8月

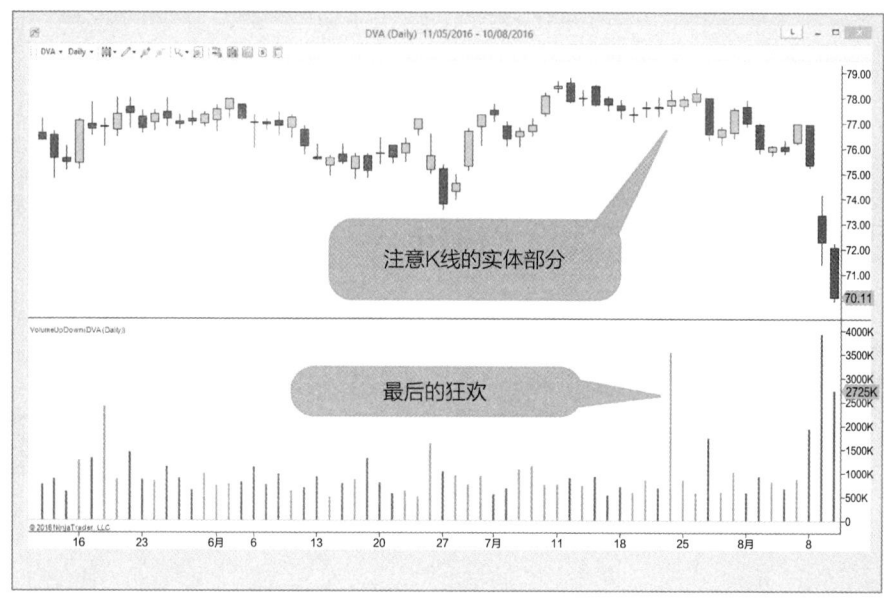

这是另一个有关较长的派筹阶段价格行为的例子，抛售高峰持续了近3个月，我称之为最后的狂欢，这么说的原因一目了然。

这张图表详细描述了两件事。首先，为什么支撑位和阻力位如此重要，因为它们定义了在下一轮价格运行之前的派筹阶段和吸筹阶段的价格区间。

第二个因素是时间，因为这个阶段持续的时间越长，当这个阶段结束的时候，价格的反应就越剧烈。这也是我所说的"弹簧效应"。三角旗和三角形的结构也是如此。能量不断积累，然后突然释放出来。

对于这只股票的许多投资者来说，价格的暴跌会让他们大吃一惊，然而使用量价分析可以为他们缓解痛苦，并减少金钱的损失，因为价格和成交量的异常是再清楚不过的了。

在这方面，做市商已开始做出最后一次巨大努力，出售所有剩余的股票。然后，市场快速下跌，跌破了底部的支撑位，但在这里没有买入的迹象，因此市场还会继续下跌！太简单了。

基于这样剧烈的价格运动，我们预计还会看到进一步下跌，在价格复苏之前，市场还会持续较长时期的吸筹阶段。许多交易者和投资者认为，试图确定顶部和底部是不可能的，但量价分析至少让我们具备一定的洞察力，可以根据理智和逻辑，而不是单纯的情绪来判断。

埃塞克斯信托（ESS）日K线图：
2016年5月至2016年8月

这个例子中有一些有趣的跳空价格行为。

如果我们从6月初开始，第一次出现向下跳空缺口，K线实体部分很长，这里结论很简单。由于K线实体没有影线，我们预计在适当时候还会出现进一步的下行势头。在一系列阴线中的第二根长实体阴线处，做市商继续抛售，重复上次抛售的行为，但此处的成交量更高。然后，伴随着成交量下降，K线实体缩小，买盘出现了。

下一个缺口在本月晚些时候出现。这里，市场跳空低开，但做市商买入，因为收盘价格高于开盘价。另外，K线顶部的上影线显示市场还存在疲软的迹象，因此需要谨慎。第二天又出现一次跳空低开，但伴随着较大成交量股票继续收高。

这看起来是更积极的信号。股票价格上涨，形成上行趋势，直到在反弹的顶部出现跳空高开的熊市鲸吞K线。

最后一个值得注意的缺口是7月底的向下跳空缺口，窄实体K线处出现了强劲的买入。在这里,做市商及时介入市场,买入股票以阻止价格进一步下跌,他们吸收了所有的抛售,并再次补充了股票库存。做市商的反应使价格迅速回升至阻力位。

这张图我们需要在较长时间框架内考察,因为每日的图表包含一些波动很大的价格行为,这个盘整阶段很可能会持续更长时间,直到成交量和价格运行相互配合突破上方阻力位为止。

**安特吉（ETR）日K线图：
2016年5月至2016年8月**

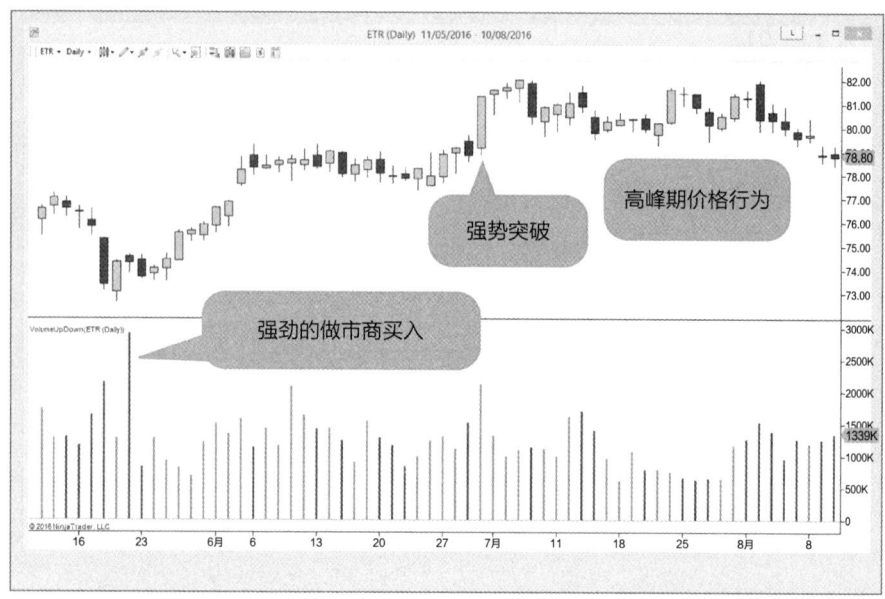

现在我们看这样一张图表，图中的股票价格运行显得更加"正常"，跳空缺口较少。

图中左侧的价格运行从5月开始，在成交量良好的情况下，价格开始走低，并形成双K线反转。随后，做市商在窄实体K线上强势买入，股价进入上涨趋势，并随后进入盘整阶段。盘整阶段持续到了6月，月底伴随着较大的成交量股价向上突破，没有影线的长实体K线证实了这一点。从那时起，价格就继续在一个狭窄的范围内盘整，并再次形成典型的高峰期价格行为和成交量。

在这里，我们几乎每天都能看到价格反转，因为价格不断攀升，然后下跌，伴随着成交量攀升或者成交量萎缩，做市商推动价格上下波动，同时在82美元左右的区域形成阻力，并且使这个区域的阻力变得越来越强大。

再回到缺口上来，图上最后两根K线形成向下跳空的缺口，这往往意味着未来市场的疲软，所以如果77美元的区域被突破，那么这很可能意味着市场在某个时候会走出下跌趋势。

埃克斯龙电力公司（EXC）日K线图：
2016年5月至2016年8月

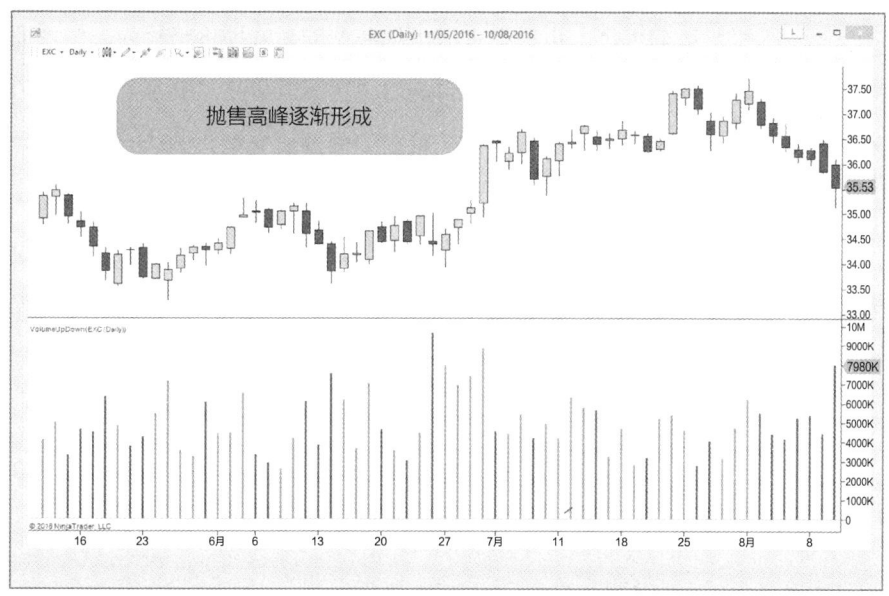

我选择这个例子是因为它很好地呈现了抛售高峰的形成过程。正如你从图表中看到的那样，图中的股价运行位于一个非常狭窄的区间内，股价波动也许并没有第一眼看上去那么剧烈。事实上，我们经常忘记，在一定时间范围内的反弹和反转实际上是在一个更慢的时间框架内的盘整。

这里的价格波动区间大约在3美元左右。这一阶段描述了在下一阶段的行情开展之前所需要的持续的买入和卖出。对于做市商来说，这是一项艰苦的工作，他们要大量抛售来推动市场走弱，同时仍要试图说服买家看好长期市场。

我们从图左边开始，5月初和月末做市商买进产生的高成交量对市场产生支持。随后市场出现一波小规模反弹，在这个过程中，做市商抛售使得市场疲软，在6月初出现向上跳空的缺口。7月底市场抛压依然存在，然后伴随着高成交量价格走高，在这一阶段的顶端，进一步的抛售推动市场走弱，随后市场进入疲软期，价格下降。

在最后一根K线上，做市商的出售量很大，这可能标志着由成交量上升推动的主要下跌趋势的开始和进一步发展。

随着盘整阶段的推进，市场上再次出现典型的高峰期价格行为，做市商首先买进，推高股票一段时间，然后再卖出，再压低价格。这是支撑和阻力水平发挥关键作用的时候，一旦突破，就需要借助成交量来确认突破是有效还是无效。

最后请大家思考一下周K线图，这会压缩上图中的价格运行阶段，这也是在图表分析中使用多个时间框架的更有力的理由，无论是作为投资者还是作为交易者。

第一太阳能（FSLR）日K线图：
2016年5月至2016年8月

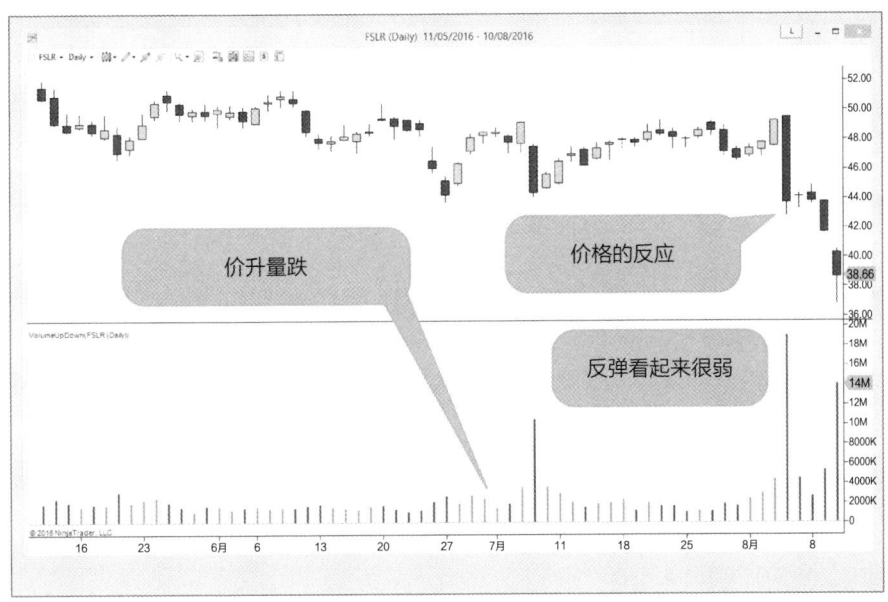

这是一只已经下跌了一段时间的股票，所以其长期的趋势是看跌的，而这也反映在了价格走势中。找到底部和顶部并不容易，但是通过量价分析，我们有了必要的工具来了解做市商何时何地介入并为一波行情做好准备。

回到K线图，尽管8月初的反应使得成交量扭曲，但价格走势证实了这一疲软的状态，股票突破每个阻力位的努力都以失败告终，因此向一个较低的区域移动，进行进一步的测试和再测试。

请注意，7月份市场上涨伴随着成交量下降，这并不是一个好迹象，它表明这次上涨只是一波次要趋势，并证实了长期的看跌情绪。7月初一根长实体K线伴随着成交量的爆发，也进一步证实了这一点。

然而，这根K线之后的涨势又显得很弱，因为它伴随着成交量的普遍下降和对旧阻力区48美元的测试。然后价格降至更低的水平，伴随着超高成交量和一根长实体的阴线，股价向下跌破了支撑平台。

这告诉我们未来该股票的价格只有一个方向。在最后一根K线处，我们确实看到有一些买盘出现，因为做市商在吸收卖压，因此我们可能会看到价格略有反弹，并进一步地盘整，但注意到向下跳空的缺口，这证实了非常悲观的情绪。

　　该股票的前景很容易预测。市场会进入盘整期，然后是在恐慌抛售中被迫买入的做市商进一步抛售股票，其后无疑会在适当时候再一次出现下跌的趋势。

通用成长房地产（GGP）日K线图：
2016年5月至2016年8月

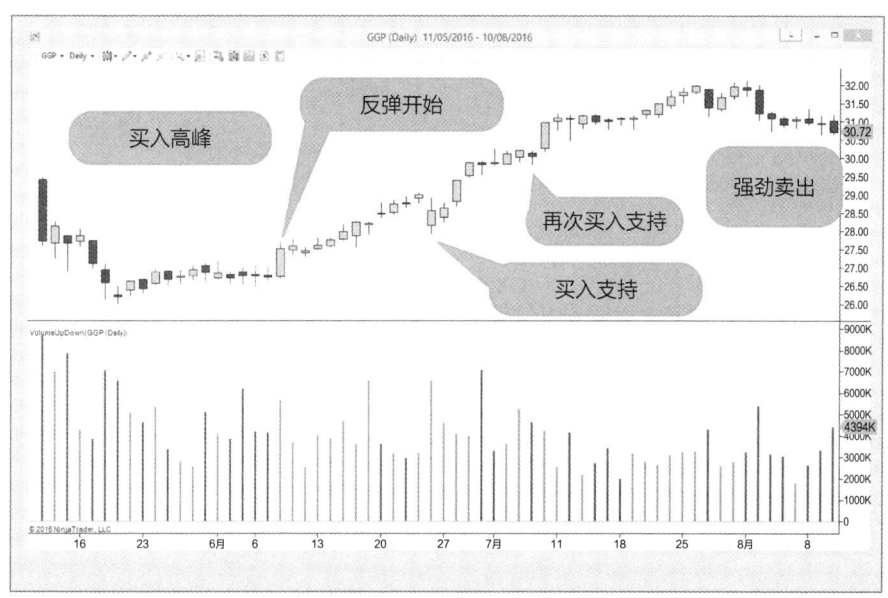

这是一个更好的例子，说明买入高峰和随后的上涨趋势。

在这里，做市商的买入高峰出现在5月的时候，在价格下跌的过程中，做市商大量买入，积累股票库存。

第一根K线意味着市场上存在大量抛售，做市商在第三根K线处第一次进入市场。然后在连续的第五、第六和第七根K线处继续出现了放量止跌的信号，然后在持续三周的时间内开始洗盘扫货。

反弹开始于一根简单的阳线，伴随着良好的成交量，没有上影线和下影线，趋势温和发展。

高成交量支撑出现在6月中旬和下旬，后者在图中跳空高开，行情上涨，并在月底出现了一根小阴线，伴随着高成交量，表明做市商进一步买入。

进入8月份，我们现在看到了做市商强劲抛售的迹象，伴随着高成交量的阴线证实了这一弱势。上升的成交量表明市场未来会出现下跌的趋势，而下方没有明显的支撑，未来很可能出现趋势的逆转。

**通用磨坊（GIS）日K线图：
2016年5月至2016年8月**

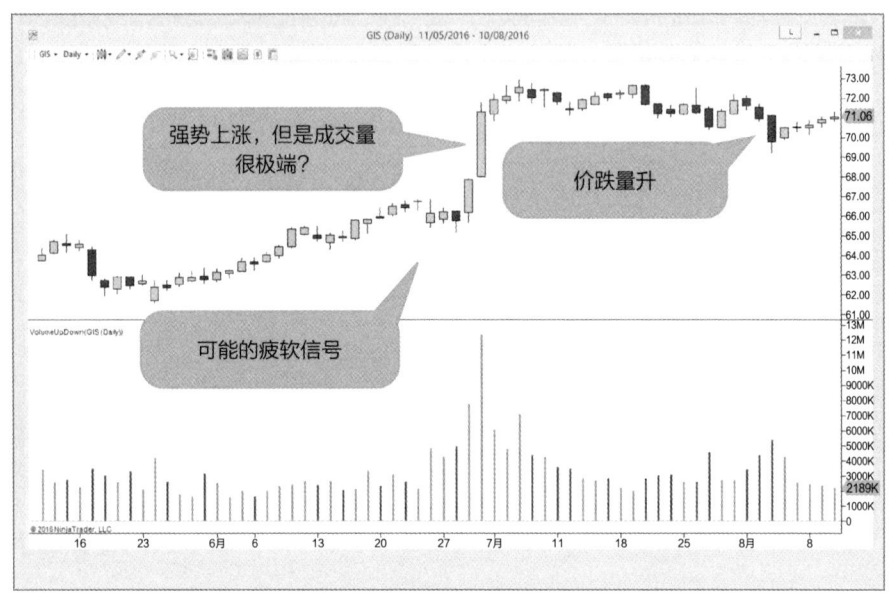

我选择这个例子是为了展示量价分析如何帮助你在回撤中仍然持有头寸，这是在交易中最难做的事情。在这个例子中，价格趋势缓慢移动到更高的位置。然后，一些可能的疲软迹象出现了，因为出现了一个向下的跳空缺口，但当日收盘时又收回了部分损失。

第二天，出现了一根窄实体的阳线。市场确实看起来很弱，但是它的成交量很大。随后一个交易日价格下跌，但K线实体仍然较短且成交量较大，这看起来像是做市商的买入和支撑。这是一根关键的K线，市场在当天下跌，但随着做市商介入，阻止了价格进一步走低。很明显，相关成交量证明了做市商的买入和支持。仅此一点就可以让我们继续持有头寸。

在经历了3天的压力之后，市场又一次在非常好的成交量上强势走高。接着是获利回吐，因为价格形成了阻力位。现在是时候再读一遍信号了，需要关注的是与强势上涨相关的成交量。这里的成交量仍然很极端，这是一个令人担忧的信号。我们可以预见成交量的上升，但这似乎有些过度了，注意随后的三根K线,它们的实体部分很短,成交量很大,这又意味着未来市场可能疲软。

此时,做市商肯定是在出售股票。做市商在当前价格上售出了大量股票,由于更多股票在市场上抛售,股票价格冲高失败。

该股票的走势现在看上去越来越弱,而且该图表右边的反弹看起来也非常温和,预计看跌趋势很快就会出现。

休曼纳公司（HUM）日K线图：
2016年5月至2016年8月

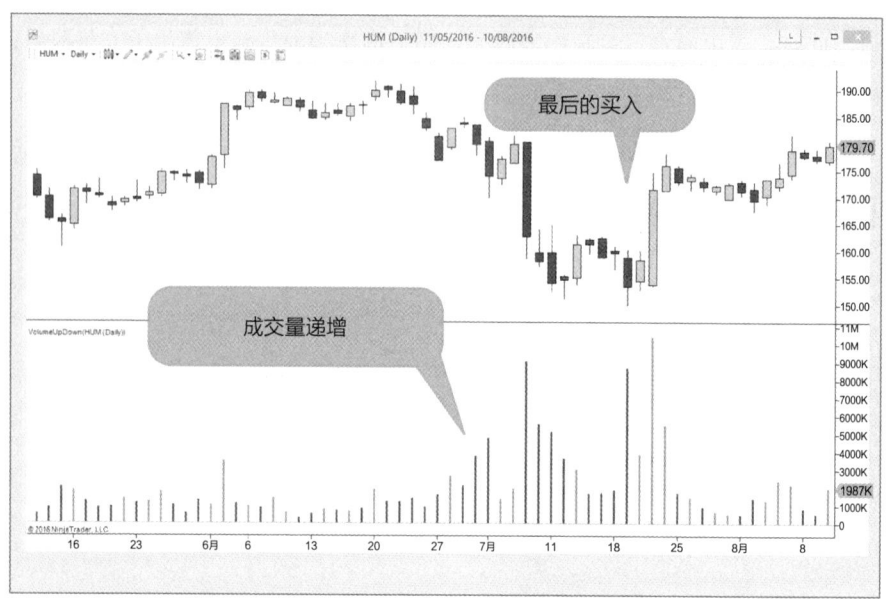

这是一个很好的例子，说明了在一次突然而剧烈的价格波动中，不坚定的持有者如何被洗出市场，而随后就会出现买入高峰，股价也会快速反弹到更高水平。这种方法很原始但很有效，通过成交量可以很容易地证实。这就是量价分析的力量。

值得注意的是，在6月底股价刚开始下跌时，成交量逐步上升。之后，在两根平均成交量的K线之间出现了一波小幅反弹，随后是超高成交量的价格剧烈而突然的下跌。请注意，这根K线底部有一个很短的下影线，所以很明显，做市商还没有完成其行动。

接下来的两根K线看起来都很弱，在最后的买入到来之前，两根K线均形成上影线，而且成交量也很大。然后洗盘阶段开始，在一系列K线之后，我们看到了与之前相近的超高成交量，但K线实体比较狭窄。

这显示了做市商真实的购买意图，并且是成交量和价格相对性的一个很好的例子。在这里，我们比较这一成交量（与之前出现的极端成交量相近）

和K线，K线实体要短很多，因此买入的信号非常强劲。

然后，伴随着巨大的成交量，市场以强劲的势头进入下一个复苏阶段，并再次测试5月和6月的高点。

最后，想象一下在周K线图上压缩后的价格行为。还请注意目前190美元左右的阻力位，如果这一阻力位被突破，那么在吸筹行为的推动下，预计该股票在长期内将继续走高。

铁山公司（IRM）日K线图：
2016年5月至2016年8月

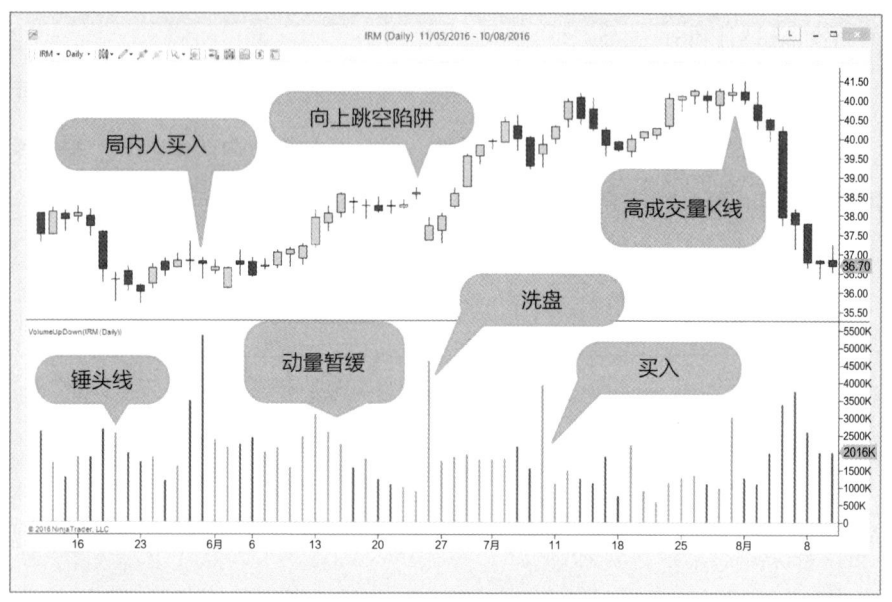

在这个例子中，我们用成交量来描述市场的节奏。

在图中，持续的做市商买盘出现在5月底，他们在为更高的走势做好准备，此前较早的时候是吸筹阶段，有一根大成交量的锤头线，后续两根K线表明做市商进一步买入。

反弹开始，价格逐步走高，但成交量下降，使上升势头止步不前。在成交量较低的情况下，出现了向上跳空缺口的陷阱。第二天，市场跳空低开，不坚定的持仓者被吓跑，向做市商售出更多股票，形成当天的高成交量。

反弹不断积累动量，7月初出现进一步的买入，成交量较大，股市进入反弹的下一阶段。

最后，7月底市场上出现了十字星，伴随着高成交量，发出了疲软的信号，做市商开始抛售，伴随着不断升高的成交量，价格下跌形成价格瀑布。这是一个典型的疲软迹象，做市商在相对较弱的反弹行情中抛售股票，随后股价反转，并形成价格瀑布。

我们还可以说，在整个这一阶段的价格行为中，看涨趋势从来没有显得非常强劲，而且要记住，这一轮的上涨分布在3个月内，在此期间股票只缓慢地上涨了4美元。

在反弹的顶部市场看上去也很疲软，上涨的交易日虽然成交量上升，但K线实体部分收窄，使市场前景更加暗淡。

之后随着成交量上升，又形成价格瀑布，再之后趋势暂停。但请注意图上的最后一天——高成交量和一根带着长上影线的K线，市场发出强烈的信号，预示着未来还会有进一步的下行势头。

洛克希德马丁（LMT）日K线图：
2016年5月至2016年8月

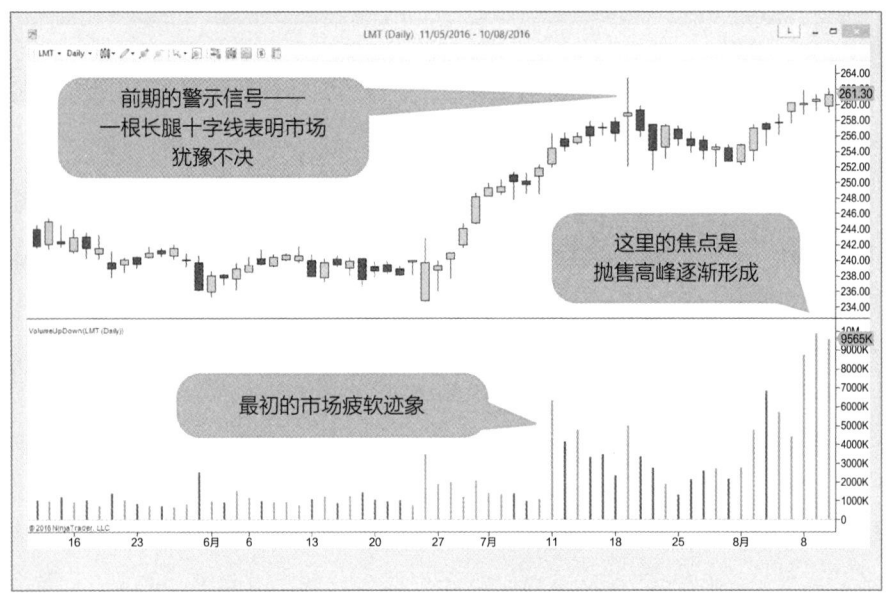

这是一张迷人的图表，并再次强调了成交量的力量和它可以揭示的真相。想象一下，作为一名投资者，你正在考虑是否以261美元的当前价格买入这只股票，从价格来看，这看上去不错，但如果不考虑成交量，你的任何决定都只能基于该股以及更广泛的市场和指数的技术和基本面前景。

上图的右边是需要认真考虑的区域。7月份反弹的走势推动股价进一步走高，并延续到8月初，在这个过程中，7月底的长腿十字线只是一个停顿点，但也证实了市场在高成交量水平上的犹豫不决，此前市场也曾发出疲软预警信号。

成交量激增，而价格走势疲弱，这是做市商准备市场反转的第一个迹象，发出了前期的警示信号。

股票随后进入盘整状态，我们看到8月份的成交量突然膨胀。这是爆炸性的快速上升，但价格一直在一个狭窄的范围内运行。

这看上去很可疑，也是做市商大量抛售的征兆，因为热切想要进入市场的买家害怕失去一些容易获利的机会。这些自作聪明的新手对于做市商而言，是完美的"韭菜"。

这些交易者和投资者在场外旁观，眼睁睁看着股价迅速上涨超过30美元，因为害怕错过接下来的收益，所以他们买入。对错失机会的恐惧是一种强大的推动力，它经常使交易者和投资者陷入弱势。

由于恐惧和贪婪同时存在，市场正在形成一轮主要的抛售高峰，这是一个经典的例子。因此，现在是时候减少或关闭所有的仓位，等待不可避免的下跌，而这次下跌可能是剧烈和突然的。

不动产收益公司（O）日K线图：
2016年5月至2016年8月

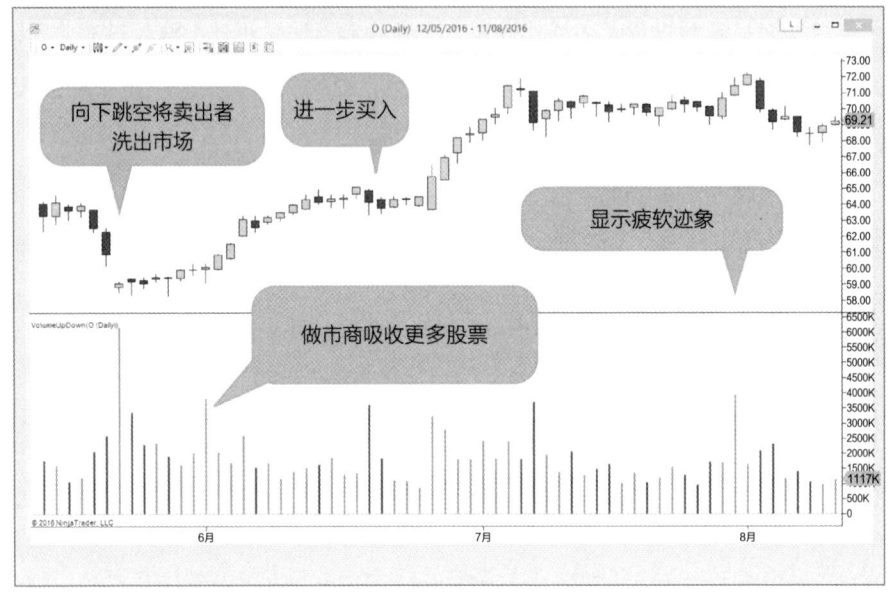

这个例子很好地说明了如何解读市场，以及如何在一波趋势中坚持到底。但现在的行情显示出结构性疲软的迹象，有可能出现看跌趋势。

如果我们从上面趋势图的左边开始，我们再一次看到一根向下跳空的K线，这会引发恐慌抛售，筹码转移到做市商手中。在这里，抛售发生在5月下旬，更进一步的抛售也在6月初被吸收，随着做市商的吸筹市场进入吸筹阶段。

这一趋势在本月晚些时候随着进一步的买入支撑而开始发展，然后在成交量稳定并与价格走势相一致的情况下，这一趋势进入下一阶段，市场在一个更高的水平上进入盘整阶段。

第一个疲软的迹象是，在市场高点处，做市商大举抛售，然后价格又回落到这根K线实体范围内，形成了盘整阶段。第二个非常强的信号出现在K线图的右边，成交量激增，并出现了一根窄实体K线。在这里，做市商大量抛售，使市场走弱，表明目前的市场不愿接受更高的价格。

该股再次下跌,并在此过程中进一步形成阻力区域,同时也向下跌破了下方的支撑平台。

然而,抛售压力在8月初有所减弱,这是意料之中的,但向下跌破底部支撑位后,进一步下行的压力也有所增强,随后的成交量证实看跌趋势还将持续,目前来看这种可能性很大。

希悦尔公司（SEE）日K线图：
2016年5月至2016年8月

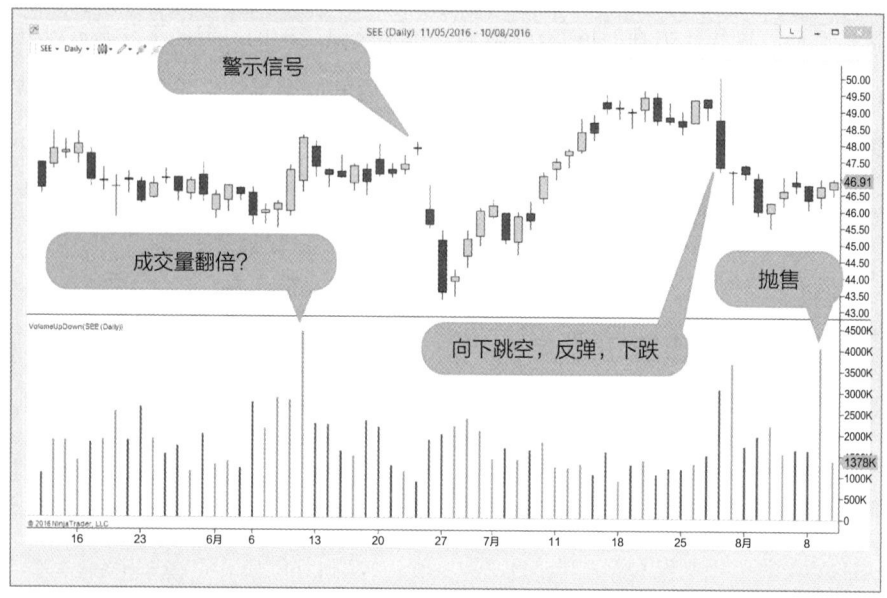

在该公司的股价运行中可以看到更多量价分析的信号。这是一个更长时期的整固阶段。但首先，我们必须注意到图中的股价在6美元范围内波动，如果在每周图表上加以考察，这一点将更加清楚地显示出来。

这只股票已经区间震荡了一段时间，它展示了与做市商买卖相关的经典锯齿状波动的价格走势，这种价格运动是连续不断的。首先买方被吸引进来，然后市场上出现大量抛售，此时投机性卖空者被吸引进来。

然后，价格又会上涨，那些不坚定的多头交易者卖出股票结清头寸，他们非常高兴地看到自己只有小亏或盈亏平衡，同时还避免了潜在的更大亏损。更多的买家进入，然后不断重复这一过程。他们也陷入陷阱，成为市场上的弱势群体。在市场进一步下跌至底部时，卖空者也出于同样的原因退出市场。这是一个不断清洗买方和卖方的过程。

第一个信号发生在6月中旬，两根长短和形状相同的K线推动价格强势走高，但第二根K线的成交量几乎是第一根K线的两倍。这就是一个警示信号。

毕竟，如果第一根K线的成交量足以驱动价格上涨X，而第二根K线有2倍的成交量，但只驱动价格上涨X，那么就代表此处有问题。所以这是个预警。

在非常低的成交量上跳空高开的十字星也是先兆。这是一个明确的警示信号，这一次，砰，市场下跌了，随后是更大程度的下跌。

反弹开始后，股价又回到了50美元的位置。然后，我们看到向下跳空的缺口，当日价格反弹又下跌，全部出现在一根K线上。在此之后的第二天，成交量增加，因为做市商被迫购买正在出售的股票。

然后，在倒数第二根K线上，K线实体很短并伴随着大成交量，意味着更大规模的抛售推动市场进入疲软状态，由此得出的结论是，这只股票将再次下跌。

圣犹达医疗用品公司（STJ）日K线图：
2016年5月至2016年8月

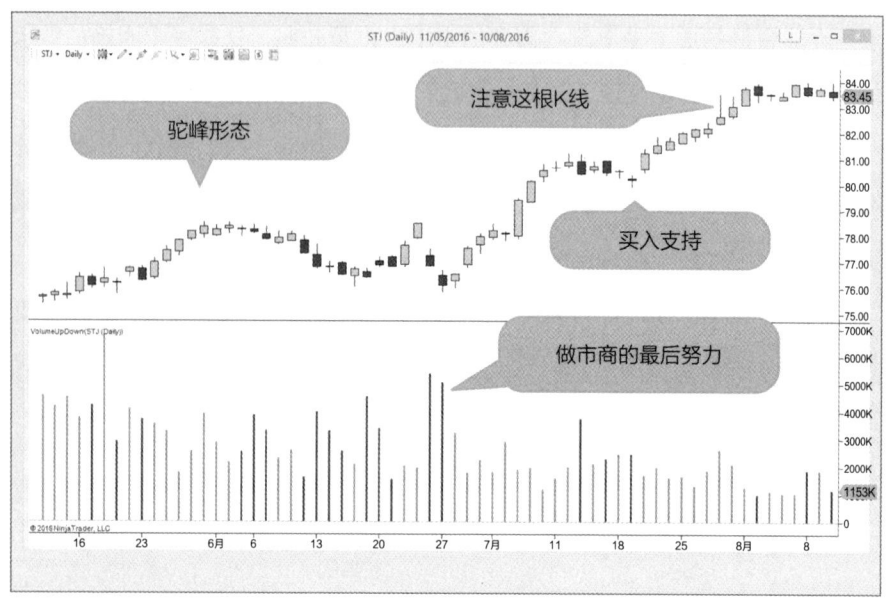

这张图上的趋势花了一段时间才逐渐形成，5月份的驼峰形态表明涨势还没有完全准备好，在"驼峰"顶部的窄实体K线和高成交量发挥了作用，并显示出疲软的迹象。

随后，做市商开始在疲软的市场上买入支持价格上涨，并在6月底市场连续两天大幅下跌时做出最后的努力大量接盘。在燃料充足的情况下，反弹开始，伴随着上升的成交量，价格突破阻力区，进入7月中旬的第二次盘整。

在这里，价格运行再次停顿，当获利者了结平仓，做市商介入吸收了所有的抛售。向下跳空的缺口很小，价格运行受到控制，因为做市商吸收了这一轮规模不大的抛售，市场成交量高于平均水平，而他们也开始准备再次推动上涨趋势。看涨趋势恢复，但随后我们看到前方出现了疲软的信号——注意K线的长上影线和高成交量。

这不一定是一个逆转信号，但这无疑是未来可能走弱的信号，因为做市商开始在目前已开始走弱的反弹中抛售股票。正如我们所预期的，随着行情往图右方推进,下一个盘整阶段开始成形。如果市场上所有的抛售压力都在这里被吸收,那么,一旦价格突破84美元左右的阻力位,预期市场将启动一轮新的趋势。

星座品牌酒业（STZ）日K线图：
2016年5月至2016年8月

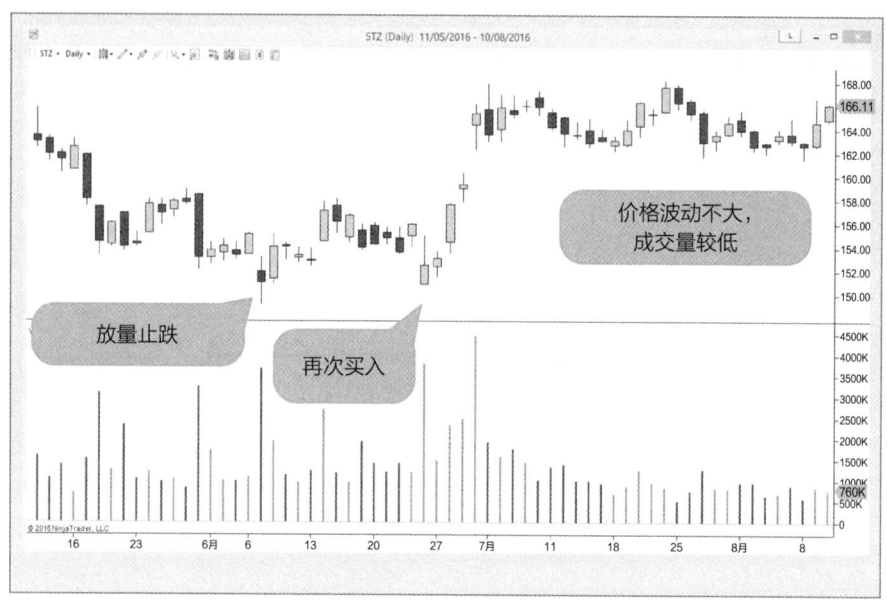

在这张图中，也出现了很多缺口，而且随着趋势的发展，一些波动的价格行为也伴随着这种缺口。最初的疲软信号出现在图表左边的第一根K线上，是成交量较大的射击之星。当价格行为发展到吸筹阶段，在最初的放量止跌信号到来之前，伴随着大量的抛售，价格瀑布得以形成。

一个跳空低开引发了进一步的抛售，做市商再次介入购买。

这一轮行情现已准备就绪，随着进一步注入成交量以及向上跳空，价格迅速提升到下一个水平，并且由于价格快速走高，市场进入一轮强劲的盘整阶段。

然而，目前还没有任何迹象表明这是一个抛售高峰，因为成交量和价格波动不大，所以我们可以得出结论，目前这只是强势走高之后的一个停顿点。

现在的关键是注意目前正在形成的支持和阻力水平。如果在高成交量的支持下，上方阻力位被突破，那么我们可以预期这只股票在更长的时间内会走得更高。

硕腾（ZTS）日K线图：
2016年5月至2016年8月

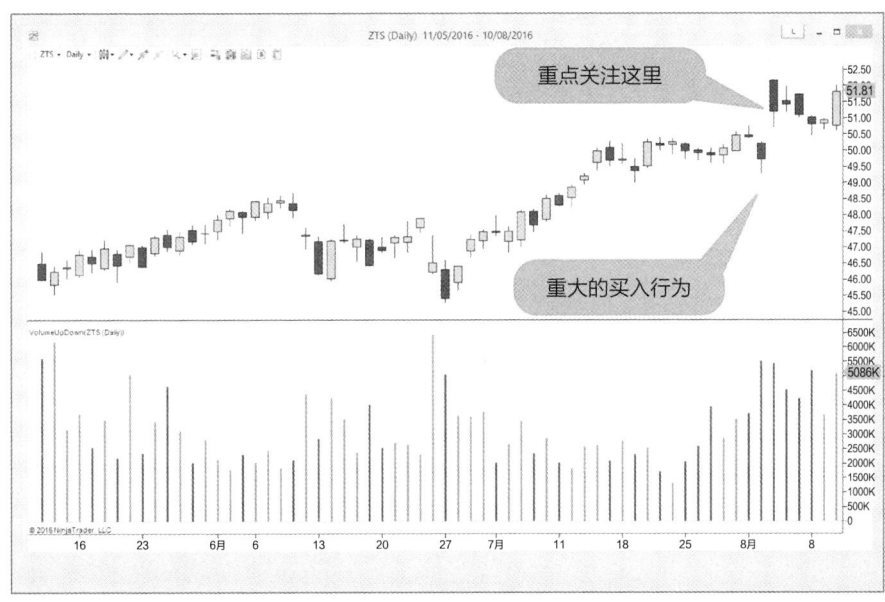

我们用这个例子作为本部分日K线图分析的结束。图中可以看到8月初一些有趣的价格行为，它描述了做市商所钟爱的向上跳空缺口的另一个方面。

这里要关注的价格波动是在8月初，在图表的右边。这一缺口是在前一交易日大量买入之后出现的，因此这在预料之中。但市场上最开始出现的是向下的跳空缺口，这引发了投资者的抛售，而做市商适时地介入购买。K线实体很窄，并且有下影线，很清楚地发出了一个强有力的买入信号。

第二天，价格开始在同等成交量上跳空高开，快速走高，然后产生卖盘，由做市商吸收。毕竟，他们已经在前一天尽力买入，现在想要将价格保持在较高水平。

在接下来的几天里，做市商继续买入以支撑这一水平，在图表上的最后一根K线上，股票被参与推高的做市商注入了成交量，因为这一天伴随着较高的成交量形成了长实体阳线。

关键点是我们有了一个跳空高开，做市商买入的强烈信号进一步加强了这一点，最后一根K线的信号更强烈。

  结论很简单，我们可以预期在适当的时候价格会进一步上涨，一旦52.50美元的阻力位被突破，这一趋势可能会进一步发展。作为投资者，现在已经可以买入了，或者如果你更谨慎的话，也可以等待阻力位被突破时再入场。

Stock Trading
&
Investing Using
Volume Price Analysis

第五章
基于日K线图的期货交易实例分析

第五章 基于日K线图的期货交易实例分析

在本章中，我们采用与上一章相同的日时间框架，但将目光投向其他市场，尤其是期货市场。本章的例子包括商品期货、债券期货、指数期货和外汇期货。

这里的成交量以交易的期货合约为基础，但是和其他所有例子一样，适用的分析原则相同，在这个市场上推动交易量的是主力。

我希望你们已经对量价分析有了较为深入的了解，并且理解了它如何能被应用于各种类型的交易和投资，或者说不同的市场或工具。

因此，让我们从软商品开始讨论最后一组例子，在这些例子中，供求的动态关系和价格发现机制仍然成立。

**大豆期货日K线图：
2016年5月至2016年8月**

（编者注：在本书中，深色实体表示下跌，浅色实体表示上涨）

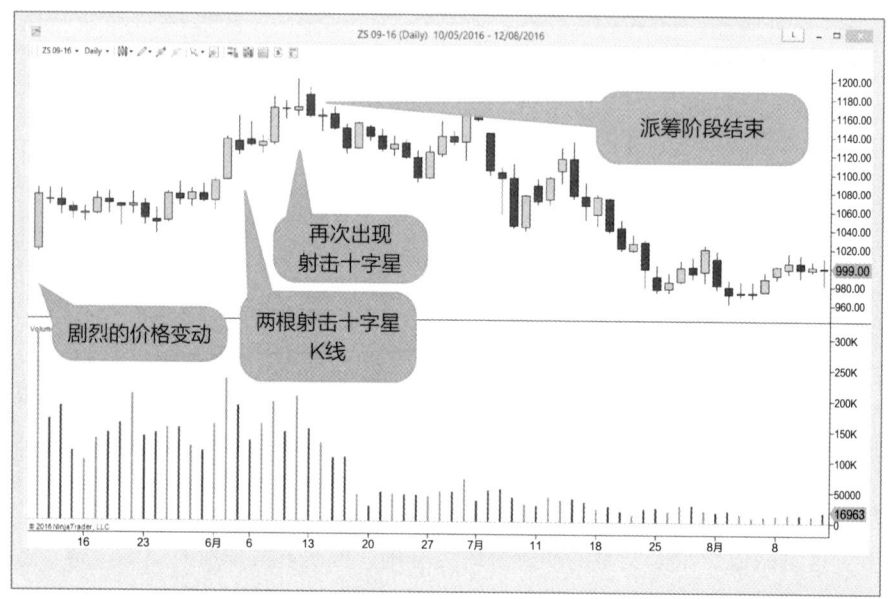

我们又回到期货的成交量分析，并从商品期货开始。上图是大豆合约的日K线和交易量图。与前一部分股票的日图表一样，这些图表都覆盖了大约3个月的时间。如果我们从图表的左边开始，关注每一次强势价格上涨之后的价格反应是很有意思的，每一根长实体阳线后都伴随着短期的整理阶段，而获利回吐的卖出被主力吸收，为下一波上涨做准备。

图中的第一根K线为本轮行情定下基调，这是一根长实体K线，没有影线，并且伴随着极高的成交量，对日内价格提供了支撑。交易量显示主力参与其中，并加入了这一看涨的行情。

盘整阶段不断推进，随后市场主力注入交易量和动量，随着价格上涨和成交量上升，推动价格从该区域上行。但是，请注意接下来的市场表现。我们看到两根射击十字星，同时有很高的成交量，这不是一个令人鼓舞的信号，而可能是市场疲软的早期预警。市场继续上涨，出现了另一根高交易量支持的长实体K线。然而，两天后，我们又看到了市场疲软的迹象，高成交量的射击十字星再次出现。加上早先的信号，价格运行现在开始显得相当疲软，看跌的动能发展为下跌的趋势。

这里的启示是——在图表的这一点上，我们无法衡量对应成交量的显著程度。换句话说，只有在此之后，我们才能看到该区域的抛售是否重要，因为在随后的几个月中有更多的"常规"交易量可以和已经发生的交易量进行比较。

只有在我们观察到交易量下降并回到正常水平之后，我们才会意识到这个图上早期的交易量是多么极端。这也引出了成交量的相对性问题，这一直是我们必须认真考虑的问题。

在本例中，我们可以通过使用更慢时间框架的行情图来检查极端交易量，这样做将立即凸显交易量确实是极端的还是简单的"正常交易量"。我们还可以从每周或每月的图表中立即看出，该交易量是平均水平、非常高还是极高。

这将给我们提供更多的信息，帮助我们判断在每日的时间框架里成交量的意义。除此之外，同样有效的办法是，在每日图表上回溯历史，以便进行比较。换句话说，观察更多的数据，因为这也会显示出目前的交易量是正常还是极端。

这是一个持续的比较过程，我们必须始终考虑这一点。通过使用多个时间框架的图表，有助于参照更慢的时间框架和成交量自身的历史记录，来更好地认识更快时间框架下的成交量状态。

玉米期货日K线图：
2016年5月至2016年8月

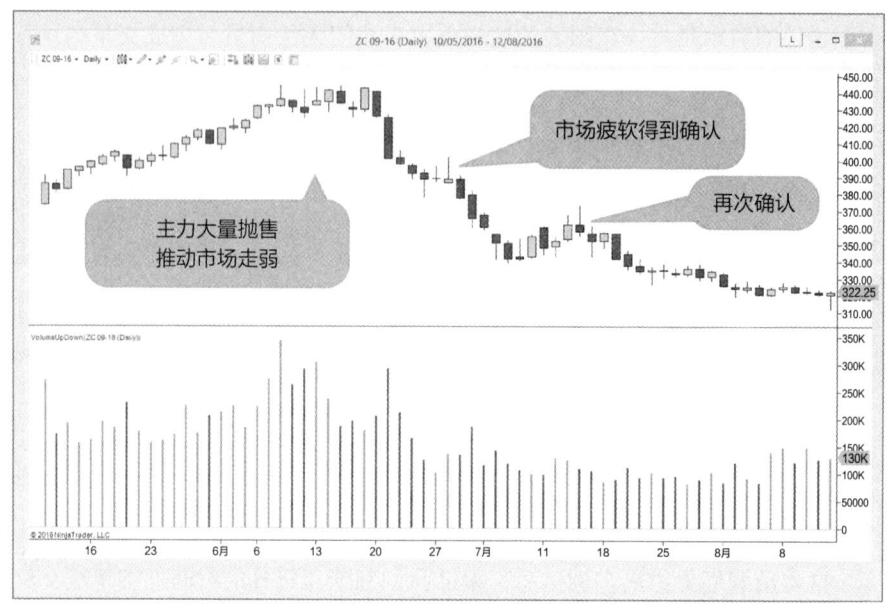

这是关于玉米期货价格走势的一张很有代表性的图表，也是我在本书中的最爱之一，因为它几乎就是一个"两方的游戏"。这张图给我们很多的启示。我们可以看到从5月下旬到6月份逐步酝酿形成的抛售高峰。

图中的成交量增长很快，而且达到了极端的水平，而交易量的变化完全没有反映在同期的价格变动中，在此期间玉米期货价格窄幅波动。和前面的例子一样，这里我们还是需要检验成交量是极端的，还是仅仅属于日K线图上比较高的交易量水平。

在趋势的顶端，我们看到最后的战斗结束了，市场上的主力非常剧烈地抛售，使得市场走弱，他们也竭尽全力试图让价格保持稳定，直到他们为下一阶段的行情做好准备。

最后，图中出现的三根射击十字星，再加上双K线反转，确认市场进入疲软状态，随后市场开始下跌，形成价格瀑布。然后就开始了经典的下跌走势，伴随着价格下跌，成交量上升。注意图中6月下旬第一个暂停点处对疲软状态的确认，然后下跌趋势重新启动，价格下降到更低的水平，最后卖压减弱。

"确认疲软"K线是下跌趋势中最强有力的信号之一，也是做空交易者入市的好时机，这种信号让投资者确信——这一波下跌趋势尚未结束。

不管怎样，这是看跌趋势将继续下去的最强信号之一，而且事实上随着市场进一步下跌，我们又看到了该信号重复出现。

实际上这里所发生的是，市场主力在下一轮行情开始之前，卖出让市场走弱推动价格进一步下跌，因此他们在疲软的市场中大量出售，当他们在努力抛售时，K线上生成了上影线。

黄金期货日K线图：
2016年5月至2016年8月

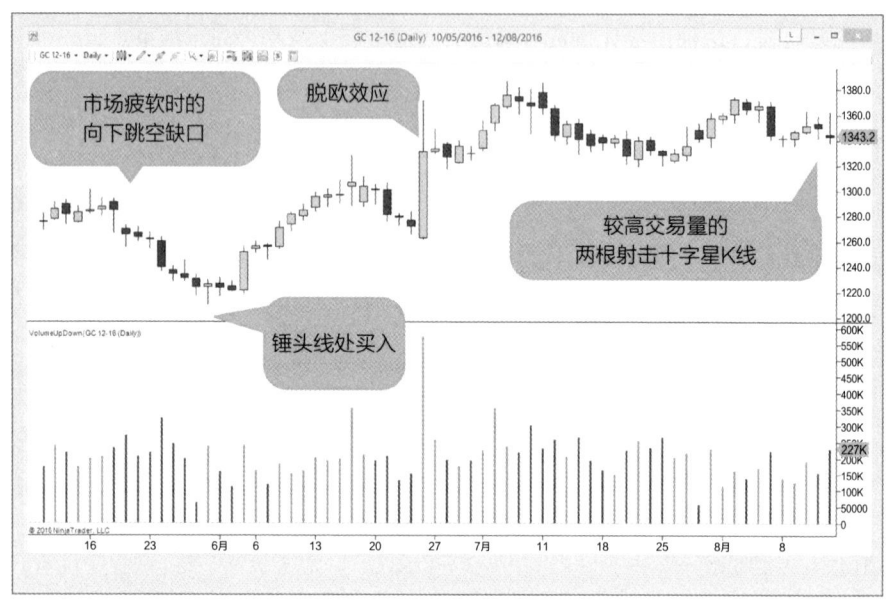

虽然黄金期货走势图是由中间的英国脱欧K线主导的，但这里还有其他的情况。

如果我们从图表的左边开始，市场在5月份就已经看上去疲软了，伴随着高成交量市场尝试向上，随之出现了吊人线，接着开始有人抛售，市场随后进入看跌的走势，在向下跳空缺口之后成交量逐渐上升。

但是，请注意随着市场走低，交易量开始下降。很明显，由于现在市场价格下跌，所以卖盘压力正在下降。同时，在一根交易量极低的阴线（代表抛售结束的信号）之后，可以看到市场上的主力立即在锤头线处进入并且买进。

在一根较大交易量的长实体阳线之后，市场开始新一轮上涨，走势平稳。但随后出现了一根高交易量的长腿十字线，显示市场的不确定。这不是逆转信号，而只是英国脱欧投票前市场趋势暂停和犹豫不决的信号。

英国脱欧K线本身的有趣之处在于上影线的长度，结合下方的巨大成交量，这显示了当日市场上的抛售力度。

这是一个戏剧性和不稳定的交易日，结果是在包括黄金在内的所有市场上产生冲击，并导致了一场资金涌向避险资产的热潮。

但黄金价格未能突破，而是仍保持在盘整状态，8月份市场显示看跌情绪，在一根高交易量的阴线之后出现了两根射击十字星K线。

此外，在这一价格水平上方形成强势阻力，预示着贵金属将持续走弱。

可可期货日K线图：
2016年5月至2016年8月

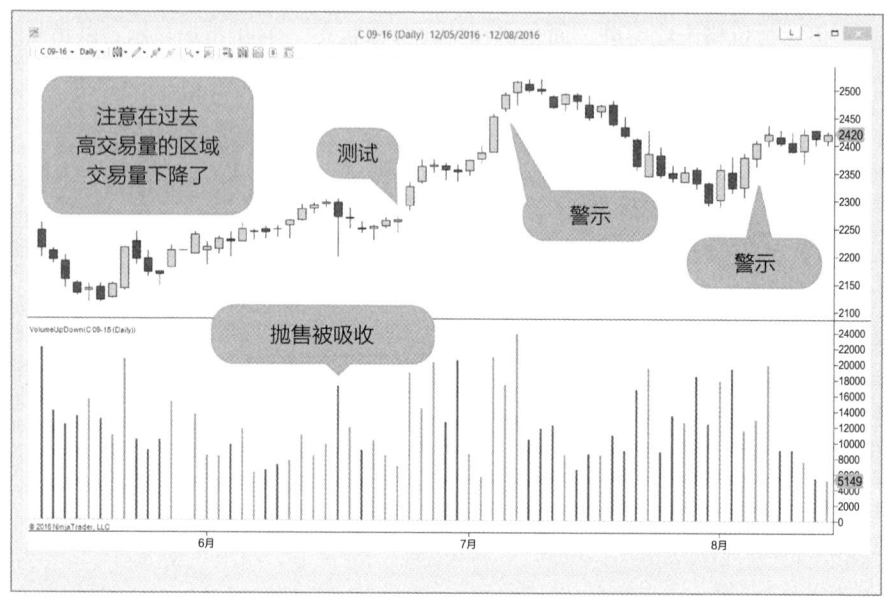

上面的可可期货日K线图是一个更经典的量价分析的例子。

我们还是从图表的左边开始，注意观察价格刚开始下跌时的成交量，以及价格随后立即反弹到相同区域时的成交量。显然，卖压已经被主力所吸收，而这一波行情正在酝酿之中。这是新手在量价分析研究中经常错过的信息。

来看这个例子。价格下跌过程中的成交量高于价格恢复到同一区域后的成交量。换句话说，以前是高成交量的价格区域，现在是成交量较低的区间。也就是说，在同样的价格区域内，卖出压力已经得到缓解。

随后反弹开始，价格持续走高，在6月中旬时出现了较为强劲的出售。在图中显示为一根下影线很长的阴线。

现在看一下该交易日内的价格走势。早盘时出现强劲的抛售，随后出现反弹，并以接近开盘的价格收盘。

结论很简单——市场上的主力正在大量购买。市场随后进行了一次小规模的低成交量测试，随后市场以高成交量跳空高开，在本月底前进一步的买盘支撑价格上行。

7月份市场继续上行，但随着成交量达到极端水平，市场看起来有些疲软，超高成交量上的窄实体K线就是一个警示信号。市场下跌后又出现反弹，但请注意在8月初信号再次出现，我们看到另一根高成交量的窄实体K线。

这似乎预示着市场将进一步走弱，该商品期货长期将形成看跌趋势。

天然气期货日K线图：
2016年5月至2016年8月

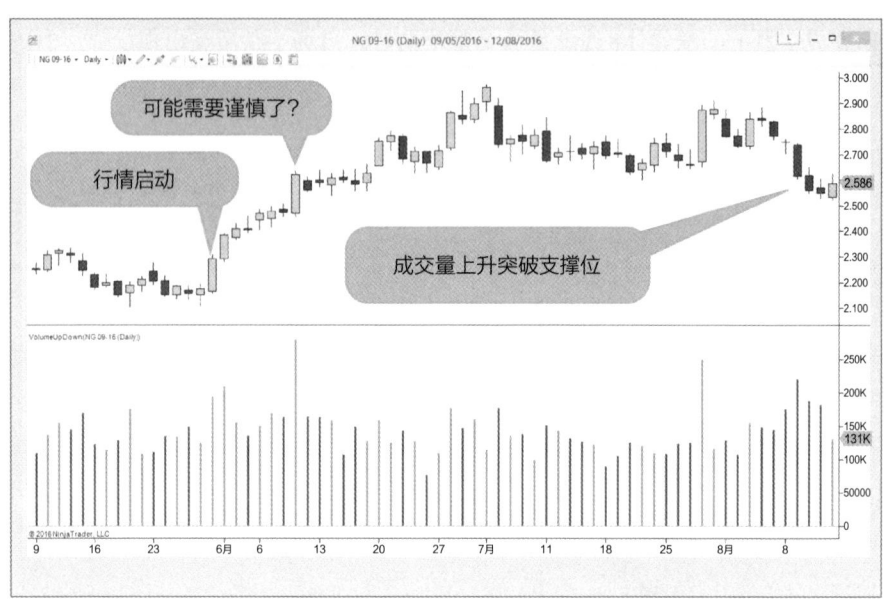

天然气期货也被称为"寡妇制造者"，可能相对于其他期货合约，成交量对于天然气期货更重要。许多交易者在这个市场上赚取利润，也有许多人失去财富，因此有了"寡妇制造者"的说法。

我们从图表的左边开始，会发现一个强劲的吸筹阶段，市场主力在下跌时候买进。两根高成交量的光头阳线开启了市场的上升行情。因此，成交量的增加和长实体K线是一个非常积极的信号。在6月初市场注入了更多的成交量，但这里可能需要注意。

此时成交量表现为极端的高水平，虽然K线价格差异很大，但与这一波上涨开始时的两根K线相比显得有些异常。如果我们把之前的两根K线作为基准，这个K线的价差虽然更大，但与成交量的增加不成比例。

所以这里的结论可能是主力在目前正在走弱的市场上积极抛售。毕竟，如果情况并非如此，那么基于我们之前的基准K线和成交量，我们应该看到K线的价格差异扩大。

市场继续走高，但随后进入盘整状态，开始表现出疲软态势。我们继续往图表右边看，又看到另一根较高的成交量柱体。同样，这里的成交量也显得过高，再次表明市场疲软，主力大量抛售。

事实正是如此，在走势图的最右侧，伴随着上升的交易量形成了价格瀑布，这也表明主力正在抛售，最后一根K线进一步证实了市场的疲软状态，市场在高成交量基础上尝试反弹。

瘦肉猪期货日K线图：
2016年5月至2016年8月

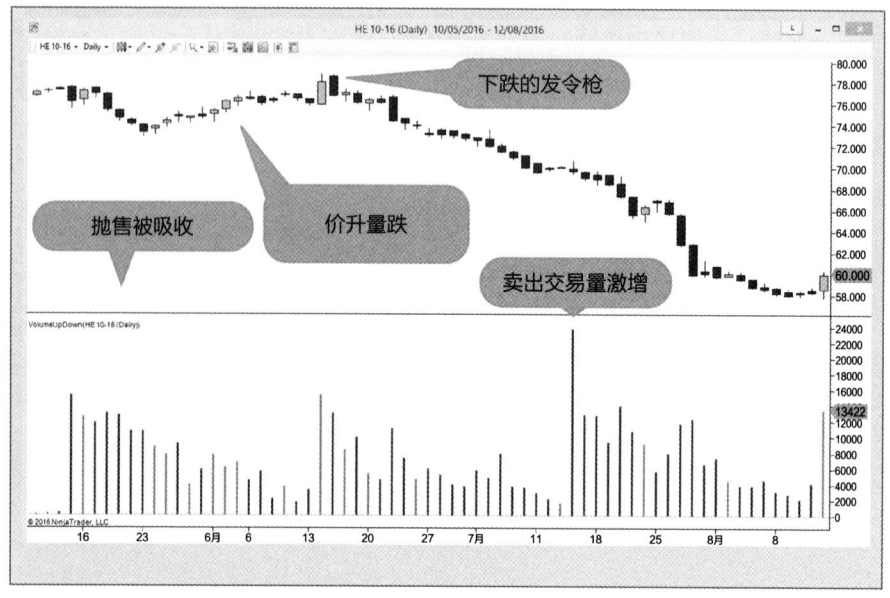

这里展示了一些精彩的成交量和价格行为的例子。

如果我们从图左侧的5月份开始，最初的抛售压力被吸收，表现为窄实体的阴线和高成交量，随后市场被推高，但是成交量下降并且阳线实体较短。接着出现了双K线反转，成交量激增。行情启动的发令枪响起，随着价格瀑布的形成，市场开始下跌的趋势，并且成交量下降。到7月中旬，我们预计跌势会暂停，市场可能出现买盘，但在单个交易日突然出现的卖盘激增揭示了市场主力的真正计划。更多的卖盘为市场注入下跌的动能，并继续推动市场走低。

图表右侧的最后一根K线看起来也很疲软。虽然这里的交易量很大，但没有迹象表明有进一步的买入，我们预期在持续的买入高峰到来之前，市场将表现出进一步下行的势头。这显然是一类有趣的期货合约和一张有趣的图表，图中显示了一些有趣的成交量和价格行为。但同样，通过这张走势图也证明了，不管是何种市场或工具，只要你观察图中的成交量和价格，利用量价分析方法就可以揭示市场未来走向的真相。

白银期货日K线图：
2016年5月至2016年8月

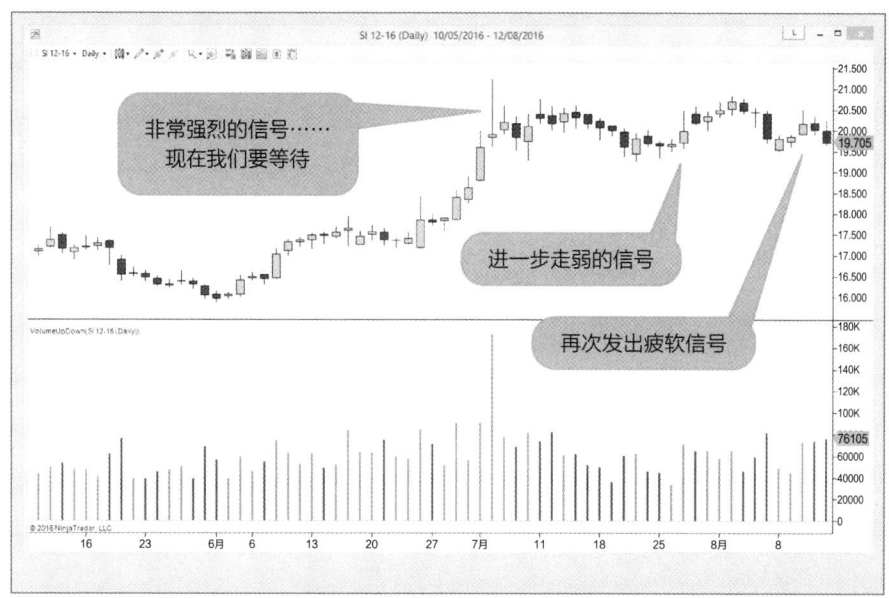

这可能是我最喜欢的图表之一，并不是因为它给出了清晰的信号，而是因为它提醒我们作为交易者必须要有耐心。在上图中，可以很容易看到明显的弱势信号，并很容易在此时马上进入市场，假设价格会立即从高点反转（或者实际是从锤头线的低点处反转）。有时确实会发生这种情况，但通常并不是这样。所以我们所能做的就是等待并保持耐心，进场的触发因素通常是突破明确界定的支撑或阻力区域，并通过成交量加以确认。

这里的初始信号是十分明显的，极端的成交量配合长上影线的窄实体K线足以说明问题。虽然看到这样的信号我们可能会非常兴奋，但必须耐心等待。在价格运行的后续阶段，我们会看到更多的信号和线索，每次尝试反弹都以失败告终，但价格下跌时则伴随着成交量上升。在这种情况下，我们需要寻找支撑平台被突破的信号。一旦价格运行突破了这个区域，就会形成价格瀑布，这时我们可以参与到这一快速下跌的趋势中进行做空。但像其他例子一样，耐心是关键，阅读图表时要联系相关的成交量，以寻找任何触发交易的线索。

白金期货日K线图：
2016年5月至2016年8月

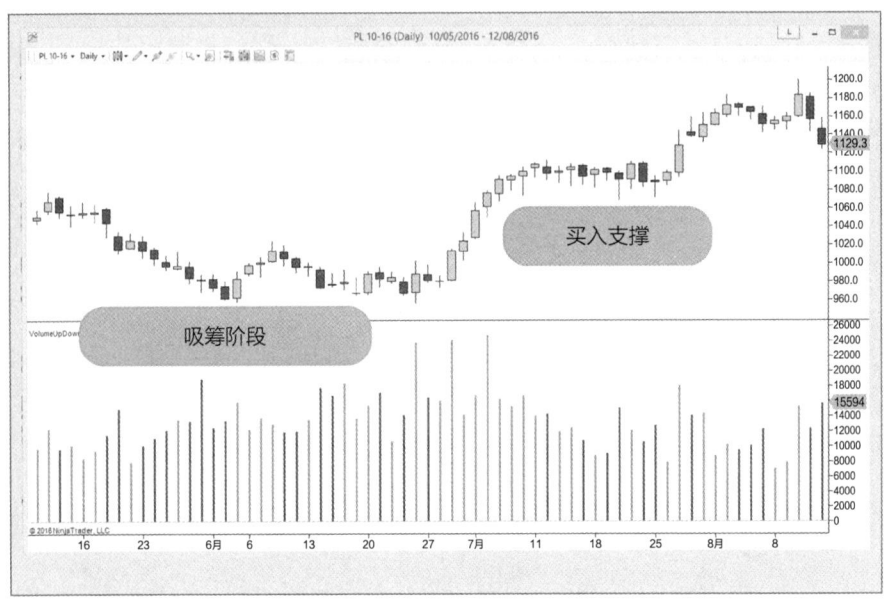

这个例子很好地说明了在吸筹的第一阶段典型的价格整固行为。然后市场突破进入第二阶段，买方入市支撑价格，市场进入盘整期，然后随着趋势的发展再次突破。

这种趋势只有在抛售高峰到来时才会崩溃，这将取决于主力或局内人以及行情的规模。因此，如果从图表的左侧开始，我们可以看到5月份的吸筹阶段上卖压都被吸收，与此同时支撑平台逐渐形成。

随着成交量的注入和稳固的价格走势，白金期货价格逐渐走高，7月下旬进入盘整阶段并获得支撑。在盘整阶段，需要注意的是价格表现，特别是价格没有出现向上的冲刺。换句话说，所有K线只有下影线，从而发出一个非常明确的信号，就是买盘在支撑价格。

每当市场在当天下跌时，主力就会进场买入并将市场重新推高至略高于开盘价的位置收盘，从而形成明显的下影线。

一旦准备就绪，市场上的主力就会开始下一阶段的行动，进一步注入成交量推动价格向上突破，上升至下一个价格水平，最后在8月份趋势暂停。

最后三根K线中的双K线反转和成交量的上升在一定程度上显示出市场的疲软状态，同时，最后一根K线向下跳空显示白金期货的走势开始走向越来越看跌的趋势，随着交易量的增加这一点将得到证实。

如果白金期货价格走低，那么下方的支撑位就会成为关键，如果突破，就可能形成较长期的下跌趋势。

**原油期货日K线图：
2016年5月至2016年8月**

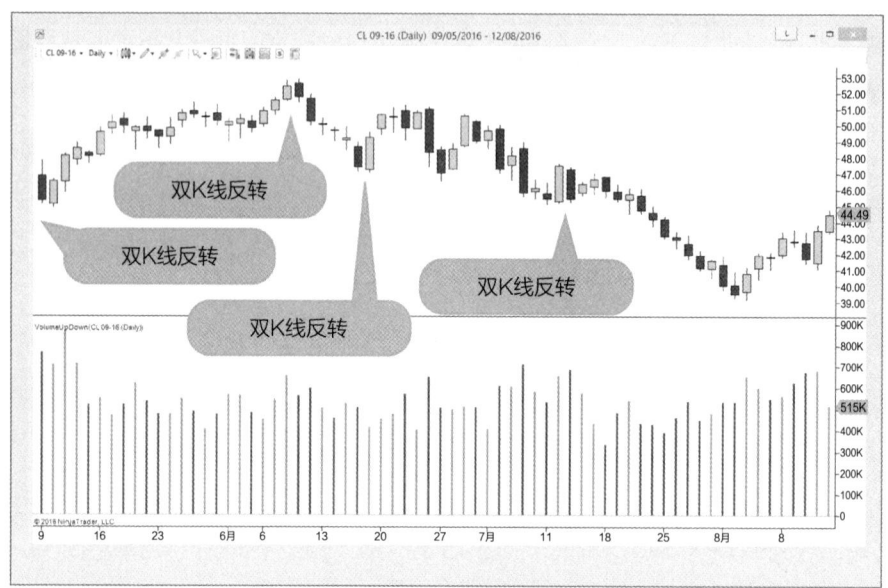

考虑到所有基本面因素，包括政治因素和供应管理，原油期货可能是一个难以应付的市场。事实上，鉴于石油输出国组织的供应管理，原油期货市场从未真正发挥其价格发现功能。

由于其他原油来源的影响，欧佩克的主导思想还是供应管理。

随着开采成本的降低，替代能源生产商现在正成为传统供应商的日益严重的威胁。而石油输出国组织试图保持平衡，一方面保证其成员国的满意度，同时通过保持低价格以迫使替代供应商退出市场。这是一项棘手的任务。

然而，图上有趣的是双K线反转的效力，许多交易者经常忽视了这一点，这也是我选择原油市场的一个原因，因为它提供了一些关于成交量的很好的例子。

图中的第一次双K线反转伴随着极高的交易量，明确地发出信号，随后新趋势逐渐形成。这一趋势在6月初达到顶峰，此时又出现了双K线反转，请注意其中阳线的成交量，可以发现这是一根在高成交量上的窄实体K线。

6月底还出现了多次双K线反转，7月份形成向下的价格瀑布。最后一次双K线反转出现在倒数第三和第二根K线处，图中最后一根K线显示出稳固的上升。

当我们考虑相关的成交量时，双K线反转有助于我们对下一阶段是延续趋势或是反转有很好的判断。双K线反转是两根K线的简单叠加的经典形态，如果考虑两个交易日的时间框架，它们正好合并为一根K线，而双K线的反转会形成熊市鲸吞或牛市鲸吞的形态。

**铜期货日K线图：
2016年5月至2016年8月**

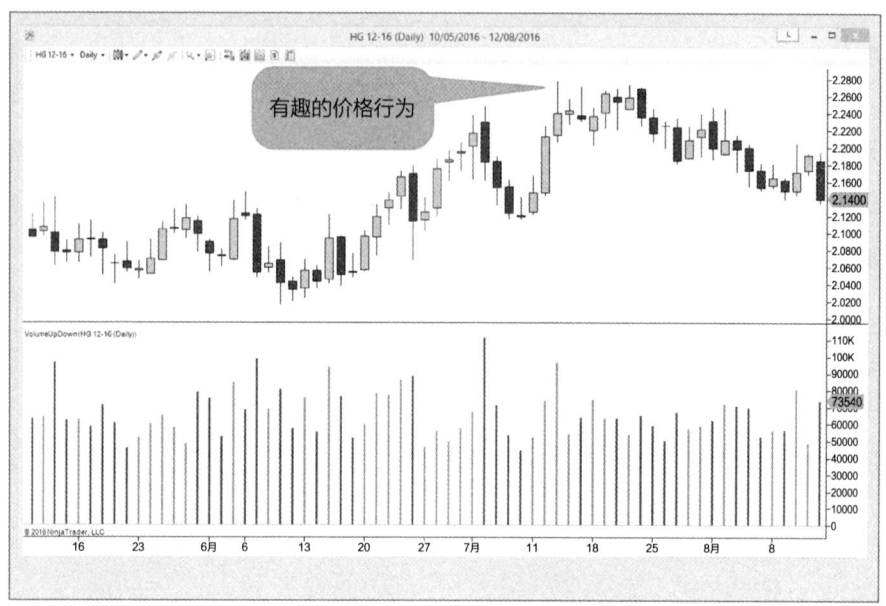

上图中市场处于长期熊市趋势的底部一个相对狭窄的巩固阶段，所以我们所看到的是微观层面的吸筹阶段。在这个例子中，我们可以看到吸筹阶段的典型洗盘价格行为，价格快速上下波动以将交易者震出市场，从而允许主力不断吸筹筹码。

随着涨势的发展，值得关注的价格行为位于图表的正中，反弹行情终结于一根长腿十字线。接下来是图中最高成交量上的长实体K线，但有趣的是接下来三根K线形成价格瀑布，但成交量逐渐下降。价格下跌和成交量下降是一种反常现象，因此我们不认为下跌行情会继续，因为市场上已经没有下行的动力了。

市场开始反弹，走出三根阳线，成交量也随之上升，第三根K线看起来不妙。第一根和第二根K线看上去很完美。第一根K线设定了上行的基调，成交量和K线实体长度一致，随后，第二根K线也体现了交易量和价格的一致性，形成更长的实体和增长的成交量。这也是我们期望看到的，根据威科夫的第三定律——投入和产出，都在这里达到一致，付出更多的努力，取得更大的效果。

接下来是序列中的第三根K线。成交量更高，但看看价格走势。本来应该比第二根K线的实体更长——但是它没有，并且有一根很长的上影线。很明显，主力在这里大量抛售，市场变得疲软。随后的两根K线确认了这一点——伴随着高成交量的经典的射击十字星，之后的第三根K线为吊人线形态，接下来市场掉头向下。

美国2年期国债期货日K线图：
2016年5月至2016年8月

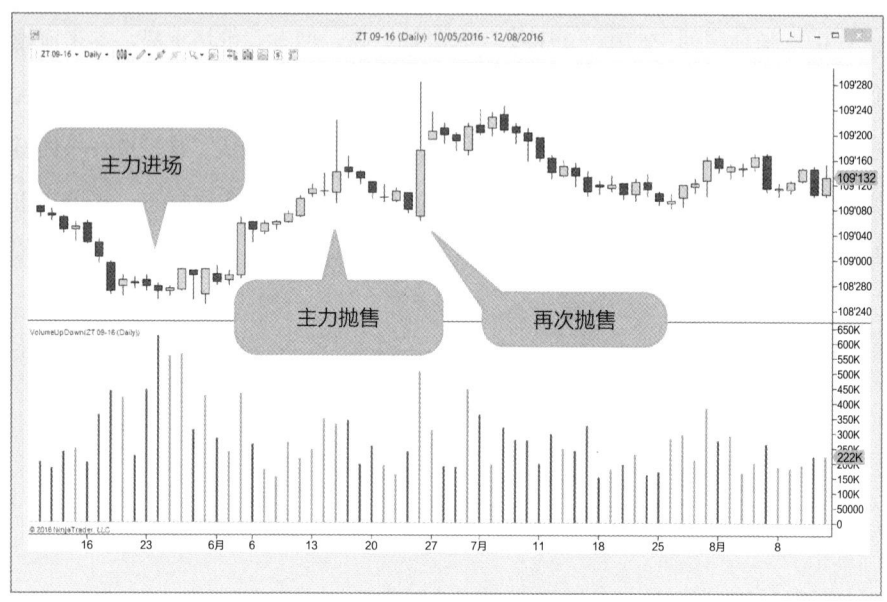

下面我们考察美国国债，上图是2年期国债期货的日图表，其中也有一些很好的量价分析的实际例子。我们从左边一波典型的价格瀑布开始，主力进入市场开始买进。首先是成交量上升，K线价差扩大，确认了市场的弱势，然后买方开始吸筹，形成超高成交量上的窄实体K线。6月初长实体K线的突破是一个确定的信号，交易量很大，并且由于K线没有上下影线，价格运动显得很整齐。

然后市场显示出疲软的迹象。两个信号接连出现——6月中旬一根短实体K线和后续的一根长实体K线。第一个信号是市场疲软的初步迹象，而市场也确实在逐渐走弱。第二根K线出现了，它比第一根K线的波动更加剧烈，实际上是市场对英国脱欧以及英国决定脱离欧盟的反应。从那以后，市场已经从这根K线的高点下跌，进入盘整状态，并在下一步行动之前形成了一条通道。

但鉴于英国脱欧引发的极端波动导致价格超出了平均的波动范围，我们可以预期未来的价格在此K线的价差范围内进一步巩固，并可能在一定时候进一步走低。

美国5年期国债期货日K线图：
2016年5月至2016年8月

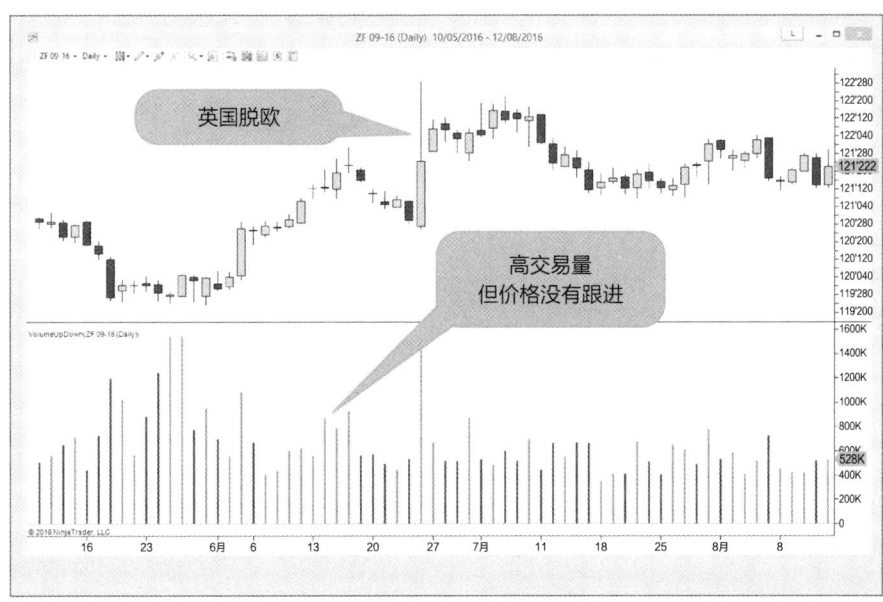

正如你可能预期的那样，尽管并不完全相同，但在5年期国债期货市场上也有一些类似于2年期国债期货的成交量和价格模式，这就是为什么人们在交易时，有必要观察相关联的其他市场。

所有信息都在那里，只需要过滤并添加到拼图中，这样我们就可以尝试完成整个拼图。正如我经常说的那样——交易就是一个拼图游戏，但没有完整图片的参考。我们的工作就是基于所有碎片拼出完整的图像。

市场经历了吸筹、反弹，然后在6月中旬出现疲软，三根K线的成交量很高，但价格并未跟进。第一根K线是市场走弱的初始信号，有一根上影线，并且收盘价接近开盘价。第二根K线的交易量略低，但价格走势还是看起来很弱，因为K线还是有一根长上影线。第三根K线的成交量比前两根K线高，并且向上跳空，发出市场即将走弱的强烈信号，几天之后就是英国的脱欧公投。然后是英国脱欧K线，市场在夏季方向不明的情况下进入盘整状态，需要等待交易量来确认方向（当然还要考虑基本面因素）。支撑位和阻力位仍然是关键。

美国10年期国债期货日K线图：
2016年5月至2016年8月

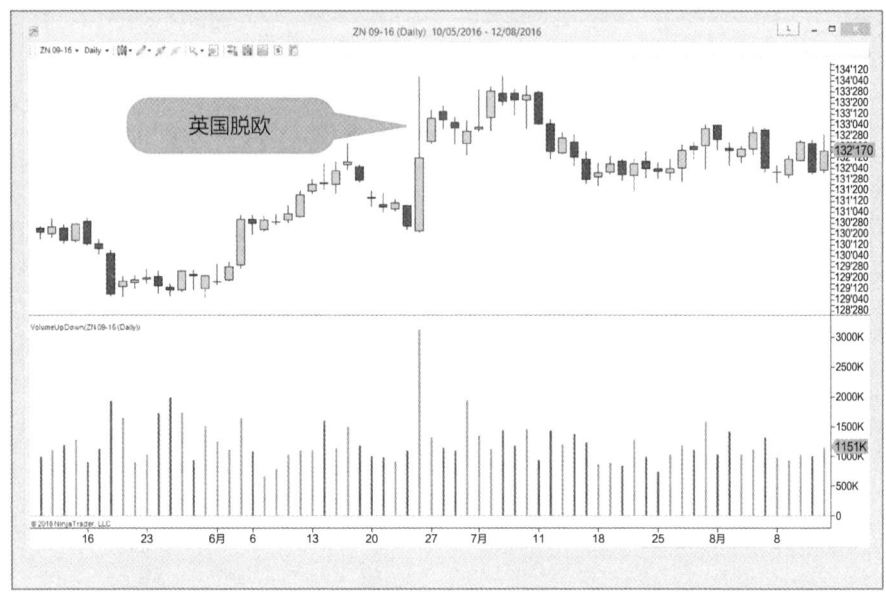

这是美国10年期债券期货的走势图，我们可以看到英国脱欧K线的高点正好对应着阻力位的上限，经过对阻力位的再次测试之后，和其他主要的国债期货产品一样，10年期国债期货也进入盘整阶段。

英国脱欧K线确实确定了这里的阻力价位，实际上在许多其他产品的走势图中也是如此。局内人和做市商有机会利用这一令人震惊的消息在当天非常快速地推高价格，而当市场平息之后，其他交易者和投资者陷入困境。

这是局内人经典的交易策略和行为。

道指电子迷你期货合约日K线图：
2016年5月至2016年8月

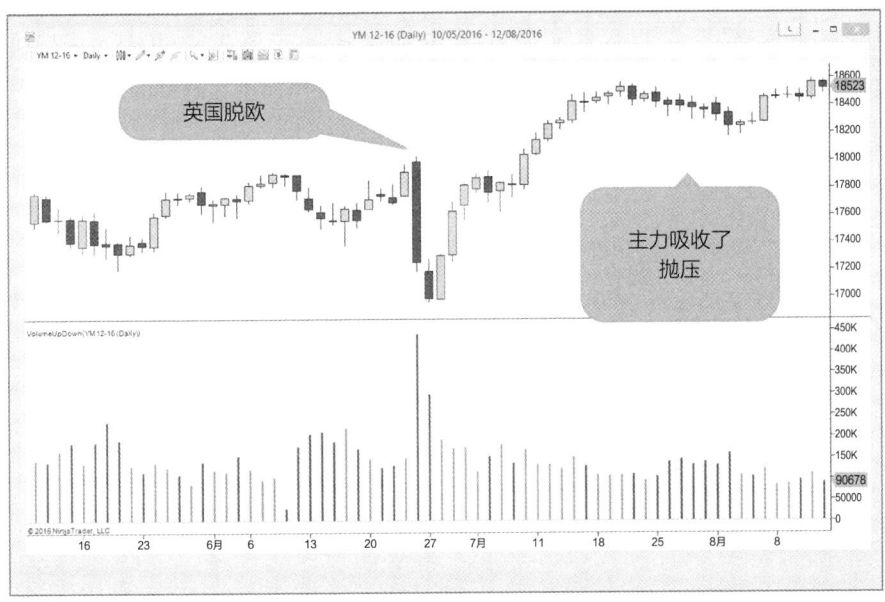

在这里英国脱欧K线依然主导着上面的市场走势，但在英国退出欧盟的冲击投票结束后，伴随着高交易量的双K线形成了V形反弹形态，意味着全球股票市场反转。

虽然不能保证所有股票随主要指数同步上涨和下跌，但指数或板块的强弱确实会影响股市的整体走势。在下跌的市场也可能有一些股票会上涨，但一般的规律是，股票将随着大盘市场情绪的波动（这种波动就反映在指数上）而涨跌。也有人说，大多数指数并不直接反映本土经济，因为许多公司都从海外而不是本国获得收入。

美国的股票指数，特别是这些股指期货合约是我多年来在个人网站上经常分析的对象，这些分析报告一般都是在这些事件发生时撰写而不是后见之明。你可以在那个网站上看到我的分析报告，找到我当时所写的内容。英国脱欧正是这样一类事件，正如我当时写的那样：这不是"大空头"的开始，而是做市商和局内人利用恐慌性抛售补充库存的机会。从那以后，YM期货的涨势几乎没有中断过，随着上涨趋势减缓，7月末价格逐渐走平。

然而，正如我们从图中看到的那样，虽然阴线的卖出成交量上升，但实体部分相对较窄，这也表明局内人在价格下跌时购买。这种明显的异常出现在多根K线上。在这张图上，我们现在等待价格突破当前正在测试的阻力水平，并且如果伴随着强劲交易量突破，那么下一波的上涨将会随之而来。

纳斯达克指数电子迷你期货合约日K线图：
2016年5月至2016年8月

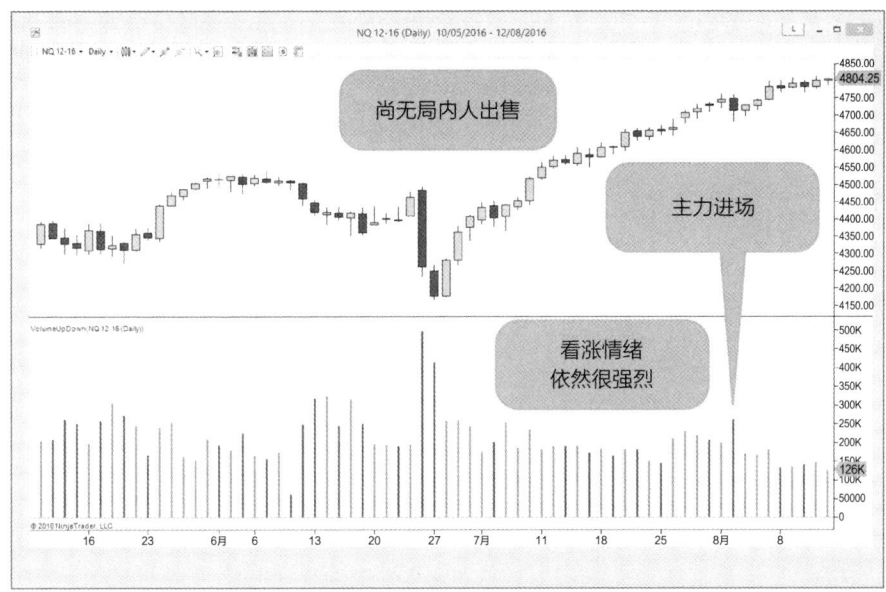

正如你所料，纳斯达克指数期货的价格行为也大致相同，纳斯达克指数电子迷你期货合约是纳斯达克100指数的期货合约，英国脱欧K线再次在图表中占据主导地位，并且随后又出现了双K线反转。

然而，这里的有趣之处以及观察相关市场或相关指数的另一个原因在于该指数依然坚定的看涨情绪。道指期货走势中的"穹顶反转"在这里并没有出现，并且随着市场主力在8月初明确进场买入，这明显表明美国股市还有上升的空间。

目前还没有出现任何持续抛售高峰的迹象，并且在此之前，股票等资产的风险可能会进一步攀升。

总有一天会出现"大空头"，但不是现在。当"大空头"出现时，你可能首先是通过量价分析或高峰期价格行为将其识别出来。

而且纳斯达克100指数中的股票往往处于那些在经济复苏的早期扩张阶段表现良好的行业，实际上这已经有很明确的证据，因此纳斯达克指数期货领先于其他市场，比如道琼斯指数和标准普尔500指数。当其他指数和股票涨势暂停并进入盘整阶段时，纳斯达克100指数有助于确认看涨情绪。毕竟，如果纳斯达克指数领先并显示出上涨的动能，那么其他市场也可能会适时跟进。

标准普尔500指数电子迷你期货合约日K线图：
2016年5月至2016年8月

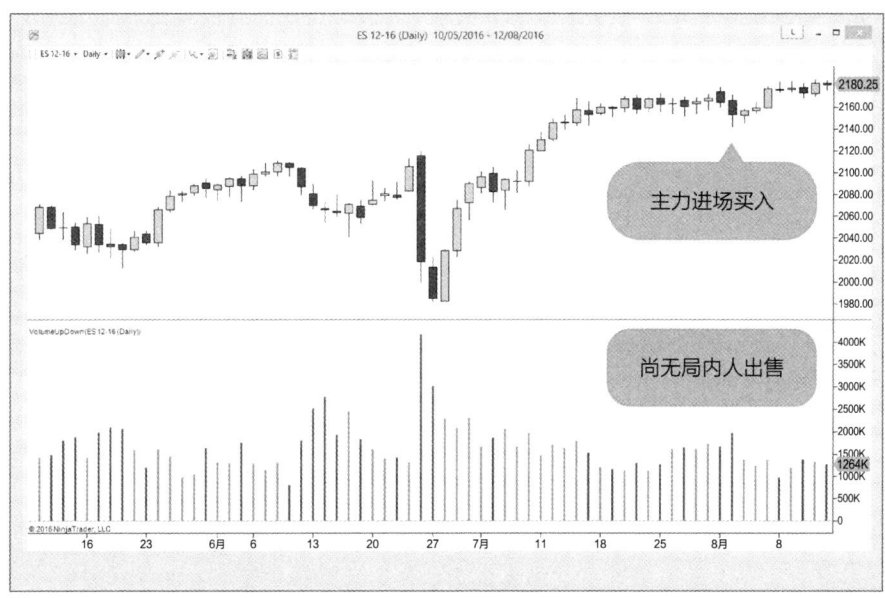

现在要介绍的是美国三个主要指数中的最后一个，也是交易量最大的一个，即标普指数期货。该指数期货同样也是在英国脱欧K线上出现了大幅下挫，并且伴随着高交易量出现了双K线反转，之后的高交易量将指数推高并回到之前的阻力位水平之上。

从那里开始价格运行从垂曲线形态进入盘整阶段，但是主力纷纷进入市场并再次推高指数期货价格。现在我们所期待的是价格进一步上升至新的平台，如果这一过程中有稳固的成交量支撑，那么美国股市将会表现出更多的看涨情绪。

澳元/美元期货日K线图：
2016年5月至2016年8月

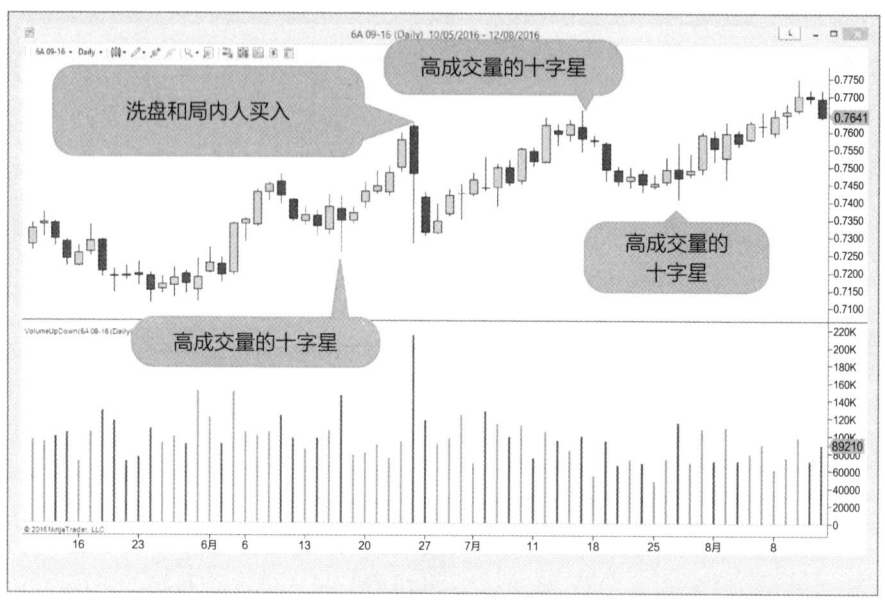

这是一张有趣的图表，其中包括反转、反弹、再反转的价格走势，主力在价格走势反转时进场买入。一般而言，外汇期货为现货市场的交易者提供了另一种视角，反之亦然。这张图中有趣的地方是重复出现并且意义重大的十字星。十字星本身通常释放犹豫不决的信号，而不是反转信号。市场可能确实会逆转，也可能只是继续之前的走势，因此需要耐心，我们来看几个十字星的例子。一个是在6月下旬伴随高交易量出现的十字星，之后市场继续走高。另一个出现在7月中旬，随后市场小幅反转走低。最后一个出现在7月下旬，之后市场突破了盘整阶段，恢复长期的上涨趋势。

如果十字星结合高交易量，这就确认了局内人参与，一旦突破得到确认，那么我们可以得出价格运行的方向得到市场支持的结论。在这张图的中心同样出现了"英国脱欧"K线，市场上的主力在新闻发布后大量抛售，并在同一天内以几乎相同的交易量买入，从而在K线下方形成很长的影线。随着市场从冲击中迅速复苏，并继续走高，随后的交易日中投资者进一步买入。

英镑/美元期货日K线图：
2016年5月至2016年8月

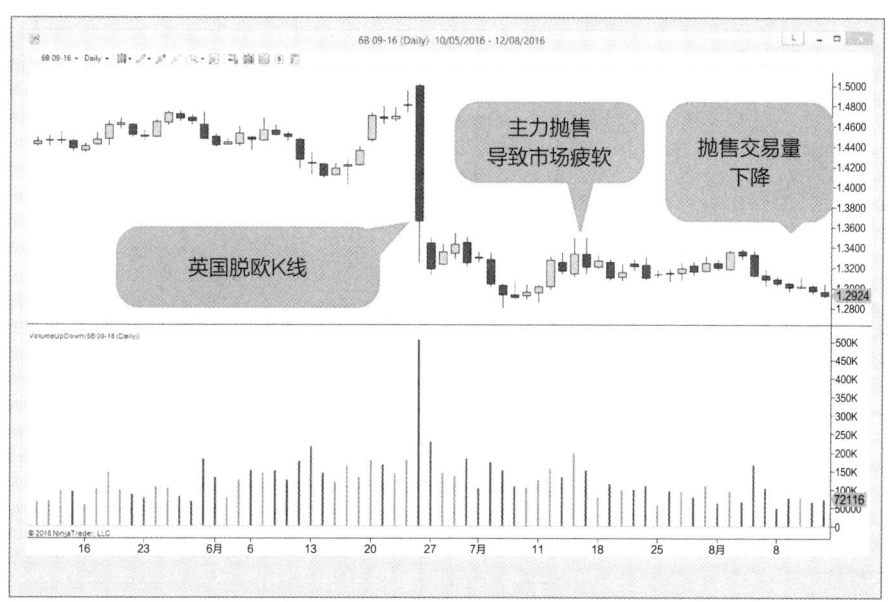

这是与英国脱欧事件最相关的货币对，即英镑/美元期货合约，在这里英国脱欧K线依然占主导地位，这并不奇怪，因为我们看到的就是英镑的期货合约，但相对于其他图表，这个例子也许更能说明量价分析的强大力量。毕竟，如果换成分钟K线或月K线，原则也同样适用。

极端卖压确认了价格走势，K线的下影线表明买盘很少。市场上的卖压仍然持续，7月中旬的小幅反弹后市场表现疲软，因为主力再次抛售，在连续两根K线上方形成上影线。8月份看跌势头再度回升，市场大幅下挫，形成了高成交量的长实体阴线，价格再次向下测试支撑位，这也预示着未来进一步看跌的势头。注意最后几根K线的疲软走势，随着成交量的上升K线出现上影线。

此图表还再次凸显了相对交易量的问题，以及极端的交易量如何扭曲交易量分析。这意味着我们必须重新校准我们的分析。需要记住，由于单日成交量或多日成交量的扭曲效应，后续的高成交量或极端成交量将显得平均或高。

加元/美元期货日K线图：
2016年5月至2016年8月

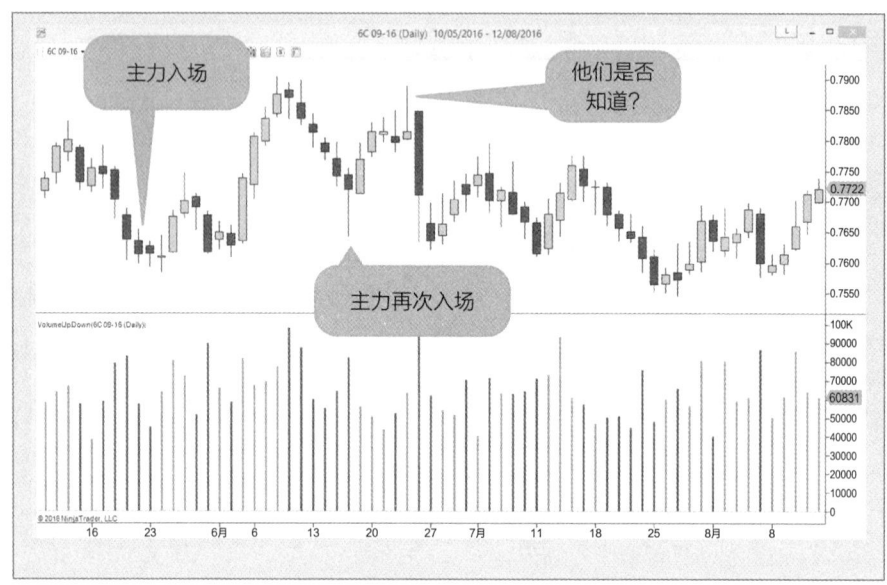

这张图也细致地显示出当抛售或买入高峰正在进行时，市场上典型的价格行为和交易量表现。它还说明了我们在这样的价格运行阶段期望看到的情景，即在一波行情启动和趋势开始之前，局内人、做市商和主力在上下波动的市场上不断抛售或买入的竞争行为。新一波行情只有在买压或卖压全部被吸收，并且通过测试确认后才会发生。

如果我们从图表的左侧开始，前三根K线预示着未来市场可能疲软，因为随着价格和成交量上涨，K线价差在缩小，而第三根K线收出上影线。之后价格下跌形成价格瀑布，几个交易日后，在一根价差较小且交易量较高的阴线处，主力入市买入。然后我们看到一个弱势反弹，随后反转，主力更大规模地买入，然后伴随着高交易量，形成四根阳线的持续反弹。然后在一根高交易量的吊人线处市场反转，之后的一根K线确认了反转，该K线交易量较大且有上影线，随后期货价格下降。

在这一波下跌的底部，买家再次介入，然后价格上涨，随后就是英国脱欧事件之前的K线。现在的问题是局内人和主力是否有任何相关的内部消息？谁也不知道，在结果揭晓之前出现如此强烈的弱势信号，是很奇怪的。之后，价格走出了经典的横盘形态，并形成了下方的支撑位和上方的阻力位，而突破需要成交量确认。

欧元/美元期货日K线图：
2016年5月至2016年8月

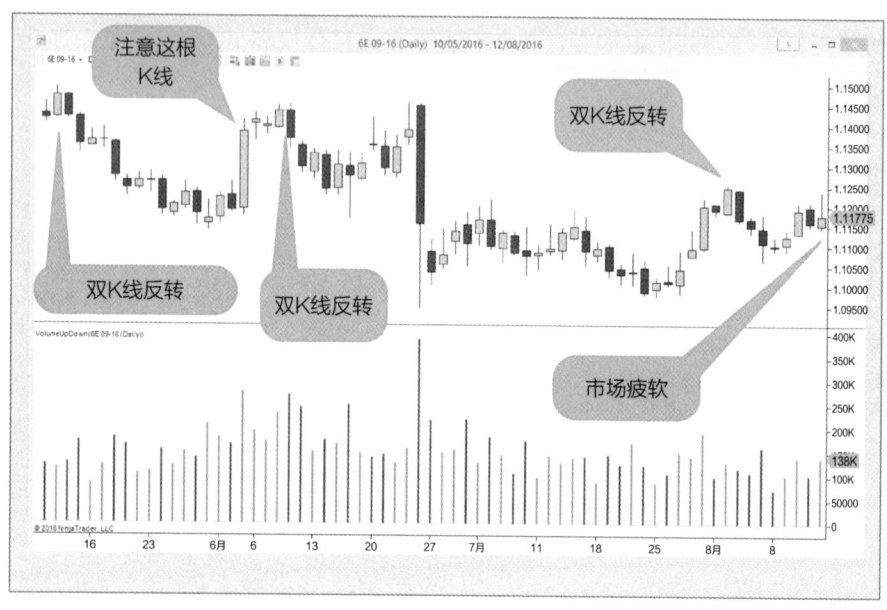

我们来看更多典型的双K线反转的例子，第一个出现在图表左边的5月初，反转使得价格下降。然后在6月初又再次出现了这一形态，这次双K线反转也体现了成交量和价格分析相对性的典型特征。注意图中的长实体阳线及其对应的成交量。当天的价格涨幅很大，而这一天的交易量与上涨幅度也十分"匹配"。

往前数的第三根K线，这是双K线反转之前的一根窄实体阳线，注意这里的成交量。成交量非常高，几乎和之前那根长实体K线一样。那么我们能由此得出什么结论呢？首先这显然是一个异常现象，如果我们假设长实体阳线和成交量是"正常的"，也就是以它作为我们分析基准的话，那么，随后这根K线上的成交量应该要低很多。根据威科夫的第三定律，投入和产出应该是一致的。显然，这里并不一致，因为我们投入很多，但产出有限。

这样结论就很清楚了。做市商在这里抛售推动市场走弱，他们在市场上"大肆抛售"。第二天市场上出现大量卖单，并形成了双K线反转，然后市场掉头向下，做市商在锤头线位置再次进入，推动市场反弹至英国脱欧K线。

图表的最后一根K线是再次反转的信号，因为市场区间震荡，价格在相对较窄的范围内波动，但仍然显得疲软，如果价格突破英国脱欧K线的价差范围，就将确认看跌情绪。

**日元/美元期货日K线图：
2016年5月至2016年8月**

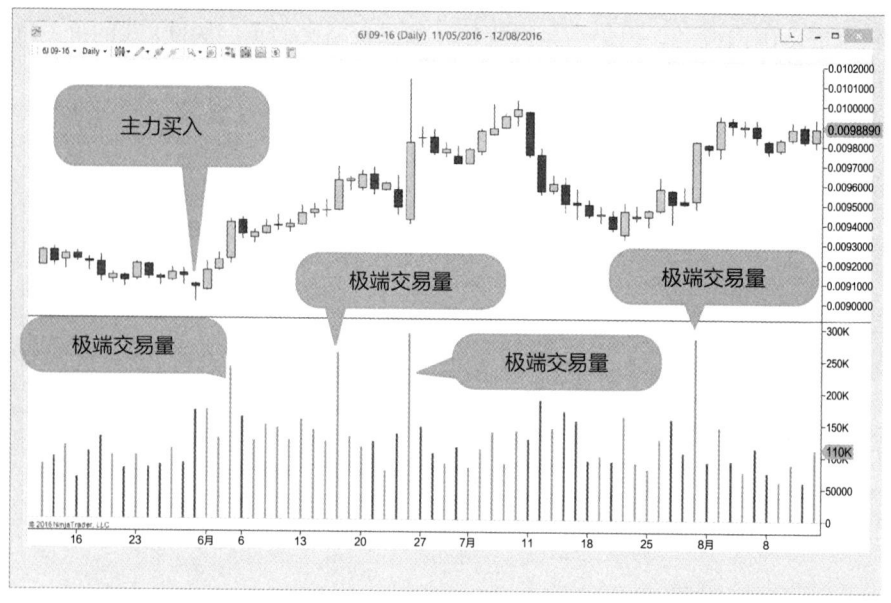

在日元/美元期货走势图中，也有很多关于量价分析的例子。

如果我们从图表左边的5月开始，5月末向下跳空的阴线为锤头形态，并有着高成交量，这标志着强劲的买盘。这也意味着吸筹阶段的结束，市场伴随着高成交量确认了突破。然而请注意6月中旬交易量的相对水平，这表明这一波的价格运行已经失去动力。

在这里，我们看到更高的成交量，但K线顶部形成上影线。这不是反转信号，而是暗示趋势暂停。随后，市场推进到脱欧K线，脱欧K线的成交量仅略高于另外两根K线——脱欧K线的上影线很长，这是有人抛售的证据。这又一次强调了成交量和价格分析的相对性质及其揭示的内容。

在这张走势图中，我们看到四个极端成交量的例子，将它们进行比较，有助于我们理解其对应的价格行为是否与交易量一致，或者是否存在异常。市场确实反转，之后随着7月下旬的买盘而再次反弹，同样也伴随着极端的交易量。

总的来看，我们有四根极端交易量的K线，而市场并没有明显的上涨。当然，我们还是可以转换到每周走势图中进行观察，然后将每日的价格行为压缩，更重要的是，在更慢的时间框架下分析交易量，这可能会让我们更加清晰地预判该货币的未来走势。

然而，相对于日元/美元期货的极端交易量，价格并没有相应走高，因此市场前景是看跌的。请记住，这里使用的标价是日元/美元而非美元/日元，因此我们可以预期美元价格上升。

My other books

本人其他著作

《量价分析》

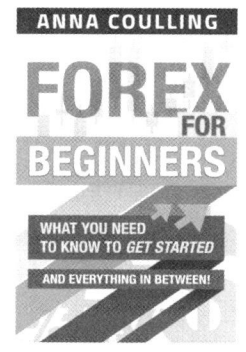

《外汇交易入门指南》

《揭开二元期权的面纱》

《外汇交易的三维分析方法》

《使用量价分析进行外汇交易》

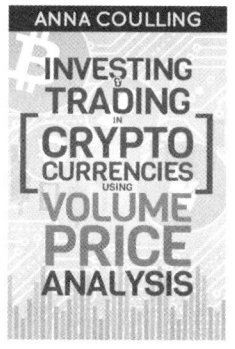

《使用量价分析进行加密货币的投资和交易》

ACKNOWLEDGEMENTS

致　谢

感谢你投资本书，我希望这些有用的实例能够帮助你扩展对量价分析的认识和理解。如果你想了解我的更多作品，可以登录我的个人网站http://www.annacoulling.com，在上面我会定期发布基于量价分析法的各类市场分析报告。在那里你能找到我的脸书（Facebook）主页以及我的推特：http://twitter.com/annacoull。以下是我在亚马逊上其他书籍的详细信息，这些书都同时有电子版和纸质版：

《量价分析》（*A Complete Guide to Volume Price Analysis*）

《外汇交易入门指南》（*Forex For Beginners*）

《外汇交易的三维分析方法》（*A Three Dimensional Approach to Forex Trading*）

《揭开二元期权的面纱》（*Binary Options Unmasked*）

我和我的丈夫及交易伙伴大卫，是量子交易的创始人，在这里你会发现交易者为其他交易者开发的一系列工具和指标。在这里，你可以找到一些指标，如成交量控制点，即在价格图表的Y轴上成交量综合了成交量/价格/时间的关系，从而根据市场轮廓和价值区域的原则创建一种非常不同的支撑和阻力视图。你可以在如下网址找到所有相关细节：

http://www.quantumtrading.com

https://ninjaindicators.quantumtrading.com/product/volume-point-of-control-vpoc-indicator-for-ninjatrader-7/

https://mt4.quantumtrading.com/product/volume-point-of-contr ol-vpoc-indicator-for-mt4/

你可能也有兴趣了解我和大卫为有抱负的外汇交易者开发的完整的培训课程，我们称其为"完备外汇交易计划"。该计划包括量子交易的全套工具和指标以及全面的视频和视频播客的在线学习资源，以帮助你了解在这个严酷的市场中取得成功所需要知道的一切。所有细节都在这里：

http://www.quantumtradingeducation.com

对于这个计划，我们很快将添加新的内容，包括一个针对股票交易者和投资者的培训资源，所以请持续关注网站以了解更新的细节。我要感谢Ninja Trader和Meta Quotes Software允许我使用他们的软件来呈现图表。本书中的许多图表示例都来自我的Ninja Trader交易平台。带有Kinetick数据源的Ninja Trader平台是市场上最强大的交易平台之一，可以在一天中免费提供各种信息。你可以在http://www.ninjatrader.com上找到有关平台和原始数据的更多详细信息。

MT4和MT5平台是世界上最受欢迎的交易平台，如果你刚开始交易，它是你作为新手的理想选择。你可以在这里找到所有细节信息：

https://www.metatrader4.com/

最后，我希望你在自己的交易和投资中取得成功和好运。

致以最亲切的问候
安娜

我恳请你不要以任何方式分享、分发、出版或复制任何此类材料，因为这样你将侵犯我的版权。

谢谢你保护我的成果。

©Anna Coulling 2017